ÚTIL Y MUY AMENO VOCABULARIO
PARA ENTENDER A LOS MEXICANOS

ÚTIL Y MUY AMENO VOCABULARIO PARA ENTENDER A LOS MEXICANOS

HÉCTOR MANJARREZ

Grijalbo

Útil y muy ameno vocabulario para entender a los mexicanos

Primera edición: febrero, 2011

D. R. © 2010, Héctor Manjarrez

D. R. © 2011, derechos de edición mundiales en lengua castellana:
Random House Mondadori, S. A. de C. V.
Av. Homero núm. 544, col. Chapultepec Morales,
Delegación Miguel Hidalgo, 11570, México, D. F.

www.rhmx.com.mx

Comentarios sobre la edición y el contenido de este libro a:
literaria@rhmx.com.mx

ISBN 978-607-310-097-7

Impreso en México / *Printed in Mexico*

Para Alicia y Héctor, mi madre y mi padre,
que me enseñaron el lenguaje en sus minucias,
y para Berenice y Camila, mis hijas,
que me lo siguen enseñando.

Para mis amigos y alumnos, mis cantineros
y taxistas, mis marchantas y ayudantes domésticas.

Para todos los trasterrados en mi ciudad
que me enseñaron a oír los mexicanismos.

Unas palabras

Lectora, lector:

¿No entiendes el significado de todas las palabras que escuchas en la conversación ajena en el transporte público? ¿Te parece que tus hijos y sus amigos hablan un lenguaje con frecuencia incomprensible, o que tus papás se expresan definitivamente en ruco? ¿Te humilla sentirte un ignorante de tu propia habla cuando oyes expresiones misteriosas en la esquina o la cantina?

¿Consideras que el lenguaje no se usa con la gracia y propiedad "de antes", pero de todas maneras quieres entender todo lo que se dice? ¿O bien te fascina la continua metamorfosis del español de México y te encanta la idea de que haya un libro que intente consignar aunque sólo sea sus expresiones y vocablos más básicos?

En ese caso, este libro es lo que necesitas, tanto para hojearlo y disfrutarlo en los momentos de ocio, como para consultarlo en los de necesidad. Ameno, interesante, divertido, agudo, abarcador —más de 2 800 entradas—, *Útil y muy ameno vocabulario para entender a los mexicanos* puede y debe convertirse en un manual de constante utilidad para los padres que no entienden a los hijos, los jóvenes que no le agarran la onda a sus mayores, los popis que no fuman a los groseros, los ordinarios que no descifran a los esnobs, los cultos que no se dan a entender, los fresas que no captan a los gruexos, los anticuados que aborrecen a los novedosos, la perrada que no traga a los muñecos, los chilangos y no chilangos y extranjeros que titubean en momentos cruciales... En suma, para todos y cada uno.

Libro vulgar y culto, el *Útil y muy ameno vocabulario para entender a los mexicanos* se hallará igualmente a sus anchas en la mesa de noche, el mueble del baño y el anaquel de la biblioteca, como en las reuniones de amigos bien o mal hablados.

Desde luego, hay diversas cosas que este manual no es ni pretende ser. No es una obra exhaustiva. No es en absoluto una guía de caló. No es científico, ni riguroso, ni lo avala institución alguna, pues es una recopilación llevada a cabo por un solo individuo. Por lo demás, tampoco postula que existe un ente llamado "el mexicano" y, menos aún, que el habla nacional refleje su originalidad o complejidad.

Por lo demás, es evidente que todo lector sabrá encontrar sustantivos, adjetivos, verbos y expresiones ausentes en este volumen, y que otros hispanohablantes sin duda hallarán no pocas coincidencias con el uso del idioma en sus lugares de origen.

Confiamos en que el *Útil y muy ameno vocabulario para entender a los mexicanos* se convierta, lector, lectora, en un cuate tuyo más o menos cercano.

Los editores

A

a chaleco. A fuerza, a fuerzas, a huevo: "Nos tenían acostumbrados a hacer las cosas a chaleco".

a güevo, a huevo. Lo mismo que la acepción anterior: "El amor es por gusto, no a güevo", "No es de si quieres o si puedes, es de a huevo".

¡a huevo! De acuerdo completamente; como tú dices.

a la despeiné. Falso galicismo.

a lo macho. En serio, absolutamente: "Te lo digo a lo macho, puedes confiar por completo en mi palabra".

a michas. A mitas, a mitades, fifty-fifty: "Te propongo que en este negocio vayamos a michas".

a peso. Barato, fácil: "Lo que quieres cuando mucho está a peso"; candente, violento: "Los chismes están a peso", "Los golpes se pusieron a peso en la cantina".

a pincel, a calcetín. A pie: "Me quedé sin un centavo y tuve que regresarme a pincel, ¿tú crees?"

a toda madre. El elogio más grande de todos entre los mexicanos. En una sociedad machista, esta expresión denota el trasfondo matriarcal de la misma. Es infinitamente superior a "padre", "muy padre", "bien padre", "súper padre" y "padrísimo": "Tu papá es un tipo a toda madre".

a todo dar. Casi equivale a la acepción anterior: "Trae un coche a todo dar".

abogado huizachero. Abogado bajo como la planta llamada huizache: "Necesitas un abogado huizachero que acuse de lo que sea a los que defraudaste". También: abogado rústico, falso, hechizo, improvisado.

abogánster. Abogado trácala, coyote, transa, chueco: "Este trámite te lo resuelve un abogánster con una lana para él y otra para el secretario del juzgado".

abominables. Ejercicios abdominales: "Tienes que hacer abominables todos los días, te guste o no".

aborrecentes. Dícese de los adolescentes que nos aborrecen: "Esta noche va a haber en casa un reven de aborrecentes, no se te ocurra aparecerte".

abracadabrante. Aterrador: "Tengo ganas de ver una película abracadabrante".

abrax. Abraxos, abrazos, cariños, afecto: "Y, sobre todo, te mando un gran abrax que te cale fuerte y bonito".

abrir. Sacar, echar, marginar: "La abrieron del equipo de Las Diosas por insidiosa".

abrirse. Desentenderse, desafanarse, desinteresarse: "Yo me abro de este asunto, va a acabar en un desmadre"; también rajarse, culearse, desdecirse, asustarse: "Tú armaste esta bronca, ahora no te abras".

abrochar. Hacer el amor: "Cuando llegué a la casa, me abrochó mi chava"; perjudicar, fregar, fastidiar, chingar: "Me abrocharon con las clausulitas al final del contrato".

abur. Adiós, chau, hasta la vista: "Las visitas tienen sueño, es hora de decir abur".

aburrición. Se dice por aburrimiento: "Ay, mana, qué aburrición son los hombres".

aburridora. Regaño, lección: "Me tiró la aburridora por no hablarle cuando quedé".

abusado. Listo, inteligente, preparado: "Mi compadre es de lo más abusado"; oportunista, astuto: "Es un político muy abusado". (Viene de "aguzado".)

Aca. Acapulco: "Hay gente para la que Aca no está de moda desde los sesenta, para que te enteres, mano".

acaramelar (o poner a punto de caramelo). Llevar, con caricias, al coito; con palabras, a conceder lo deseado.

acarreados. Dícese de las personas que —a cambio de un refrigerio, un refresco y acaso un poco de dinero, o con la promesa de ser beneficiadas en trámites de terrenos, etc.— son acarreadas a los mítines políticos: "Si necesitas unos acarreados para la manifestación, avísame con tiempo".

acelerado. El que va muy rápido, el que se acelera: "Tina es una chava muy padre, pero muy acelerada"; el que no se mide, el que se encrespa: "No te aceleres, no seas acelerado, piénsalo".

acelere. Apresurarse, impacientarse, indignarse, encabronarse son fuentes primordiales del acelere: "Mi hermana siempre anda en el acelere"; vivir en la intensa: "Jimi Hendrix vivía en el puritito acelere".

acomplejado. Palabra que se usaba durante los años cincuenta y sesenta para designar al que "tenía complejos", es decir, a la persona insegura y/o envidiosa: "Los llamados filósofos del mexicano creían que el mexicano es un acomplejado por definición y para siempre". (Ahora se dice: "con baja autoestima".)

acompletar. Acabar de completar una suma: "Dame una feria para acompletar lo del boleto", "Yo le acompleto lo que usted haya pagado extra en cuanto me diga".

activo. Solventes o "cemento" o "chemo" que inhalan los tepo-rochos, niños de la calle, chavos banda: "El activo te quema las neuronas bien rápido".

achantarse. Arranarse, aplatanarse, aplastarse, cesar toda actividad: "Ya se achantaron los trabajadores, hay que dejarlos descansar un rato".

achicopalado. El que se achicopala; el asustado, tímido, acomplejado: "Mi hermano es muy achicopalado".

achicopalarse. Temer, asustarse, sentirse intimidado, fruncirse: "Después del terremoto, andábamos todos achicopalados", "Te veo medio achicopalado desde que te dejó tu chava".

achichincle. Ayudante, asistente; lameculos, yes-man; watson de sherlock, robin de batman: "Dile a uno de tus achichincles que me traiga el paquete", "Soy el principal achichincle del señor ministro".

¡áchis! Significa ¡ah, caray! También se usa para expresar escepticismo: "Áchis, áchis, ¿de qué color dice que era el marciano?"

achuchón. Dolencia, debilidad, desfallecimiento que sufre el cuerpo o el alma de uno: "Le dio un achuchón que resultó ser pulmonía", "Cuando te fuiste con él me dio este achuchón que me llevó al trago".

adecentar. Hacer más decente a una persona o una conducta: "A ver si logras que tu cuñado se adecente un poco"; o una propiedad (*gentrify*): "Están adecentando las vecindades del centro para luego venderlas como condominios".

administración. Gringuismo que se utiliza ahora para designar al gobierno: "La administración Fox fue patética".

aferrado. Terco, necio, obsesivo, empecinado, tozudo: "No te aferres, aliviánate", "Eres tan aferrado, que no se puede hablar contigo de nada"; también se dice del que no deja el vicio: "Es un aferrado, ya sabes".

aferrarse. Empecinarse, entercarse, necear, obsesionarse: "De que empiezas a aferrarte, no hay manera de entendernos".

afinación. Ajuste de los motores de coches, autobuses, camiones: "Si no afinas tu carcacha, no va a pasar la verificación vehicular"; por extensión, el acto sexual: "Ya necesito una afinación, ¿no me puedes dar una ayudadita?"

aflojar. Apoquinar, soltar dinero: "Afloja la lana para la comida, no te hagas", "Afloja la marmaja para que no nos embarguen, güey".

aflojar el cuerpo. Dejarse llevar por el placer: "Nomás afloje el cuerpo, mi reina"; desde el punto de vista machista, ser mujer u homosexual: "¡No aflojes el cuerpo, cabrón!"

áfter. En noche de pachanga, el plan B: "Vámonos de esta fiesta insulsa, ya conseguí un áfter"; también se dice de ciertos bares que abren especialmente tarde para recoger a los sobrevivientes: "La Condechi se está llenando de áfters".

agachados. El pueblo o pópolo o raza, que se agacha para entrar en los tenderetes de comida; los de abajo, los que viven agachados, los que se agachan un poco antes de atreverse a responder; los mexicanos agachones, temerosos; los que saben comer tacos y se agachan para no mancharse los cacles o huaraches con la salsa. Título de un celebérrimo cómic de Rius, autor también de *Los Supermachos* e inventor no sólo de la conciencia crítica (o por lo menos el humor) nacional en la década de 1960, sino del género de libros "para principiantes" (*for beginners*, etc.) que circulan en todo el mundo (occidental): "Ten cuidado con esa gente, se hacen los agachados cuando empiezas a tratarlos, pero luego son bien méndigos y torcidos".

agachón. Miedoso, culero, temeroso, sumiso: "No hay que ser agachones, por eso estamos como estamos".

agandallar. Abusar, aprovecharse, atropellar: "Se agandallaron los mejores asientos", "En este país lo primero que piensa la gente es cómo agandallar". ("Gandalla" es el adjetivo, como en "Los caciques son muy gandallas", o el sustantivo, como en "Aquí el mero gandalla es el comisario ejidal".)

agandalle. Acción de abusar, agandallar: "Nomás se ponen pedos y se meten al puro agandalle".

¡agarra la onda! Ponte las pilas, entiende lo que está pasando: "No hay forma de que agarres la onda de que está relación ya valió gorro"; también significa diviértete: "¡Agarra la onda y deja de andar de aguado!"

agarrado. Tacaño, codo; el que se agarra el codo antes de pagar: "Son ricos y, además, agarrados".

agarrar de puerquito. Escoger a una persona en particular para molestarla, humillarla, utilizarla, satirizarla y/o culparla: "Mi hermana ya me agarró de su puerquito".

agarrar en curva. Sorprender a quien no se lo espera y tal vez ni se lo teme: "Me agarró en curva que me dijera que me había engañado", "Cuidado con él: siempre busca agarrarlo a uno en curva".

agarrar su patín (o su onda). Irse por su lado, hacer lo que uno quiere, desafanarse del rollo ajeno: "Agustín se fue, agarró su patín".

¡agárrate! Ojo, cuidado, mira: "Agárrate porque ahora viene lo más cabrón, Ramón".

agárrate las chanclas (o los chones). Ojo, ten cuidado, aguas: "Cuando se te pase la náusea del peyote, entonces sí agárrate las chanclas".

agarrotarse. Engarrotarse, paralizarse física o anímicamente: "Se me agarrotó la pierna con la ciática", "No supe qué decir, me quedé agarrotado".

agasajarse, de agasajo. Disfrutar en grande de la comida o el sexo. Por extensión, cualquier gran placer. "Esa película es de agasajo", "La comadre y yo nos agasajamos anoche", "Te vas a agasajar con la arquitectura de Praga". Una diferencia entre los humanos y los animales está en la conciencia del agasajo (o "agasaje") en la comida, el sexo, el recuerdo, el arte, el lenguaje.

agendar. Convenir en tratar un asunto: "Hay que agendar esto para una reunión"; apuntarlo en la agenda: "Te propongo agendarlo para el jueves de la semana entrante".

agoteited. Agotado, exhausto; falso participio pasado en inglés del verbo español agotarse: "Estoy agoteited, aut, pelas. Te hablo mañana cuando despierte, ¿sí?"

agresivo, muy agresivo. Gringuismo por emprendedor, imaginativo: "Tenemos una estrategia muy agresiva de relaciones públicas".

agua y ajo. Aguantarse y joderse: "Tome agua y ajo cada vez que sea necesario".

aguacate. Ternura, sensualidad, cursilería y algo más: "Ésos se andan poniendo todo su aguacate".

aguado. Que carece de alegría, entusiasmo: "La fiesta estuvo bien aguada", "Mi chavo anda de un aguado que ya no lo aguanto".

aguador. El personaje que solía cargar la cubeta con agua (o refrescos) de los equipos de futbol de antes, o en los llanos: "Yo con ustedes estoy hasta el final, aunque sea de aguador".

aguantador. El que aguanta o soporta más de lo normal; útil, noble, de buena calidad: "Mi mamá es muy aguantadora", "Ese coche es muy aguantador, sirve muy bien de taxi".

aguantar. Se dice de lo que es bueno: "Esa película aguanta", "Ese líder aguanta". (Antes se usaba el enigmático "aguanta un piano".)

aguante. Resistencia: "Tienes aguante como para carreras de fondo"; estoicismo, pasividad, sumisión: "Mi abuela era puritito aguante".

¡aguas! Salte, sácate, escabúllete, que no te caigan las aguas y las cacas que tiraban, hasta la instalación de la plomería, desde los balcones. Por extensión, ¡cuidado, alerta!: "Aguas con el sida", "Aguas con la tira", "Aguas con lo que estás diciendo".

agüita. Cierto tipo de canica transparente con relleno de vistosos colores y formas: "Me juego diez canicas contra tu agüita".

agüita de riñón. Los meados, los orines: "Ahorita le seguimos, nomás déjame echar una agüita de riñón".

agüitado. Triste, deprimido, desolado, melancólico: "Últimamente ando muy agüitado, y lo peor es que no sé por qué".

agüitarse. Desanimarse, entristecerse: "No te agüites, seguro vas a encontrar otro chavo".

agujetas. Los cordones para atar los zapatos: "Amárrate las agujetas, o te vas a quebrar la pata".

áhi la llevo, áhi la voy llevando. Ya estoy mejor, no estoy tan mal, las cosas van, etcétera.

áhi muere. Expresión clásica que significa: aquí y ahora la dejamos; ya no hay bronca; me ganaste; te gané; no hay más que hacer: "¿Saben qué? ¿Qué les parece que áhi muere?"

áhi se lo dejo a su criterio. Así se expresa el empleado público o privado cuando espera una mordida o propina.

áhi te ves. Ya verás tú, es cosa tuya; enfréntalo; saca tus conclusiones: "Yo ya no tengo nada que agregar, Gaspar. Áhi te ves".

ahogado. Borracho, briago, embriagado, hecho una sopa: "Llegaste ahogado y todavía querías ponerte a hablar de nuestra relación".

ahorcado, orcado. Pobre, sin dinero, en la miseria, por la calle de la amargura: "Ando muy ahorcado, no sé cómo voy a pagar todas mis deudas".

ahorita. Al rato o en un lapso indeterminado: "Ahorita le arreglo su coche, nomás no me encime".

ahorita mismo. De inmediato: "Ahorita mismo tengo su coche funcionando".

ahoy. Se dice por hoy, tal vez por contagio de "ahora", "ahorita": "¿Qué vas a hacer ahoy?"; también significa "hasta ahora": "Ahoy estamos bastante contentos", "Apenas ahoy pude pagar la renta"; en algunos casos significa "actualmente": "Ahoy es lo que se estila en estas partes".

¡ahueca! Lárgate, esfúmate, desaparécete. (Se dice que las aves ahuecan el ala para volar.)

ahuevar. Entristecer, deprimir, joder, chingar: "El país cada vez me ahueva más"; dar hueva, aburrir, fastidiar: "Nuestra relación me ahueva".

ahumar. Videograbar a un servidor público cuando recibe dinero de un particular que es precisamente el que lo graba. (Este verbo se deriva del primer apellido del argenmex Carlos Ahumada Kurtz, que videograbó a funcionarios del Gobierno del Distrito Federal cuando recibían dinero de sus propias manos.)

aigre. Aire, tanto el que sopla ("Hace mucho aigre") como el que denota un dolor torácico indefinible: "Traigo un aigre aquí de este lado desde ayer". Entre la gente de raigambre campesina, un aigre es un mal específico causado por enfermedad o mal de ojo: "Se murió de un aigre".

ajax. "Se cree muy ajax" significa "Se cree muy acá" que quiere decir "Se cree mucho".

ajo. Ácido lisérgico: "Se echaron unos ajos y todavía no han regresado".

ajusilar. Fusilar, pasar por las armas: "A mi abuelito lo ajusiló Villa".

(no) ajustar. No alcanzar el dinero: "No me ajusta para el pasaje", "No nos ajustó para la fiesta y tuvimos que pedir la lana prestada".

al centavo. En perfecto estado o condición: "Tengo mi coche, no así mis finanzas, al centavo".

al chás–chás. De contado: "Te lo rebajo si me lo pagas al chás-chás".

al chilazo, al chilaquil, al chile. Espontáneamente, de sopetón, de rebote, como viene: "La neta es que reaccioné al chilazo y la cagué horrible"; sincera, franca, abiertamente: "Dímelo al chile, no te preocupes". También significa que algo quedó muy bien: "Te quedó al chilazo, felicidades".

al interior de. Es barbarismo aportado por el exilio chileno; originariamente galicismo: *à l'intérieur de*. Quiere decir en, dentro, adentro, en el seno, en el interior: "Las pugnas al interior del equipo" significa "Las broncas en el equipo".

al pedo. A la perfección: "El motor de tu coche quedó al pedo".

al ratón, al rayo. Al rato: "Nos vemos al rayo en el banquete".

al tiro, al tirísimo. De inmediato: "Quiero que hagas esto al tiro"; "ponerse al tiro" significa declararse en aptitud, en disponibilidad para lo que se ofrezca, incluso el juego sexual: "Tú nomás di, yo estoy al tirísimo".

alambrear. Poner un alambre para arreglar o reparar una máquina o instrumento: "Mira, vamos a alambrearlo por lo pronto, a ver si fifa"; conectarse clandestinamente a la red eléctrica: "Toda esa colonia está alambreada"; por extensión, arreglar provisionalmente algún problema existencial: "Estoy alambreando las cosas, a ver si luego las arreglo". Asimismo se utiliza para designar el espionaje telefónico: "Ten cuidado con lo que dices, seguro que este teléfono está alambreado".

alambres (o cables) cruzados. Incapacidad para razonar: "No entiendes nada de lo que te decimos, traes los cables cruzados".

albazo. Madruguete; adelantársele a alguien en el cometido de algo: "Hay que tener cuidado de que no nos den albazo y lleguen al tribunal antes que nosotros".

albur. Juego procaz de palabras que supuestamente demuestra el ingenio mexicano. Ha caído en progresivo desuso.

alemanita. Autoerotismo: "Tuve que recurrir a la alemanita".

algodón, algodones. Algo: "¿Te gusta esta música? / Algodones".

alipús. Trago, bebida, drink: "Cuidado cuando se toma sus alipuses, porque se pone bien triste".

alivianada. Ayuda, auxilio: "Mi carnala me dio una súper alivianada con la lana que debía".

alivianado. Es equivalente a buena onda, pero con algún rasgo de virtud añadido: "Es muy alivianado con la lana", "Es una chava muy alivianada", "Sus padres son muy alivianados". Individuo tranquilo, bueno, oportuno, generoso, agradable. *Antónimos:* azotado, pedero. Originalmente, los alivianados eran los se hacían más livianos fumando mota y creían en el *peace and love.*

alivianar. Entrar en el aliviane, la paz, el disfrute, la alegría. En la década de 1960 se le pregonaba "¡Aliviánate!" a los padres, a los fresas, a los machines, a los violentos. También se utiliza como sinónimo de ayudar: "Aliviáname con una lana, no traigo un quinto", "Aliviáname con la familia de mi esposo, ellos te escuchan". Últimamente se utiliza también como aliviar: "Nuestro jarabe le aliviana la garganta".

(el, un) aliviane. Un alivio, una ayuda, una esperanza: "La lana que nos prestaste fue para la familia el aliviane", "Tenerte a mi lado siempre será un aliviane". Salirse del azote y el aplatane de la sociedad convencional: "Esos chavos andan en el puritito aliviane".

aliviarse. Parir, dar a luz: "Ya se alivió mi señora de unos trillizos".

almohadazo. Marcas de la almohada en la cara: "Déjame lavarme la jeta pa' quitarme el almohadazo".

alucín, alucine. Acción de imaginar, fantasear: "Estaba alucinando que nos íbamos de viaje a Nepal", "Tu piel es un alucín, neta", "He andado en el puro alucine"; temer: "¡No alucines!", "A ese chavo acabé alucinándolo de lo gruexa que fue la relación".

alumbrado. El ebrio, el pacheco, el drogo: "¿Qué, andas alumbrado y por eso no nos ves?"

alzado. Igualado; prepotente: "Para un sureño, los norteños son gente muy alzada"; también el que se alza en armas: "Ése era territorio de los alzados".

¡álzalas! Se le dice a alguien cuando cae al suelo, de manera que entienda que debe alzar las nalgas.

alzar. Levantar, escombrar, recoger; poner en orden una habitación: "¡O alzas tu cuarto o no tienes permiso para salir!"

amá. Apocópe de mamá: "Mi amá está furiosa por lo que hiciste".

amacizar. Endurecer, fortalecer: "Hay que amacizar la masa otro poquito"; sujetar con fuerza: "Amacízame la mano, o me caigo"; convenir formalmente: "Hay que amacizar lo que hemos venido platicando".

amachinados. Emparejados; en unión libre: "No te metas con ese cuate, ya está amachinado con una chava que al rato llega".

amachinar. Convenir, acordar, amarrar, sellar, amacizar: "Hay que amachinar el contrato antes de que cambien de opinión"; apoyar, hacer fuerte: "Si tú haces tu declaración a los medios, puedes contar con que los cuates te amachinemos".

amachinarse. Emperrarse, entercarse; comportarse como macho o machín: "No se puede hablar con él, siempre se amachina"; amancebarse, vivir en concubinato: "Nosotros ya llevamos tres años amachinados".

amajujes. Besos, arrumacos, fajes, cogidas, cogiditas, ternuras, ternezas, etc.: "No tienes idea de cómo extraño tus amajujes".

amarchantar(se). Comprar, vender, mercar algo: "Estoy pensando en amarchantar mi coche, me urge la lana"; convenir, arreglarse: "Mejor amarchantarse que pelearse".

amarillar el pan. Enojarse, amargarse: "A mí no se me sube la leche ni se me amarilla el pan".

amarrar. Ligar: "Me amarré a una hermosura de chavo en la playa".

amarre. Pacto, convenio, transa: "Cuida que no se suelten los amarres".

ambulantaje. Refiérese a los vendedores ambulantes en el transporte público, pero particularmente en la vía pública: "María Félix exigió que se echara al ambulantaje de la vía pública, porque afeaba las calles del Centro Histórico, pero luego se retractó".

amelcochado. Meloso, cursi: "Ta bien que me quieras, pero menos amelcochado".

amigocho. Amigo cercano y querido: "Ella y yo somos bien amigochos"; también compañía indeseable: "Por desgracia trajo a sus amigochos".

amolado. Lastimado, dolido, herido, del cuerpo o del alma: "No sólo se amoló la pierna en el accidente, sino que el divorcio lo está amolando financieramente". (Presumiblemente deriva de las muelas del molino que amuelan o muelen el grano.)

amolar. Echar a perder: "Amolaste la relación con tus malditos celos", "Se acabó de amolar el motor con la desbielada". "¡No la amueles!" es una forma frecuente y decente de significar "¡No la chingues!"

ampayita. El ampáyer *(umpire)* del béisbol: "¡No la chingues, ampayita, eso no era estraic!"; por extensión, el juez, el sinodal: "Acepto dirimir las cosas con ella si tú la haces de ampayita".

analfabestia. Se dice de las personas muy brutas: "Ese tío mío era un analfabestia en regla".

andar cachorro. Andar caliente, cachondo, jarioso, deseoso: "Desde chiquita me entraba a veces el andar bien cachorra, ¿a ti no?"

andar de alambrado. Andar indocumentado en los Iueseis (porque hay que pasar las bardas, el desierto, las alambradas…).

andar del baño. Curiosa expresión que significa tener necesidad de orinar: "Ya me anda del baño y esa ruca no sale".

andar parafina. Ponerse elegante, vestir el tacuche, lucir las galas, hacerla de pedo con la ropa: "Voy a ir a la cena bien parafina".

andar (estar) sobres (o sobrinas). Andar alerta, estar pendiente, andar sobre algo: "Ponte bien sobres, al menor ruidito me avisas", "No te preocupes, voy a estar bien sobrinas".

anexar. Encarcelar, entambar: "Avisa que anexaron a Ana y a sus cuates".

ánfora, anforita. Pequeña botella, con frecuencia de forma curva, que se lleva en el bolsillo trasero del pantalón; nalguera, pacha, pachita, por otros nombres: "Ni trates de llevar anforita al concierto, te cachean de arriba abajo".

antagonizar. Molestar, irritar, fastidiar, agredir, chingar: "Ya deja de antagonizarlo, no te ha hecho nada".

antojito. La fritanga, el taco, el huarache, el pambazo, las gordas, el tlacoyo, el panucho, las quesadillas, el sope, el pa-

padzul, etc.: las delicias que se suelen comer a deshoras, por *antojo*: "Vamos a echarnos unos antojitos a la esquina, ¿no?" (No confundir con la botana.)

(Los) Ántrax. Banda de secuestradores, Distrito Federal, 2002; es decir, poco después de los ataques con ántrax en Washington: "La policía anda tras la pista de Los Ántrax".

antrear. Cabaretear, rolar, salir de bares, etc.: "Nos pasamos la noche antreando a lo pendejo".

antro. Centro nocturno, cabaret, discoteca, bar; en general (pero ya no necesariamente) de baja estofa: "Estamos pensando en ir a un antro, ¿se te antoja?"

año de hidalgo. Consigna en las oficinas públicas al terminar un sexenio: "Chingue a su madre el que deje algo".

apá. Apócope de papá: "Sí, apá, lo que digas".

apachurrado. Quien se siente sin ganas, desanimado: "Últimamente me siento muy apachurrado"; los oprimidos, los agachados: "Compañeros, ¡basta de que los pueblos de nuestra América se sientan apachurrados!"

apachurrarse. Sentarse, arranarse, repatingarse: "Mi ex se la pasaba apachurrado frente a la tele"; deprimirse, agüitarse: "¡No te me apachurres, las cosas no están perdidas!"

apalabrarse. Dar su palabra dos o más individuos y quedar "apalabrados" para un contrato, acuerdo, proyecto, etc. A veces también se utiliza como "hacerse de palabras", insultarse: "Iban a apalabrarse por lo del conflicto de límites, pero acabaron apalabrándose y a madrazos".

apalancar. Ayudar a alguien en algún cometido: "Nosotros te apalancamos, tú no te preocupes".

apandar. Recluir en el apando o celda de castigo: "Lo apandaron por andar de rijoso", *El apando* es uno de los grandes libros de José Revueltas".

apanicarse. Esta expresión, desde luego ya existente, se hizo célebre cuando Vicente Fox la utilizó como presidente de la República: "No se apaniquen", dijo. Alguien "apanicado" es alguien asustado, medroso, paranoico (o falto de confianza en el gobierno...).

apantallar. Impresionar, deslumbrar, ser (casi) como los personajes de la pantalla de cine; ser *larger than life:* "A mí esos cabrones no me van a apantallar".

apantallarse. Asombrarse, deslumbrarse: "Mi madre se apantalló con Clark Gable y Claudette Colbert, yo con Robert de Niro y Jeanne Moreau, ¿y tú?"

apanterarse. Se dice de las mujeres que se ponen bravas, rijosas, valientes, panteras: "Mi chava se me apanteró y no sé cómo tranquilizarla".

apañar. Robar; conseguir: "Me apañé estos discos que te gustan"; también significa sorprender *in fraganti* o arrestar: "La apañó con el amante", "Los apañaron con toda la fayuca".

apañón. Abuso, agandalle: "Nos confiamos y los muy gandallas nos dieron el apañón"; arresto, represión: "Llegó la tira y hubo apañón general en el antro".

apapachar. Mimar, consolar, chiquear a una persona: "Tronó con Manuel y estuve apapachándola toda la tarde". Es curioso que en una cultura tan matriarcal como la mexicana el sumo consuelo no sea "amamachar". (Es cierto que "papachar" existe en España y en otros países.)

apechugar. Aceptar algo, conformarse con una situación: "Tienes que apechugarlo" o, más comúnmente, "Tienes que apechugar con esto". También se usa por pagar, contribuir: "Apechuga con el varo que nos debes".

apenas y. Es muy usual decir y escribir así la locución *apenas si*.

apergollar. Atrapar, maniatar, arrestar: "Lo apergollaron los gorilas de la disco por andar de desmadroso"; por extensión, hacerle el amor a alguien: "Anoche me apergolló tu cuñada y por eso ya no vinimos".

aperrarse. Emperrarse, aferrarse: "No te aperres con esas ideas", "Están aperrados el uno con la otra".

apestar. Echarse a perder, arruinarse: "Se me apestó el negocio".

aplastarse. Arranarse, aplatanarse, tumbarse: "Ya se aplastó, no esperes nada de él por lo que resta del domingo", "Los amigos de tu papá sólo vienen a aplastarse en nuestra sala".

aplatanado. El que sufre de aplatane: "Eres de un aplatanado que no sé cómo te aguantas a ti mismo".

aplatanarse. Sentirse o comportarse fofo y blandengue como plátano (banana): "Decidí que este fin de semana me voy a aplatanar".

aplatane. Desánimo, apatía, agüitamiento, anomia: "Entre el desmadre y el aplatane, la vida transcurre".

aplaudido. Manoseado, avejentado: "Esa actriz todavía se siente un icono sexual, pero ya está muy aplaudida".

aplica. Funciona: "Tenías razón, caminar para atrás aplica para inspirarse"; conviene: "Usar el condón aplica".

aplicarla. Castigar, fastidiar, joder, chingar a alguien: "Me la han estado aplicando desde que entré en esta oficina", "La regué contigo y es justo que me la apliques".

apretados, culos apretados, pedos apretados. Se dice de las personas rígidas, cuadradas, los momios, los *square*, los que siempre traen el esfínter apretado: "Tu familia es apretada hasta para ser de Las Lomas", "No seas tan apretado, déjala que se vaya de reven"; las clases altas, los fresas, los que son o se creen de una casta superior: "Tú eres un apretado y tus papás son unos apretados y hasta tus sirvientes son unos apretados y no quiero volver a verte nunca".

aprovechado. Esta palabra tiene dos acepciones: un alumno aprovechado es aquel que es el orgullo de sus padres y maestros, y objeto de odio y envidia de sus condiscípulos; por otra parte, un individuo aprovechado es aquel que abusa de sus privilegios (heredados o logrados) de fuerza, de fortuna o de belleza: "Los priistas son los aprovechados por definición".

aprovechar el viaje. Aprovechar la ocasión, la oportunidad: "Aprovecho el viaje para ver si quiere conmigo o no", "Aprovecha el viaje para decirle lo que sientes".

apuñalarse. Masturbarse, chaquetearse, recurrir a la alemanita: "Ya no te apuñales tanto, el otro día te oyeron todos".

aquí sólo mis chicharrones truenan. Significa que aquí yo soy el efec, el uyuyuy, el mero-mero.

arbusto. Pelo púbico (o axilar): "Me anda picando el arbusto".

ardidez. Característica de los ardidos: "Me atormenta la ardidez que me provoca esa mujer".

ardido. Enojado, encabronado y, sobre todo, ofendido; se arde a causa del despecho, la rabia, la envidia, los celos: "Todavía anda ardido por lo que le hicieron el año pasado", "No seas ardida, acepta que se enamoró de otra". Se dice, no sé por qué, que los mexicanos son muy ardidos. (La *música ardida* se compone sobre todo de rancheras y algunos boleros donde se reprocha a la mujer el ser hipócrita, frívola, mentirosa, falsaria, etc., a diferencia de los nobles y sufridos machos.)

argüende. Insidia, mitote, desmadre, chismerío: "Las señoras de antes, como no tenían que trabajar, se la pasaban en el argüende", "¿En qué argüendes andas, que no te he visto?"

argüendero. Quien escucha y propala argüendes: "Los cubanos son bien argüenderos".

armar (o hacer) un pancho. Provocar una bronca, pleito y hasta riña: "Me armó un panchotote porque llegué cinco minutos tarde"; hacer un oso, hacer el ridículo: "Tu amiguita hizo un pancho horrible en la cena".

armar un show (o chou). Hacer el ridículo, hacer un numerito o espectáculo: "Y me armó su show habitual de dolor profundo y perdón generoso".

armarla. Armar la bronca, la disputa: "Aguas con mi hermano, porque le encanta armarla por lo que sea", "¿Quieres armarla, o prefieres que hablemos?"

arponearse. Picarse, inyectarse, drogarse.

arranarse. Apoltronarse, aplastarse, aplatanarse; ser presa gustosa de la güeva; tumbarse cómodamente: "Llegué a la casa y me arrané a ver la tele".

arrancones. Dícese de las carreras ilegales y nocturnas de autos privados en calles y avenidas anchas del Distrito Federal: "Los novios se mataron en un trágico arrancón".

arrebatinga. Rebatiña: "Esos cuates le entran a la política nomás para la arrebatinga de puestos y prebendas", "Ni creas que sólo los priistas le entran a la arrebatinga".

arreglarse. Sobornar, dar mordida, untar la mano: "Sería injusto que usted fuera al tambo, ¿por qué no nos arreglamos?"

arrejuntarse. Vivir en unión libre: "Es hora de que sepas que tus tíos viven arrejuntados desde siempre".

arrimado. Advenedizo en un grupo: "Me fui de arrimado con los amigos de mi mujer"; pariente o amigo pobre (o abusivo): "Luisito vive de arrimado con sus tíos".

arrimar el camarón. Hacer abierta, calurosa y a veces desagradable sugerencia corporal de sostener relación sexual; bailar muy pegadito: "Le estuve arrimando el camarón, pero no me hizo caso".

arrimarse. Imponerse, molestar: "El jefe todo el día se me anda arrimando".

arrimón. Contacto cercano del primer tipo: "Le di un arrimón en el baile, y que me corresponde"; también significa llegar, participar: "El concierto va a estar chido, dense un arrimón".

arrugarse. Asustarse, dejarse intimidar: "Los franceses se arrugaron en 1940", "¡No se arruguen, podemos llegar a la final y ganarle a Brasil!"

arrúllame. Cuídame, consecuéntame, consiénteme; hazme el amor.

artritis. Hartazgo, hartitis, tedio: "Los amigos de mi chavo me dan artritis, mana".

asaltacunas. Persona que anda con gente mucho más joven: "Fui a cenar con mi hija, y la gente me miraba como si fuera un asaltacunas".

asegunes. Condiciones, salvedades, excepciones, letra chica: "Estoy básicamente de acuerdo con lo que dices, pero con algunos asegunes", "Son muy buena gente, pero tienen sus asegunes".

aserruchar. Cortar: "Nos aserrucharon el presupuesto"; hacer el amor: "Vámonos a aserrucharnos en una cabañita del bosque, ya no soporto la ciudad".

asfoxiados. Los que vivieron en el sexenio de Vicente Fox.

ash. Forma clasemediera de decir "ay" con impaciencia, hartazgo: "Ash, no soporto estas colas", "Ash, ya no aguanto a mis papás"; o con pedantería: "Ash, la ropa en México es bien chafa".

astracán. Hasta atrás, hasta atrax, hasta las chanclas de droga o alcohol: "Ni le hables, anda bien astracán".

asuntacho. Asunto no muy grave: "Es un asuntacho que podemos arreglar con buena voluntad".

asuntar. Convenir en tratar un asunto: "Hay que asuntarlo"; agendar: "Déjame asuntarlo en la agenda".

atarantado. Tonto, atontado, torpe, tribilín: "Tu cuñada es muy atarantada, ¿no?", "¡No sea atarantado, muchacho!"

atarugar. Entontecer, apendejar: "Deja al pobre muchacho en paz, no lo atarugues con tus teorías apocalípticas".

atascado. Sucio, mugroso, repulsivo: "Antes de la invención del tenedor, los europeos eran muy atascados para comer"; también quien se mete muchos estimulantes: "Jim Morrison era muy atascado".

atascarse. Saciarse, repletarse, de comida o sexo o de lo que sea: "Nos atascamos de tacos y cervezas en la comilona familiar"; besarse muy largo, muy fuerte: "Ya se atascaron, chavos".

atascón. Atascarse de comida, de sexo, de enervantes: "Se pusieron un atascón de aquéllos y luego ya no había quien los despertara"; atorón, embotellamiento: "Había un atascón de tráfico que ni te cuento".

aterrizar. Cumplir, llevar a cabo, realizar: "Ahora se tienen que aterrizar los acuerdos a que hemos llegado".

atizarle. Entrarle, llegarle, pegarle: "Atízale al mole, que está de poca madre".

atizarse. Fumar mariguana: "Hace ya un buen que fueron a atizarse, no sé si regresen".

ATM. A toda madre, padrísimo, de pocas: "Tus cuates son ATM".

atole con el dedo. Acción de engañar, defraudar, mentir, pendejar, dar el atole de a poquito en poquito: "El gobernador nos sigue dando atole con el dedo".

atorar. Arrestar, aprehender: "Los atoraron pasando contrabando".

atorarle. Persistir, insistir, resistir, empeñarse: "Le sigo atorando a la filosofía, aunque cada vez le veo menos sentido".

atorón. Atascarse de comida: "Me di un atorón de espagueti";

nudo de tráfico: "Hay dos mega atorones en el Periférico y apenas son las seis de la mañana".

atravesado. Persona colérica, turbia, torva, autoritaria: "El tal Preciado de la novela de Rulfo era un tipo muy atravesado", "No seas tan atravesado, con un demonio, escucha lo que se te dice".

¡auch! Onomatopeya tomada de los cómics o cómix o tiras cómicas o "monitos" o "historietas" de los años cincuenta y subsecuentes caricaturas del cine y la televisión: "Después de recibir tu carta, lo único que puedo decir es auch". (*Ouch!* en inglés.)

aut. Fuera de juego, fuera de combate, pelas, cansado, agotado, exhausto; o muy satisfecho: "¿Sabes qué?, ya estoy aut". (*Out* en inglés, de la jerga del béisbol y del box.)

autora de tus días. Madre, mamá, jefecita, etc.: "Salúdame a la digna autora de tus días de mi parte, cuando la veas".

autos chocolate. Vehículos comprados en Estados Unidos que permanecen en México más allá de la fecha permitida. Suelen pertenecer a emigrantes y en su mayoría son pick-ups: "No pude llegar a tiempo porque había una manifestación de dueños de autos chocolate que exigían que se los legalizaran".

autoviuda. Mujer que dispone violentamente de la vida de su cónyuge abusivo: "¡Nueva autoviuda en la colonia Narvarte! ¡Alega que el marido la maltrataba!" Es expresión originada en los años cincuenta.

aventado. Audaz, arriesgado, arrojado: "Se necesita ser muy aventado o muy pendejo para coger sin condón", "Antes, para ser astronauta tenías que ser muy aventado".

aventar. Delatar, chivatear, echar de cabeza: "Si me avientas, la paga tu familia".

aventar los chones (o calzones). Insinuarle o declararle nuestro deseo y admiración a alguien: "Ya aviéntale los chones en vez de andar suspirando por los pasillos", "Le andas aventando los calzones a alguien que nunca te va a pelar".

aventarse. Arriesgarse, aventurarse, osar, ponerse audaz, etc.: "Tons qué, ¿se avientan o no?"

aventarse (o echarse) cacalacas. Regañar o insultar: "Llegué tardísimo y me aventó las cacalacas".

(al) aventón. Como sea, como salga: "Buena parte de la población hace las cosas al aventón"; también significa ráid, raite, ray, autostop: "Se fueron de aventón a Alaska, pero se regresaron en avión".

aviador. Persona que cobra sin trabajar en una oficina y que sólo aterriza para cobrar: "Mi primo lleva años cobrando de heroico aviador en esa secretaría de Estado".

aviaduría. El privilegio de tener un cargo por el que se cobra sin desempeñarlo: "Pemex era famoso por la cantidad de aviadurías".

(dar el) avión. Ignorar adrede lo que el otro dice: "¿Crees que no me doy cuenta de que me estás dando el avión?", "Dale el avión, no sabe lo que dice".

avorazado. Dícese de los que no quieren o no pueden contener sus deseos (sexuales, alimenticios, financieros, etc.): "No seas tan avorazado, deja algo para los otros".

¡ay, nanita! Exclamación de miedo —sincera o paródica— que con frecuencia emiten los mexicanos. Se dirige a la nana, el aya, esa mujer que lo mismo infunde el terror ("Ahí viene el Coco y te va a raptar") que nos guarece y protege de él: "¡Ay, nanita, se me hace que van a devaluar el peso!", "¡Ay, nanita, no me digas que nos robaron otra vez!"

azorrillado. Asustado, escamado, temeroso como zorrillo: "Cuando los aztecas empezaron a ser el gran poder, traían bien azorrillados a los demás".

azorrillarse. Asustarse, escamarse, friquearse: "¡No se azorrillen nomás porque los del otro equipo son más altos, más fuertes y más famosos!"

azotado. El que privilegia el sufrimiento, el que subraya la desdicha; el saturnino: "Moctezuma era un güey súper azotado por la onda de las supersticiones", "¡Hasta tu perro tiene cara de azotado!", "Los argentinos presumen de ser azotados".

azotar. Caer estrepitosamente: "Azotó del árbol de la esquina"; golpear, maltratar: "Lo azotaban mucho de chico"; pagar: "Azótate con la lana que nos debes".

azotarse. Lo que hacen los azotados: "Ya deja de azotarte por todo lo que pasa en el planeta, me tienes harta".

azote. Depre, melancolía, blues: "Cuando andas en el azote, eres el azote de tus amigos y familiares".

(ponerse) azteca, xochimilca. Ponerse pugnaz, violento, cabrón, gandalla, machín, apache, comanche: "Ya, ya, no es para tanto, no tienes por qué ponerte azteca".

azules, los güevos. Expresión machista que significa: "Esto se hace porque se hace, y si no, por mis güevos que son bien azules"; la expresión "se hace porque se me hinchan los güevos" probablemente explique el tono azul de los mismos.

B

babadrai (o babadry). Dícese del pulque, que es muy espeso (y por analogía con el refresco Canada Dry): "Ya casi no hay pulcatas donde echarse su babadrai".

babai. Adiós, hasta pronto, hasta luego, chau. (Del inglés *bye-bye.*)

babas. Idiota, pendejo, ingenuo, baboso, babalucas: "No seas babas, ¿no ves que te está manipulando?"

babosear. Estar o andar de baboso o inútil: "Deja de estar baboseando y haz la chamba".

bacha. Cigarrillo o colilla de mariguana: "¿On ta la bacha?"; persona o animal de corta estatura: "Mi prima es medio bachita".

bagazo. Brosa, hez, hampa, indeseables, etc.: "Esa gente es puro bagazo, no sé cómo te puedes llevar con ellos".

baile del mono. Hacer el amor con una mujer, cuyo sexo a veces se designa como "mono".

bájale. No molestes: "Bájale a tus reprochitos o me largo"; no exageres: "Bájale de volumen a tu disco"; no ofendas, no dañes: "Bájale, o te partimos la madre".

bajar. Hurtar, robar: "En cinco minutos que lo dejé solo, me bajaron mi viejo vochito, ¿tú crees?"; tomar prestado: "Te bajé tu suéter blanco, luego te lo paso".

bajar las persianas. Quedarse dormido o jetón: "Debe haber sido en ese momento que se me bajaron las persianas".

bajar mamey. *Cunnilingus*.

bajarle. Disminuir: "Tienes que bajarle a tus pinches actitudes prepotentes"; controlarse, retenerse: "Vas a tener que bajarle, te estás pasando".

bajarse el soufflé. Sobresaltarse, desilusionarse: "Se me bajó completamente el soufflé después de su llamada".

bajón. Depresión, tristeza: "No he podido salir del bajón que me produjo su muerte".

bajoneado. Triste, deprimido, con bajón de ánimo: "Mi jefa anda muy bajoneada desde que le detectaron el cáncer".

bajonear. Humillar, ofender: "A mí no me vas a andar bajoneando".

balconear. Delatar, exhibir, comprometer, echar de cabeza, traicionar, ventanear, chismear: "Te balconeaste solo cuando llegaste todo asoleado y con ropa nueva"; "No me balconees, luego trato de explicarte lo que pasó".

balín. De mala calidad, chafa: "Tus argumentos son de lo más balines", "Ese coche que te compraste es bien balín".

balona (o valona). Favor, favorzote, dispensa, ayuda: "Me hizo la balona de buscar el acta de nacimiento de mi bisabuelo, que nació cuando la Revolución".

bambinazo. Batazo de jonrón. Deriva de que a Babe Ruth le llamaban, aunque no era itálico, *Bambino*.

banda. Pandilla; grupo de amigos; corresponde al antiguo "la flota" o el usual "los cuates": "Ven, va a estar toda la banda"; gente, muchedumbre: "Para ese partido de fut va a haber mucha banda". Decir de alguien que "es banda" significa que es cuate, es de los nuestros; pero puede significar también lo contrario: que pertenece a una pandilla agresiva, o es un individuo de cuidado, como en "Aguas con ese güey, es medio bandita".

banqueta. En México no es un lugar para sentarse, sino la acera de la calle: "Súbete a la banqueta, chamaco menso, te van a atropellar".

banquetero. Comerciantes de banqueta, ambulantes: "Para pasarla me puse un puesto banquetero, pero a lo silvestre, sin permiso".

baquetón. Flojo, holgazán, mantenido, abusivo, inútil: "El baquetoncito de tu hermano no fue a recogerlos al aeropuerto". (Es norteñismo; también se usa cariñosamente: ¡Quihubo, baquetón!")

bara, baras. Barato, económico: "Pásele, güerito, aquí le damos todo más baras", "Bara-bara, bara-bara, compre lo que le gusta, lo que necesite, lo que se le antoje".

barbaca. Se dice de la barbacoa, que es una carne que se prepara en un hoyo en la tierra: "¿Nos vemos el domingo en la barbaca?"

barbacoyeros. Los encargados de cavar el hoyo y meter la carne, la penca y todo lo necesario para cocinar la barbacoa: "Parece que los barbacoyeros tuvieron un accidente en el camino y se jodió la boda".

bárbaros, bárbaros del norti. Los norteños: "Los panistas, en la época de Clouthier, hacían énfasis en que eran los bárbaros del norte que luchaban por la democracia".

barbero. Lisonjero, cortesano, servil; quien "le hace la barba" al poderoso: "Es un barbero que nunca ha ganado nada por mérito propio".

barcito. Barecito: "Hay un barcito muy simpático en la esquina donde podemos tomarnos algo".

barco. Fácil, simple, no exigente: "Ese profe navega de barco, pero al final te aprieta", "Quizá eres muy barco con los hombres, Julieta".

baro, baros (varo, varos). Dinero, lana, pesos: "No traigo baro, préstame"; caro: "Este choque te va a costar un baro, no creas".

basca. Vómito: "Ya me anda de la basca, para el coche"; despreciable: "Esa gente es pura basca, no los peles".

basquear. Vomitar, guacarear, echar la basca: "Me basqueó todo el piso".

bastante. Se dice a veces por "muy": "Comimos bastante bien", y también dícese por "mucho": "Graciela me gusta bastante" (pero en este caso es menos elogioso que el "mucho" que se expresa con "demasiado", como en "Este melón es demasiado bueno").

bastantita, bastantitos. Numerosa, numerosos, demasiado numerosos: "Hay bastantita gente en el estadio, se me hace que hubo sobreventa", "En la chesta vas a encontrar bastantitos conocidos, tú dirás si quieres ir".

bastardo. Expresión cada vez más usada a consecuencia de los doblajes y subtítulos de las películas gringas, donde abunda el vocablo *bastard*, que significa "hijo de puta" o "hijo ilegítimo", en suma, hijo de la chingada: "El muy bastardo le robó la lana a mi hermana".

batear a alguien. Rechazar, hacerle el asco: "Se le declaró a Andrea, pero ella lo bateó". (Viene del béisbol: batear la pelota.)

batir, batirse. Ensuciar, manchar, empuercar: "Batí el mantel con el mole, perdóname", "Miren cómo se batieron, niños"; pegarse el arroz: "¡Se me batió el arroz verde, carajo!"

bato (también **vato)**. Hombre, tipo, sujeto: "Aguas con esos batos"; también amigo, cuate: "Vamos a buscar a los batos para ver qué hacemos en la noche". (Norteñismo.)

beberecua. Bebida, trago, chupe: "En casa de Memo siempre hay buena beberecua".

becaria. Joven mujer que ofrece sus encantos a alguien con poder: "¿Cómo se llamaba la becaria aquella que Clinton hizo célebre?", "Esa chavita quiere meterse de becaria con tu jefe".

bejaranear. Siendo funcionario o diputado, recibir dinero de un empresario y meterlo a la fuerza en un maletín, guardándose las ligas en el bolsillo, mientras una cámara lo filma a uno: "Primera regla, compañeros: nunca bejaranear".

berch, verch. Verga en sentido negativo: "Me está yendo de la berch, carnal", "Si seguimos así, nos va a llevar la verch".

besos tronados. Los besos que truenan como chicle, como globo: "Me dio un beso tronado y sentí que las campanas hacían tilín y luego tolón".

Beto. Alberto, Roberto, Adalberto, Rigoberto, Austreberto, Dagoberto, Filiberto. (Por cierto, la costumbre de llamar a la gente *el* Beto —el Rafa, el Pepe, etc.— ya es común, pero en su origen es chilenismo, importado por los refugiados políticos de los años setenta. Antes de eso, Beto y Rafa y Pepe se llamaban así, a secas.)

bicicleto. Bisexual; las y los que batean de ambos lados; bi: "Dice que es bicicleto, pero no sé si creerle".

bicitecas. Grupos de ciclistas chilangos que salen en grupo por las noches; en su mote hay alusión a aztecas, olmecas, karatecas, imecas…: "Aguas con los bicitecas si andas manejando de noche, no te vayan a atropellar".

bicla. Bici, bírula: "El regalo que más me ilusionó de chavito fue una bicla roja que me trajo Santa Clos".

bien. Muy, como en "Eres bien pendejo", "Son bien cabrones", "Somos bien buena onda".

bien mala onda. Muy mala onda, muy mala persona, muy mala actitud: "Sus parientes son bien mala onda".

bien pérez. Bien pedo, bien briago, bien pedales: "¡Andas bien pérez, Pérez!"

bien rifado. Bueno, excelente, bien logrado: "Tu tesis está bien rifada, te felicito".

bigotes. Aspecto: "Una chava de no malos bigotes".

bilimbiques. Billete de banco de poco o nulo valor: "Ya ni sé cuántos bilimbiques de éstos se necesitan para comprar un maldito euro". (La palabra se originó durante la Revolución, cuando las diferentes facciones emitían su propio papel moneda.)

billete, billetote. Dinero, lana: "Este trámite le va a costar un billete", "Mi familia tenía el billetote hasta que lo dilapidó mi abuelo".

bíner. Mexicano (que come frijoles): "Agarraron a varios bíners en un tren". (Del despectivo gringo *beaner.*)

bipazo. Mensaje con el bíper: "Échame un bipazo en cuanto estés listo".

bírula. Bici, bicicleta: "Me robaron la bírula en un descuido".

bisagras. Axilas, sobacos: "Le jieden las bisagras".

bisne, biznes. Asunto, transa, arreglo, negocio: "Mi abuelita siempre andaba haciendo biznes". (Del inglés *business.*)

bisté, bistec. La chuleta; la búsqueda del bisté es de lo que trata la vida en el sentido material: "Ando persiguiendo el bisté sin mucho éxito".

bizcocho. Una suerte de pan de dulce; mujer deliciosa, sexo femenino. Ahora también se aplica a los hombres: "En esos meses andaba yo con un bizcochito que ni te cuento, mana". Dícese también de los bizcos.

blanquillos. Eufemismo por huevos, que llega al ridículo de pedir "unos blanquillos rojos". (Ya casi es arcaísmo.)

blofear. Pasar por lo que uno no es, engatusar, timar; salir de un aprieto: "Déjame blofear, a ver si los convenzo". (Del inglés y del póquer *To bluff*.)

bocabajear. Maltratar, desdeñar, ofender a alguien: "Ya estoy harto de que tú y tu familia me anden bocabajeando".

bodachera. Boda con harto chupe: "¿Por qué no fuiste a la bodachera de tu prima?"

bodega vacía. Cabeza sin ideas; equivale a "no tener nada en la azotea": "Ese presidente tenía la bodega casi completamente vacía".

bodoque. Significa trusco, pedazo; bruto o en bruto; persona (o personalidad) adiposa, informe, inane. Se dice cariñosamente de los niños: "Vente a comer con tus bodoques, que jueguen en el jardín"; se dice despectivamente de los adultos: "Voy a ir con el bodoque de mi primo".

bola. Cantidad numerosa, como en una bola de gente, una bola de coches, una bola de conceptos, una bola de locos, una bola de hijos de la chingada y una bola de problemas. A la Revolución mexicana se le llamaba La Bola, porque andaba de aquí para allá, alevantando y arrastrando a la gente a su paso. También se puede decir que uno le tiene "una bola de cariño" a alguien, o que alguien tiene "una bola de resentimientos". Cuando alguien dice que "ya le pesa la bola" se refiere "a la bola de años". Cuando digo que "Me voy a la fiesta con la bola", digo que me voy con mis amigos cercanos… o con todos los que vayan.

bolas. Unidad monetaria equivalente a pesos, varos, etc.: "Te va a costar treinta mil bolas por lo bajo, si no es que más".

¡bolas! Interjección —como "¡Sopas!" y "¡Sopes!"— que suele suscitar algún hecho de cierta violencia: una entrada fuerte en el futbol, una bofetada, un insulto: "¡Bolas!, ¿oíste lo que le dijo?"

(hacerse) bolas el engrudo. Meter la pata, complicarse las cosas, regarla, cagarla: "A este gobierno todo el tiempo se le hace bolas el engrudo". (Algunas personas tal vez aún recuerden lo que era el engrudo.)

boleadora. Una sustancia fuerte, heavy, cabrona: "Ten cuidado con esa ginebra, está muy boleadora".

boleto. Actitud, opinión, actividad: "Respeto lo que dices y haces, pero mi boleto es otro por completo", "Mi hermana anda en otro boleto".

bolillo. Cierta pieza de pan blanco salado: "Tráete unos bolillos para los frijoles"; individuo blanco y/o güero: "¿Dónde naciste, bolillo?"

bolita. Grupo humano entrañable, bola de cuates, banda: "Va a ir toda la bolita, ¿vente, no?", "Tú no te atreves a hacer nada que no haga tu bolita, ¿verdad?"

bolo. Centroamericanismo (Chiapas incluido) por borracho, ebrio, briago, pedo, trole, etc.: "Los domingos los bolos andan por la raya de la carretera para guiarse".

bolón. Aumentativo de *bola*. Si una "bola de gente" (o de problemas) son mucha gente (o muchos problemas), "un bolón" es aún más: "Va a venir un bolón de raza".

bolsa. A menudo —confundiendo a otros hispanohablantes— se dice por "bolso" y "bolsillo": "Le robaron la bolsa a esa señora y a nosotros nos vaciaron los bolsillos en la comisaría".

(ser) bolsa. Fofo, fodongo, huevón, güevón, nata, aburrido, inútil: "Nomás se casaron y se volvieron bien bolsas".

bolsear. Hurtar, robar —en el transporte u otros lugares muy concurridos— los bolsillos, las bolsas o los bolsos: "Estoy que me carga la chingada, me bolsearon en el metro".

bolsón. Flojo, haragán, huevón: "Mi hermana es bien bolsona, por eso no se sale de la casa de mis jefes".

bomberazo. Cometido de emergencia, por ejemplo en música, en cine y hasta en teatro: "Me llamaron para un bomberazo que duró tres días enteros con sus noches".

bonche. Cantidad considerable: "Había un bonche de gente alrededor del estadio", "Tengo un bonche de problemas", "No me vengas con tu eterno bonchezote de reclamos". (Es difícil no suponer que viene del inglés *bunch*.)

bordados a mano. Así se sienten las personas ególatras: "María Félix se sentía bordada a mano". (Expresión cercana al dicho: "Está bien que traigas encaje, pero no tan ancho".)

borrachazo. Los golpes o impactos, con importancia o sin ella, cómicos o fatales, que se infligen o que causan los borrachos: "No me digas que ese moretón en la ceja no es de un borrachazo", "Ramón deshizo el coche de su primo en el típico borrachazo".

borrarse. Irse, desaparecer, esfumarse: "Preferí borrarme cuando empezó la discusión". La expresión *se me borró* significa "se me olvidó" o "se me fue el avión".

borrego. Rumor, conseja, chisme: "Corre el borrego de que vas a renunciar, ¿es cierto?"

boruquiento. El que anda armando boruca, desmadre: "No sé si se opone al régimen, o nomás es boruquiento".

botanear. Consumir botanas, tentempiés, tapas: "Botaneamos un rato en la cantina y luego nos vamos a comer"; también burlarse: "No les hagas caso, te están botaneando", "Lo agarraron de botana y ni cuenta se dio".

botarse de la risa. Reírse estrepitosamente, carcajearse: "Este güey se bota de la risa de cualquier cosa".

botarse la canica. Decir que a alguien se le botó la canica (o la cuiria) quiere decir que enloqueció momentánea o completamente: "Me enfurecí y se me botó la canica, perdóname",

"A Hölderlin por esas fechas cada vez se le botaba más la cuiria".

botarse la puntada. Tener el detalle: "Se botó la puntada de llenarme el tanque de gasolina"; tener la ocurrencia: "Se botó la puntada de caer de visita a las cuatro de la mañana".

bote, botellón. Cárcel, chirona, jaula, tambo: "Me metieron en el botellón por puro pendejo que era yo entonces"; trasero, nalgas, culo: "¡No me agarres el bote!"

botica. Farmacia: "Ya no venden cigarros en las boticas, ¿verdad?"

botijón. Barrigón, panzón: "Dile al botijón de tu marido que no se le olvide ir al súper por los chescos y las chelas".

brava. Provocación, agresión: "Ahí anda el menso de tu primo echándole brava a todos porque su equipo otra vez perdió".

bravero. El que "echa brava", el buscapleitos, el *bully*, el que agrede: "Los braveritos lo traen en chinga en su escuela".

bravía. Mujer mexicana; mujerona; música mexicana ranchera, charra: "Chavela Vargas siempre ha sido muy bravía".

(un) bréik. Un descanso en la chamba: "Te cuento todo en el bréik de las 11"; un remanso, una pausa: "Yo no necesito amor, sino un bréik". (Del inglés *break*.)

briagos, briagadales. Borrachos, embriagados, pedos, empédocles, hechos una sopa, etc.: "Los escoceses y los mexicanos son bien briagos, no digamos los irlandeses y los nicas".

brincos diera. Ojalá: "Brincos diera por tener un depto como el tuyo".

Britney-señal. Señal obscena con el dedo por la que Britney Spears es recordada en México.

brody. Hermano, bróder, cuate del alma: "Jorge Campos es el brody más conocido de México". (Del inglés *brother*.)

bronca. Dificultad, problema, pancho, diferendo: "Este asunto es una bronca muy complicada", "Traigo broncas muy duras con mi chavo"; resentimiento: "Caín le traía mucha bronca a Abel"; pleito, riña: "Se armó la bronca a la salida del estadio"; provocación, insulto: "Ese güey le anda echando bronca a tu hermano".

broncononón. Mega bronca: "El partido acabó en un broncononón"; súper pancho, graves problemas: "Mejor ni te cuento, traigo un broncononón".

broza. La gente de baja estofa, el pueblo llano, los no perfumados: "Mi chavo es de familia bien broza"; también los cuates, los amigos, la palomilla, la banda, la pandilla: "Al rato llega la broza, no te engentes"; los criminales, adictos, pandilleros y demás gente… broza: "Dale la vuelta a este barrio, es bien broza".

(andar) bruja. Pasar pobreza: "Carlos anda muy bruja, yo pago por él", "Cuando dejes de andar bruja me pagas, no te preocupes".

¡brujo! Siempre masculino. Se le exclama a quien parece demostrar aptitud para adivinar, intuir, descifrar: "¡Es un brujo!"; también es burla a quien dice lo obvio: "Oh, brujo descubridor del hilo negro".

bubis. Pechos, tetas, senos, chichis o chiches: "En los cincuenta, el cine italiano se caracterizaba por lo melodramático de los argumentos y lo espectacular de las bubis". (¿Del inglés *boobs*?)

(un) buen. Mucho(s): "Hay un buen de mexicanos en Gringolandia", "Se necesita un buen de dinero para arreglar la casa".

buen lejos. Impresión favorable a la distancia: "Ese chavo tiene un buen lejos, vamos a echarle un lente".

buen pedo. Aunque no lo parezca, significa buena noticia, buena onda: "¡Qué buen pedo que sí pudiste llegar!" Su antónimo es, desde luego, "mal pedo".

buena onda. Las personas, las ocasiones, las actitudes agradables: "Mi chava es súper buena onda", "Es un lugar bien buena onda", "Compórtate buena onda, güey, no vengas a armar panchos".

buena parla. Buena conversación: "Las cosas se están arreglando, tuvimos una buena parla".

¿bueno? Así contestan los mexicanos el teléfono; se dice que proviene de que, en los albores de la telefonía, las personas preguntaban si el contacto era bueno.

buga. Heterosexual. "Va a ser una fiesta gay, pero con bastantes bugas", "Eres demasiado buga, hasta para ti mismo".

bule. Burdel, casa de citas, prostíbulo, etc.: "La educación sexual de los varoncitos de antaño se daba en los bules".

buqui. Muchacho, chavo, morro, niño, criatura: "Estás muy buqui para andar con ella". (Es norteñismo.)

buti. Mucho(s), numerosos. "Hay buti películas nuevas en la cartelera", "Hay buti comida". (Norteñismo.)

butiquizar. Hacer de un barrio pintoresco una zona de tiendas y boutiques: "San Ángel y Coyoacán y ahora Tlalpan se han ido butiquizando".

buzo. Abusado, aguzado, al tiro, perspicaz, hábil: "Pónganse buzos con el sida, cabrones, no la caguen".

C

ca, caa. Apócope de cabrón; se usa afectuosamente: "¿Cómo sigues, ca, mejor?"

caballazo. Dar un golpe a alguien al pasar, queriéndolo o no: "Me dieron un caballazo en el metro que me sumió la costilla".

caballito. Vaso bajo y muy estrecho que se usa para beber tequila: "Dos caballitos más y nos vamos".

cabrera. Arduo, difícil, cabrón, caón: "Traes unos problemas bien cabreras".

cabrón. Abusivo, gandalla: "Las monjas con las que estudié eran bien cabronas"; apto, inteligente: "Es un verdadero cabrón para el cálculo diferencial".

cábula. Cabrón, abusivo: "Su papá era bien cábula".

cabulear. Chingar, fastidiar, ofender, humillar, mofarse: "En la escuela siempre me andaban cabuleando"; regañar, insultar: "Nos van a cabular en serio por esta pendejada tuya"; echar relajo o desmadre: "¡Ya dejen de cabular, mi abuelito se está muriendo!"

cacagrande. Importante, prominente: "Es uno de los cacagrandes de la compañía el que te voy a presentar".

cacarear. Pregonar, publicitar; presumir, fanfarronear: "Todo el tiempo anda cacareando los méritos de su familia".

cácaro. Ya no existen en los cines; eran los señores que se encargaban de proyectar las películas. En el origen debe haber habido alguno cacarizo, es decir, marcado por la viruela. "¡Ya deja la botella (o la bragueta), cácaro!" era un grito recurrente cuando la proyección se interrumpía.

cacayaca. Regaño, camotiza, cagotiza: "Estoy harta de tus cacayacas por cualquier cosa".

caciquear. Quedarse con la mayor o mejor parte de algo: "Nos caciquearon feo".

cacle. Zapato, calzado: "A mi mamá le encantan los cacles".

cacoqueco. Felación.

cachar. Del inglés *To catch*, significa atrapar, como en "cachar la pelota" y en "cacharon a los bandidos". Por extensión se utiliza como sorprender: "Cacharon a Juana y a Juan en la movida", "Ya te caché que le traes ganas a mi esposa".

caché. Clase, categoría: "No se puede negar que su familia tiene mucho caché"; presunción: "Se da mucho caché, pero es el hijo del caballerango". (Del francés *cachet*; de preferencia se pronuncia cashé.)

cacheteársela. Masturbarse; también, cuando alguien exagera, se le dice: "Ya, no te la cachetees".

cachetón. Bueno, excelente, picudo, muy padre: "Un disco muy cachetón", "Nos la vamos a pasar bien cachetona en Cancún". (De "cachetes", mejillas; un individuo cachetón es mofletudo.)

cachirul. Falso, tramposo, fraudulento: "Su acta de nacimiento es cachirul, él nació tres años antes"; también se decía de los hijos ilegítimos: "Dicen que Pancho Villa tuvo un chingo de hijos cachirules".

cachivache. Objeto viejo y muy probablemente inservible: "Tengo la covacha llena de cachivaches".

cacho. Pedazo de algo: "Dame un cacho de tu ensalada", "Te puedo prestar un cacho de lana si quieres", "Sólo escuché unos cachos de la conversación".

cacho de ajo. Dosis de ácido lisérgico.

cachondear. Meterse mano, fajarse, franelearse: "Ésos nomás van al cine a cachondear, no les interesa el séptimo arte".

cachondo. El que anda caliente o provoca calentura o ambas cosas: "Esa chava es cachondísima", "Desde chiquito mis parientas me encontraban cachondo".

cachorro. Cachondo, sensual; provocativo: "Me siento súper cachorro"; sabroso: "Tu hermano está bien cachorrro".

cachucha. Gorro, gorra: "Las cachuchas de beis se han vuelto universales"; condón: "Oquei, pero te pones cachucha".

cada y que. Se dice por cada vez que: "Cada y que lo veo, se me aflojan los calzones".

caer el veinte. Captar, entender: "A ese güey no le cae el veinte ni con diez explicaciones", "Sé que ya no me ama y que me niego a que me caiga el veinte". (Equivalente en Inglaterra: *penny dropped*.)

caer en el brinco. Sorprender *in fraganti* en algún acto indebido: "Tucídides explica muy bien cómo los atenienses le cayeron a Alcibíades en el brinco".

caer gordo, caer de la patada, caer en los güevos. Caerle mal a alguien: "Tus amigas me caen bien gordas", "Me caen de la patada tus actitudes", "Neta, me caes en los güevos".

caerle. Llegar, arribar, llegarle a un lugar o situación: "Cáete (o *caite*) por mi casa cuando quieras", "¿Podemos caerles?"; o llegarle a la comida: "Cáeteles a los frijoles, están de lujo".

cáete (o caite o caifa o caifás con). Paga: "Cáete con la lana que me debes", "Caifás con todo lo que traes o te filereamos".

café. Mota, mariguana.

cafre. Bárbaro, salvaje; se refiere sobre todo a los conductores de vehículos que ponen en peligro a los demás: "Los peseros son unos cafres". (Esta voz proviene de las Guerras de los Cafres, o Kaffires, de Sudáfrica.)

cagado. Chistoso, cómico: "Qué chiste tan cagado"; ridículo: "Se veía cagadísimo el güey con esa ropa de pingüino". (Presumiblemente viene de "cagarse de la risa".)

cagar la madre. Esta expresión escatológica, contundente y dramática significa que algo molesta, fastidia, irrita, friega, chinga: "Tu amiguitos ya me están cagando la madre", "Su mamá me caga verdaderamente la madre".

cagarla. Errar, equivocarse; dejar la cagada, regar la mierda: "Tienes que dejar de cagarla, estás echando a perder tu vida", "No la cagues, fíjate lo que haces".

cagarse. Rayarse, tener mucha suerte, beneficiarse, hacer algo insólito: "Te cagaste con ese gol olímpico que definió el partido"; también cagarse de miedo: "No te cagues, haz lo que tienes que hacer".

cagotear. Criticar fuertemente, vilipendiar, humillar: "Ya deja de cagotearnos a todos, ¿qué te crees?"

cagotiza. Regañiza, burla, humillación, camotiza: "La cagó con ese asunto y le pusieron una cagotiza sus jefes".

caguama. Cierto género de tortuga marina; también designa las botellas de cerveza de un litro: "¿Quién va a traer las caguamas?"

caifán. Ñero, cuate, naco, bróder, etc.: "¿Qué pasó, caifán?" (Ya casi es arcaísmo. Proviene de que alguien "cae fáin", del inglés *fine*.)

cajetearla (en serio). Equivocarse en grande, cagarla: "Ese portero la cajetea en serio en los peores momentos".

cajeto, cajetoso. Difícil, complicado, cabrón, cañón: "Cada vez está más cajeto cruzar para Estados Unidos".

calambre. Susto: "Eran las tres y no llegaban y me agarró el calambre".

calar. Se cala el melón o la sandía para ver si están a punto; también a las personas: "Voy a calarlos para ver si no nos quieren ver la cara de pendejos".

caldear. Fajar, franelear, meter mano, cachondear: "Se están caldeando en el coche".

calentada, calentadita. Golpiza, acaso metódica, como en los interrogatorios policiacos: "Te vamos a dar tu calentadita, a ver si hablas y no tenemos que torturarte".

calentura del hocico. Habladurías, fanfarronadas, mamadas, pendejadas, etc.: "Ese cuate trae pura calentura del hocico, no le creas".

caliche, calichismo, caló. Habla popular, argot, germanía: "Ese bróder es bien picudo hablando caliche".

¡calmex! Instrucción o súplica de que la gente ¡se calme!

calzonear. Meterse en esa zona de la ropa: "Andaban calzoneando en el cine"; también significa exhibir, balconear, ventanear a alguien: "Los políticos mexicanos se dedican a calzonearse unos a otros".

¡cállate, chachalaca! Se le dice así a los individuos cuyas palabras constituyen una monserga. Esta expresión tabasqueña la hizo célebre el político López Obrador al dirigirla al político Fox durante la campaña presidencial de 2006.

camada. Los hijos: "Voy a llevar a la camada al circo".

¡cámara! Expresión de asombro o admiración: "¡Cámara, qué bien te salieron estas fotos!", "Esa chava está camarísima". (Sesentismo.)

cambiar el chip. Como en "Ya no lo aguanto, no sabes cómo me gustaría cambiarle el chip".

cambiarle el agua a las aceitunas. Mear, orinar: "¿Aquí dónde puede uno cambiarle el agua a las aceitunas?"

camellar. Trabajar, chambear: "Aquí nomás, camellando como pendejo para salir de la crisis".

camellón. El surco o zócalo, de cemento y a veces con arbustos o árboles, que separa los flujos contrarios de una calle o avenida.

caminera. La última copa que se toma en una fiesta o un bar; el vaso de plástico o poliuretano que el parroquiano se lleva de la cantina en camino a su casa (o a otra juerga): "Ta bien, dame la caminera y cerramos la cuenta".

camión, camión de línea. Autobús urbano o suburbano, ómnibus: "Vámonos en camión".

camión de carga o de volteo (o materialista). El camión tal como lo entienden los demás pueblos de habla española, el camión de materiales de construcción o desecho: "Tráiganse dos camiones materialistas para que se lleven toda esta arena". (En los tiempos en que existían los marxistas se hacían numerosos malos chistes sobre "camiones dialécticos".)

camote. Dulce cilíndrico. Sexo masculino.

camotear. Regañar, reñir, insultar: "Sus jefes lo camotean por cualquier cosa".

camotiza. Regaño, regañada, regañiza: "Me pusieron en la chamba una camotiza que ni te cuento".

campechanear. Mezclar dos o más ingredientes en un coctel: "Deme una campechaneadita de pulpo y ostión sin catsup", "Se me antoja una cuba campechaneada"; mezclar dos actividades o lugares, etc.: "Campechanea el periodismo y la poesía", "Campechaneo mi trabajo entre Puebla y el Distrito Federal".

Cancionero Picot. Mítico cancionero de la época de oro de la música mexicana; se dice de alguien de edad que "Ese ñor es de la época del *Cancionero Picot*".

canchanchán. Ayudante, empleado de confianza; socio, cómplice: "Cuando él era director, yo era su canchanchán".

canela. Madera, talento: "Ese actorcito tiene canela".

(ser) canela. Ser cabrón, ser listo, ser fregón: "Zapata era bien canela, Villa menos".

canijo. Persona muy delgada: "Mi hermana es más bien canija"; individuo de cuidado, malora, pillo, abusivo: "No seas canijo, no me trates así"; situación difícil, cabrona, ardua: "Las cosas, para qué te lo oculto, están canijas", "La vida es canija, ya se sabe".

canta bien las rancheras, no canta mal las rancheras. Es gran elogio: "En teatro, ni Calderón ni Shakespeare cantaban mal las rancheras", "Linda Ronstadt y Lila Downs cantan bien las rancheras", "A final de cuentas, Octavio Paz cantaba bien las rancheras".

cantada. Cantar: "A Manzanero le gustaba la cantada desde chico".

cantidad, cantidades. Muchos, muchedumbre: "Cantidad de gente fue a recibir a la caravana del EZLN, casi tantos como al papa", "Hay cantidades de dinero en ese biznes", "Sufrí cantidades por esa mujer".

cantina. Lugar donde se consumen bebidas alcohólicas: "Las cantinas tienen puertas con forma de chaleco"; bragueta: "Traes la cantina abierta".

cantinflismo. Dícese de como hablan los mexicanos, en particular los chilangos; dar muchos rodeos verbales para llegar a nada; evadir la respuesta: "Pues fíjese que dadas las circunstancias, que ya ve usté como vienen dándose últimamente, aunque ultimadamente uno no sabe cómo se dan las circunstancias, se da la circunstancia de que usté me pregunta y yo quisiera darle una respuesta a la altura de las circunstancias, pero dadas las mismas…" (Lo mejor es ver una película del cómico Cantinflas): "Los políticos han ido abandonando el cantinflismo, en provecho de la mentira".

cantón. Casa, hogar, lar: "Vente a mi cantón y platicamos las cosas".

cañón. Es eufemismo de *cabrón* en el sentido de "difícil": "Está muy cañón ayudarte en estos momentos". También se usa "caón" y la falsa anglicización "cabrayan".

capirucha. La capital: "Casi 10 por ciento de todos los mexicanos vive en la capirucha y otro tanto en la zona conurbada".

caquear. Robar, hurtar, volar: "Nos caquearon grueso en el restorán". De *caco*, ladrón.

cara de mariachi. Cara de menso: "Me quisieron ver la cara de mariachi". (Se dice "No seas mariachi" por no seas bobo o ingenuo.)

carajo. Expresión usual en todos los pueblos de habla española: "Carajo, ya deja de estar chingando", "Las cosas están del carajo", "¡Con un carajo, vete al carajo!"

carcacha. Coche viejo: "Así como la ves, mi carcacha todavía corre a 120"; persona de edad: "Me estoy empezando a sentir medio carcacha".

(hacerla) cardiaca. Hacerla de emoción, postergar el desenlace: "Ya deja de hacérmela cardiaca, ¿en qué acabó todo?"

carero. El mercader que vende caro: "Es bien carera esa marchanta, pero tiene los mejores aguacates".

cargada de los búfalos. Estampida que caracterizaba a los abyectos políticos priistas en su urgencia por besar la mano de sus jerarcas en turno: "Deja que entre el presi y vas a ver lo que es la cargada de los búfalos".

cargador. El que carga objetos de peso, el estibador, machetero, mecapalero: "Tráete unos cargadores y un camión para que saquen todo el material".

cargar con el muerto. El que acaba de responsable, el chivo expiatorio o víctima propiciatoria: "Ellos fueron los que robaron y yo el que acabó cargando con el muertito".

cargar el payaso. Cargar (o llevar) la chingada: "Yo creo que la tira se dio color de dónde está y ya se lo cargó el payaso".

cargar la chingada. Cuando la vida nos trata mal: "Nos está cargando la chingada con este pinche gobierno", "Me carga la chingada contigo y tu familia"; maldición: "¿Sabes qué?, espero que te cargue la chingada bien pronto, imbécil".

cargarle el portafolio. Ser ayudante o asesor o achichincle de alguien: "Le carga el portafolio al senador ese que habla siempre suavecito".

cargarse. Tener, ostentar un estilo o manera: "Esa cantante se carga un carisma increíble", "Ese pendejo se carga un estilacho insoportable".

cariñoso. Caro: "Esa ropa es muy cariñosa, por eso la gente mejor la compra de fayuca".

carita. Se dice de los hombres guapos, bonitos: "Es pendejo pero muy carita y vuelve locas a las chavas".

carnal. Hermano biológico: "Mi carnal y yo apenas pudimos sobrevivir a la tragedia familiar"; hermano sentimental, cuate, cuaderno, tompeate, bróder, brody, síster, hermano(a) del alma o incluso de sangre: "Adela es su carnalísima", "Tin Tan y su carnal Marcelo hicieron época en el cine"; pariente carnal, como los primos, o pariente político, como los cuñados.

carnaval. Carnal, hermano, bróder, cuate: "Qué curioso que lo menciones, porque es muy mi carnaval".

carnear. Criticar; engañar, embaucar; burlar, cotorrear: "Groucho se carneaba todo el tiempo a Margaret Dumont", "¿Tú crees que no sé que me estás carneando?" (Presumiblemente viene de atraer con carne a algún carnívoro.)

carnitas. Cerdo frito en cazo de cobre que suele comerse en tacos: "Mi compadre prepara unas carnitas sublimes"; *querer carnitas* significa que se anda deseoso, jarioso, cachondo: "¡Ya quiero mis carnitas!"

carrerear. Instar u obligar a los otros a hacer las cosas con rapidez, a las carreras: "Ya deja de carrearme, te voy a tener listo el trabajo a la hora que quedamos".

carrocería. Cuerpo, anatomía: "Rita Hayworth tenía una gran carrocería, como de aquellos Buick 56", "Juan Orol en sus películas lucía cubanas de gran carrocería del ombligo para abajo".

carroña. Cabrón, cabrona: "Esos cuates son bien carroña".

carrujo. Cigarrillo de mariguana grande.

casa de la risa. Manicomio, asilo, psiquiátrico: "Lo voy a recoger a la casa de la risa para llevarlo a la comida familiar".

casa hogar. Tautología cursi con la que designamos los asilos donde metemos a los ancianos, a los discapacitados, a los niños de la calle: "Lo zambutieron en una casa hogar".

casa sola. Hogar que no es ni depto, ni casa en condominio, ni —sobre todo— vivienda en las vecindades antiguas, conventillescas, promiscuas. La casa sola se convierte en el gran ideal de las clases medias a partir de los años veinte; después vendría el condominio.

cascado. Avejentado, estropeado: "Esa llanta ya está muy cascada, no la saques a carretera", "Últimamente me siento muy cascado".

cascar. Morir, petatearse, estirar la pata, colgar los tenis: "Cuando Madero cascó, empezó lo feo de la Revolufia".

cáscara, cascarear, cascarita. Juego de futbol informal, frecuentemente espontáneo, generalmente en alguna calle, estacionamiento o playa: "Vamos a echarnos una cascarita".

cascarle. Ser excelente en algún desempeño: "La Orquesta de Cleveland en esa época le cascaba en serio".

castanedear. Del autor y chamán Carlos Castaneda. "Se fue a comer honguitos y castanedear", "Ese autor castanedea por momentos, pero no le sale".

castroso. Castrante, latoso, abusivo, impositivo: "Fidel Castro es el castroso por excelencia".

cate. Golpe, sobre todo aplicado con el puño: "A los niños les enseñaban a cates", "¡Se están dando de cates en la esquina!"

cateado. Golpeado, madreado, apaleado: "Los asaltaron y los dejaron bien cateados"; envejecido, avejentado, taloneado: "Se ve muy cateado desde que se enfermó".

catear. Palpar las ropas en busca de armas u otros objetos inusuales: "Ya sabes, los catearon, sobre todo a las chavas"; golpear: "Los catearon tanto que los tuvimos que llevar al hospital".

catiza. Golpiza, paliza, putiza, madriza: "Le pusieron una catiza espantosa"; derrota, goliza: "Nomás porque eran más grandes y mejores nos pusieron una catiza en el partido".

catorrazo. Golpe, cate fuerte: "Lo asaltaron y le dieron de catorrazos hasta cansarse".

catrín. Elegante: "Me voy a poner bien catrín para el banquete"; esnob, presumido: "Se cree el muy catrín".

catrina. La muerte: "Se lo llevó la catrina justo cuando parecía restablecerse".

(se) cebó, sebó. Se echó a perder algo, se malogró: "Ni vengas, se cebó el plan". (Si se escribe con *c* deriva de que el proyecto perdió el cebo del anzuelo o el cebo de la pólvora se malogró. Si se escribe con *s* significa que el propósito resbaló en la grasa, como en el palo ensebado.)

cebollar. Elogiar, lisonjear, guayabear: "Ese güey ha llegado adonde está nomás cebollando", "No me cebollees, no te voy a dar la chamba".

cebollazo. Elogio, guayabazo, lisonja, barberazo: "Lo que le voy a decir le va a parecer un cebollazo, pero le aseguro que es elogio sincero".

cebollín. Viejo, ruco, anciano: "Los papas siguen en su chamba hasta que son bien cebollines".

celos. *Se los* dije que iba a suceder tarde o temprano o es un casquivano".

cemento. Solventes inhalados, activo, chemo: "Aguas con esos chavos, andan bien cementos".

cempasúchil, zempasúchil. Flores amarillas grandes, utilizadas para adornar las tumbas; se utilizan sobre todo el Día de Muertos: "Me está dando carísimo el cempasúchil, marchanta, bájele aunque sea un poco".

cerca del comal. Cerca del poder: "Prefiero estar cerca del comal que en él, francamente". Alude a la plancha donde se cocinan o calientan las tortillas y se torean los chiles.

cercas. Cerca, cercano, próximo: "Mi casa queda bien cercas".

cerillo. Los niños y adolescentes que empacan la compra en las tiendas de autoservicio; chícharo: "Si no estudias, te saco de la escuela y te pones a trabajar de cerillo".

cigarrito vacilador. Cigarro de mota.

cinchar (y sinchar). Asegurar, garantizar: "Hay que cinchar bien los acuerdos". (Proviene de apretar bien el cincho de la cabalgadura, presumiblemente.)

cincho (o sincho). Desde luego, claro que sí, a güevo: "Cincho que nos vemos mañana y les compramos los cinchos a los caballos", "Sí, sincho que sí". (En inglés la expresión *it's a cinch* significa dar algo por seguro.)

cinito. Así se le dice al cine de cariño: "¿Vamos al cinito y nos agarramos de la mano?"

cinturita. Padrote, macró, lenón, chulo; *ladies' man*, seductor, don juan: "Marlon Brando, aunque no lo creas, era bien cinturita". (Para ser cinturita hay que ser grande de espaldas y magro de cintura; o cantar como Beny Moré.)

ciscado. Alterado, asustado: "Está ciscado desde que chocó".

ciscar. Asustar, alarmar, atemorizar, espantar: "Le gusta ciscar a los niños con cuentos de espantos", "En las películas de Hollywood, el bueno nunca se cisca". (María Moliner dice en su *Diccionario de uso del español* que en España ciscarse es eufemismo por cagarse.)

ciscarse. Asustarse, atemorizarse, culearse: "No te cisques, ¿qué, no que eras muy machito?"; molestar, alterar, importunar: "No lo cisques, ¿no ves que está pensando?"

Ciudad Sahagún. Población industrial en el estado de Hidalgo; se decía también de Los Pinos, cuando era la residencia presidencial de Vicente Fox, casado con Marta Sahagún, a quien se le imputaba gran influjo sobre el presi. (Algunos también decían "Martatitlán".)

ciudadaños. Muchos de los habitantes del país.

clachar, tlachar. Se dice que proviene del náhuatl *tlachia*, mirar. Vigilar, observar; merodear, acechar: "Tengo la sensación de que todo el tiempo me estás clachando". A veces se confunde con "cachar": "Lo clacharon en la movida y lo echaron tres años al bote".

(andar o **estar) clavado.** Interesarse, apasionarse: "Ando clavado en temas medievales", "Está clavadísima con ese chavo"; aficionarse: "Se clava mucho en la mota". También significa quedarse dormido: "Me clavé y ya no pude ir".

clavarse. Robar, hurtar, volar, afanar, apañar: "Se clavó por lo menos 10 por ciento del presupuesto", "Se clavaron mis tenis favoritos".

clica. El grupo, la banda, los nuestros; también, más recientemente, se dice de las pandillas, bandas, maras: "Las nuevas
clicas están remplazando a las viejas pandillas". (Es a la vez
norteñismo y argentinismo. Del francés *clique*.)

club de Tobi. Toda agrupación exclusiva o preponderantemente
masculina que pretenda excluir a la Pequeña Lulú y las de
su sexo: "Hasta hace poco, los programas de deportes eran
clubes de Tobi".

cochambroso. El individuo mugroso y pobre: "Estás hecho un
cochambroso".

coche de alquiler. Taxi: "Mi abue les dice coche de alquiler a
los taxis".

cochupo. Mordida, soborno, chayote: "¿Y tú crees que ya no
hay periodistas que cobren su cochupo mensual?"

coco. Cabeza; cerebro, mente: "El poder quema el coco",
"Échale coco y puedes pasar el examen", "A Van Gogh le
patinaba el coco".

cocoliux. Golpes, sean suaves o fuertes. Viene de "dar cocos",
que tal vez proviene de "dar en el coco" o cabeza: "Les rece-
taron sus cocoliux".

cocos. Semillas de la mariguana.

cogelón. Persona muy afecta a hacer el amor: "Dicen que Mary
Pickford era cogelonsísima".

coger. Como en muchos otros países de América Latina, fornicar: "Me gustaría volver a coger contigo".

cohetero. Escandaloso, mitotero, bullanguero; exagerado: "El
mío es un pueblo cohetero, te lo advierto".

cois, colas. Dícese de la mejor parte de la planta de mariguana:
"Siempre traía colitas de primera, de ahí su popularidad".

colado. El que logra colarse sin boleto o invitación: "A esa
pachanga yo voy, aunque sea de colado".

colgado. Persona que suele llegar tarde: "María es muy colgada, no te preocupes de que no llegue". "Le cuelga", sin embargo, significa que aún falta bastante para algo: "Le cuelga para que empiece el recital".

colgar los tenis. Morirse, petatearse, estirar la pata: "Nuestro amigo colgó los tenis ayer, me da mucha pena informarte".

colgarse de la lámpara. Enfurecerse, encabronarse: "Mi hermano siempre me tiene colgada de la lámpara con sus idioteces".

colgarse de la señal, de la imagen, de la línea. Robarlas o interceptarlas *online*, televisiva, radial, telefónicamente, etc.: "Sospecho que alguien está colgado de mi línea, aunque no puedo probarlo".

coliflor. Culo, nalgas, náilon: "Le dieron una patada en la coliflor".

colmillo. Astucia: "Solía ser un político con mucho colmillo".

colmilludo. El que tiene colmillo, el astuto: "Se las da de colmilludo, pero es un pobre güey".

(dar) color. Denotar, revelar algo: "Por más que le pregunto, no quiere dar color de por quién va a votar".

(darse) color. Descifrar, entender algo: "Ya me di color de por quién va a votar".

comadreja. Comadre chismosa, zarigüeya, argüendera: "Tu amiguita es una comadreja de cuidado".

comanche. Comandante de la policía: "¡A sus órdenes, mi comanche!"; también se utiliza para significar salvaje, brutal, azteca, apache, xochimilca: "Le tiene un odio comanche a su hermano".

combi (del alemán volksvaguenés **kombi).** Transporte colectivo, pesero: "Las combis son los vehículos que más accidentes tienen o provocan en la ciudad". (Aunque estos vehículos ya casi no existen, el apelativo subsiste: "Vete en combi, llegas bien rápido".)

comer (o tragar) camote. Tener la boca y la mente llena de lo que no importa: "El aduanero hace como que come camote mientras pasa la fayuca por la garita", "Ese bato tiene cara de que come camote, pero es bien pilas".

comer el mandado. Aprovecharse de alguien más débil o más ingenuo: "No tienes experiencia en política, te van a comer el mandado".

comerse un pollito (o una pollita). También se dice "echarse a alguien al plato" y es obvio lo que significa. A veces significa pleito o discusión: "Ven y nos comemos un pollito, a ver de a cómo nos toca".

cómo crees. No me digas: "He decidido tirarme de un rasca-cielos. / ¡Cómo crees!"

¡cómo ño! Forma irónica de decir cómo no, desde luego, por supuesto: "¿Quieres un aumento? ¡Cómo ño!"

como pelón de hospicio. Feo como, desdichado como: "Sus papás lo metieron a una escuela militarizada, y se ve como pelón de hospicio".

cómo ves, cómo vex. ¿Qué te parece?, ¿te gusta?, ¿cómo lo sientes?, ¿cómo ves las cosas?: "Voy a divorciarme, ¿cómo ves?"

compa, compita. Compañero, camarada revolucionario; es nicaragüismo y también propio de sindicalistas: "Los compas sandinistas al principio sí parecieron una esperanza". También se dice "cumpa".

compadre, compay, compayito, comadre, comadrita. La co-madre o el compadre *strictu sensu*; también la amigocha, el amigote: "A ver, compadre, échese otro trago, no me deje solo en la beberecua".

compartir. Hacer una confidencia: "Te comparto esto que me pasó".

cómper, compermisito. Significa "con permiso", expresión que se utiliza para pedir paso entre grupos nutridos de personas: "Cómper, cómper, tengo que llegar al estrado, gracias".

conchabar. Convencer, persuadir: "Trata de conchabarlos para que se pongan de nuestro lado", "Tú me quieres conchabar para que yo acepte tu punto de vista, pero ya te dije que es inútil"; también se usa a veces por conseguir, obtener: "A ver cómo te conchabas un camioncito para mañana a las cuatro".

conchudo. El porfiado, el que hace concha, el cínico: "Eres tan conchuda que ya no sé qué decirte"; confianzudo: "Los cubanos son muy conchudos".

condechi. Residente de la colonia Condesa (o Fondesa) del Distrito Federal; persona muy a la moda: "Es una chava totalmente condechi, dizque muy cool".

condenado. Mote muy cariñoso: "¡Condenada, estás buenísima!", "Niños condenados, ¡vengan a romper la piñata!"

condonería. Expendio de condones.

conecte. El que surte la droga, el díler: "Apañaron a su conecte y anda todo erizo" (*connection* y *dealer*, en inglés); contacto, palanca, enchufe: "Tengo un conecte en esas oficinas, déjame hablar con ella para ver cuáles son las reglas ocultas del juego".

conejear. Hurtar, robar en pequeño y sin violencia: "De a ratos conejea, pero luego se mantiene sólo del trabajo honrado".

consecuentar. Aguantar, soportar, tolerar a alguien, por interés o necesidad: "Consecuentas demasiado al cabroncito de tu marido, francamente", "Tienes que consecuentar a tus tíos, aunque te repatee".

consen. Consentido: "Marcela es la consen de su papá".

contactar. Comunicarse, ponerse en contacto: "Hay que contactar a las autoridades para informarles de este desastre", "Puede usted contactarnos en cualquier momento para que respondamos a sus inquietudes".

contlapache. Amigo, socio: "¿Cómo te voy a traicionar, si eres mi mero contlapache?"

cool (pronúnciase "cul"). Correcto, adecuado, tranquilo, chido, buena onda, formidable: "Eres una chava muy cool". Es decir, lo mismo que en inglés, en internético, en francés, en alemán y en los idiomas de España.

cooperacha. Cooperación gregaria: "Manuel va a ser papá, pon algo para la cooperacha".

copetear. Llenar por completo, hasta el copete, un receptáculo, generalmente un vaso o copa: "No sirvas los tragos tan copeteados, nos vamos a quedar con borrachos y sin tragos".

copiosas. Copas, tragos, beberecua, drinks: "Ciertos actores no salen a escena sin sus copiosas encima".

coraje. Además de valor, en México también y sobre todo significa disgusto: "Dicen que se murió del coraje que le causó su suegra"; también es resentimiento, rencor: "No me digas que todavía le tienes coraje a tu ex"; asimismo, rabieta: "Hizo un coraje que ni te cuento", "Puedes hacer los corajes que quieras, que no voy a cambiar de opinión".

corcholatas. Las tapas metálicas (antaño forradas de corcho) de las botellas de refresco y cerveza: "Guárdame la corcholata para mi colección". Se dice también de las condecoraciones militares y diplomáticas: "Ponte las corcholatas para la recepción en la embajada".

corretear (o perseguir) la chuleta (la costilla, el bisté). Ganarse el pan de cada día: "Ando correteando la chuleta con la lengua de fuera".

corriendito. A las prisas, rapidito: "Necesito que hagas esto corriendito".

corrient, muy corrient. Se pronuncia como *orient* en inglés. Voz de clase media y alta que designa a la gente o mercancía corriente. (El presente *tumbapendejos* pretende ser un compendio mínimo de expresiones *corrients* en la República Mexicana.)

corta. Dinero, lana, centavos, marmaja (en poca cantidad): "Ando bien bruja, préstame una corta si puedes".

¡córtalas! Entre amigos y novios —sobre todo en la infancia y pubertad— significa el corte, la ruptura de los lazos afectivos: "Ya supe que te andabas besuqueando, así que mejor ¡córtalas!"

cortón. Ruptura, aparentemente inesperada, de las relaciones amistosas y sobre todo amorosas: "Me dio un cortón cabrón".

coscorrón. Un golpecito o zape en la cabeza, que es la que acopia conocimientos y toma decisiones: "Me hizo bien el coscorrón que me diste el otro día", "Un coscorroncito a los chavos a veces no está de más".

costal. Persona en la que predomina lo físico —incluso el músculo— sobre lo mental y/o espiritual: "Ya no te importa nada, estás hecho un costal", "Aguas con ese bato, es un verdadero costal debajo del saco fino".

costalazo. Caer sin poner las manos, como un costal: "Cuando le aplicas kriptonita, Supermán cae de costalazo".

cotizado. Individuo muy popular o muy ocupado. Sin duda deriva de los artistas populares "muy cotizados" o que "se cotizan mucho" en dinero. "Es mi hermano y lo quiero ver, pero anda de lo más cotizado".

cotorrear. Platicar, conversar: "Estuvimos cotorreando toda la noche de política"; engañar, carnear, burlar a alguien, mentirle: "Me lo cotorreé, le dije que luego pasaba con el dinero".

cotorreo. Significa platicar, estar en la chorcha, juntarse los amigos, armar un ambiente, ser parte de algo: "Estábamos en el cotorreo cuando llamaste"; burla, engaño: "No les hagas caso, ¿no ves que están en el cotorreo?"; también se dice: "Estar en el coto".

cotorro. Hablantín: "Mi abuelo era muy cotorro"; colorido, novedoso, llamativo: "Me compré una moto bien cotorra".

covacha. Lugar donde se guardan los triques, los tiliches, los trapos: "Ese cuate parece que se viste con lo que saca de la covacha".

coyón. Cobarde, coyote, correlón, culero, miedoso: "No seas coyón, enfrenta tu pinche responsabilidad", "¿Quién fue el coyón que me echó de cabeza?"

coyote. Gestor, más chueco que derecho, que se contrata informalmente para trámites burocráticos, diligencias judiciales, etc.: "Estaba hasta las narices de hacer cola y me arreglé con un coyote que dice que tendrá todo listo para pasado mañana".

coyotito. Pestaña, sueñecito, siestecita: "No manejes cansado, échate un coyotito".

cranear. Cavilar, meditar, reflexionar: "No sé qué decirte. Déjame cranearlo".

credo. El ebrio que anda entre crudo y todavía pedo: "Ando de un credo que no te lo puedo ni empezar a contar".

creerse de. Creerle a: "No te creas de lo que dicen las vecinas, son unas argüenderas".

creído, creido. El que se cree más de lo que es, el que le echa mucha crema a sus tacos, el que se cree o se siente soñado: "No sé cómo decirle que se está volviendo muy creído".

crema a sus tacos. Cuando alguien le echa mucha crema a sus tacos es porque "se cree mucho", más de lo que realmente debe: "Los argentinos le echan mucha crema a sus tacos". También se dice "crema a sus fresas".

criada. En España y en provincia, se sigue usando este término que en el Distrito Federal se ha vuelto de mal gusto (políticamente incorrecto). También "sirvienta" ya es palabra ofensiva.

A veces se usa el chilenismo "empleada" y más usualmente se dice "la seño" o "la señora que me ayuda en la casa". Antaño se le llamaba "gata" porque sus cuartos solían estar en las azoteas; también porque se les atribuían poderes sexuales, que a veces efectivamente ejercían —o se les obligaba a ejercer— con el señor o los adolescentes del hogar: "Las criadas antes siempre venían de provincia".

cristalero. El asaltante que rompe la ventanilla de un coche (vacío u ocupado) para robar: "Esas calles son famosas por sus cristaleros".

cristiano. Persona, individuo: "Si atropellas a alguien, te lo cobran como cristiano".

cruda. Resaca, resultado del exceso de alcohol: "Como dicen los clásicos, ta ruda la cruda".

crudelio. Crudo, con resaca: "No puede contestarte ahorita, está bien crudelio".

cruzado. Aquel que cruzó el trago y la mariguana (u otras drogas): "Me crucé, de repente ya andaba cruzado, y me puse a aullar como perro a la luna".

cuachalangar. Disfrutar, pasársela bien: "Nos fuimos a Veracruz a cuachalangar".

cuachalotes. Vulgares, malhechores, nacos, nacarrones, ñeros, granujas: "Tus amigos son de lo más cuachalotes, no te mediste llevándolos a casa de mi chava".

cuáchara. Cuate, cuaderno, bróder, amigazo: "Somos re cuácharas desde hace años".

cuaderno. Cuate, amigo, camarada, cuáchara: "Rocío es bien cuaderna".

cuadrado. Individuo convencional, predecible, fresa: "Te has vuelto tan cuadrado que ya no puedo siquiera imaginarme cómo hablar contigo". (¿Del inglés *square*?)

cuadrar. Convenir, gustar, agradar: "Me cuadra esa mujer", "¿Te cuadran mis planes?"

cuáis. Cuate, amigo, cuaderno, bróder: "Pase lo que pase, tú siempre serás mi cuáis".

cuajarse. Las leches se cuajan en queso; los humanos se cuajan repentinamente en sopor, en sueño: "Cuajéme en la interminable carretera a Cajeme", "No te cuajes, ¡tenemos que ir al teatro!"

cualquier cantidad. Mucha(s), mucho(s). Originalmente es sudamericanismo; lo importaron los exiliados chilenos, y luego los uruguayos y los argentinos, en los años setenta: "Había cualquier cantidad de milicos en la calle".

cuando la puerca tuerce el rabo. Cuando se cambia de opinión: "Siempre se tarda la puerca gringa en torcer el rabo".

cuantimás. Con mayor razón, a mayor abundamiento: "Y te digo y te argumento todo esto, cuantimás que tus hermanos piensan lo mismo, para que medites las cosas".

cuarentaiuno. Homosexual masculino; en el porfiriato se arrestó a 41 hombres que participaban en un baile gay.

¡cuás! Onomatopeya del golpe, de la caída: "Iba corriendo cuando ¡cuás!"; tristeza, melancolía, depre: "Nuestra amigocha anda dada al cuás".

cuatacho. El gran amigo, el cuate, el bróder, el ñis, el carnal: "Ésta que ves es mi mera cuatacha", "En esta bola todos somos bien cuatachos".

cuate. El otro yo de uno, el mejor amigo, la mugre de mi uña, mi hermano del alma: "Pase lo que pase, tú y yo siempre vamos a ser cuates, cabrón".

cubanada. Engaño, engañifa, fraude: "Cuidado, no te vayan a hacer una cubanada, tú no sabes nada de contratos". Se dice también "hacerla cubana". Se origina en la proverbial verba cubana. (En Argentina se dice "mexicanear"…)

cubetero. En estadios y plazas de toros donde "se escenifican" justas deportivas, corridas de toros o conciertos masivos, aquellos que expenden refrescos y cervezas que cargan precisamente en cubetas (cubos) con hielo; se dice también del "aguador" que solía cargar la cubeta con agua de los equipos.

cucarachos. Último peldaño de la escala urbana: los que le roban a los teporochos, borrachines y chemos mientras duermen en la calle: "A estas horas, no tienes que preocuparte más que de los cucarachos".

cucurucho. Cono de papel periódico que los albañiles usan como sombrero y los demás utilizamos, de papel estraza, para meter cacahuates, pepitas, castañas y otras nueces: "Pásame el cucurucho, no te lo acabes".

cucharear. Meter la cuchara donde no lo llaman: "No cucharees donde no te invitan"; meterse mano, fajar: "No iban al cine a ver la película, sino a cucharearse".

cuchi-cuchi. Ternezas, cariñitos, arrumacos, ternuritas, besitos, etc.: "Véngase para acá, mi cuchi-cuchi, que me lo voy a comer a besos".

cuchifláis. Culo, ano, ojete: "Traigo una comezón horrenda en el cuchifláis".

cuchiplanchado. Coito con cuchi-cuchi, con cariñito: "Ando muy solano, ya me urge un cuchiplanchado".

cuchiplanchar. Hacer el amor, coger con cariño: "Ustedes acaban de cuchiplanchar, ¿verdad?"

cuchitril. Habitación desordenada, mugrosa; basurero: "Algunos personajes de Revueltas y Dostoievski viven en cuchitriles".

cucho. Parte del cuerpo lisiada, estropeada: "Lord Byron estaba cucho de un pie", "Camina medio cucho". También se dice que alguien "está cucho" cuando es lisiado.

cuelga. Regalo, obsequio: "No sé qué darle de cuelga para su cumple".

cuelgachichis. Todo aquel que se alimenta de los pechos maternos más allá de lo normal: "Se me hace que tú eras cuelgachichis, no les miras otra cosa a las chavas".

¡cuello! Así se pide la muerte o, más comúnmente en estas épocas, el despido de alguien: "¡Cuello para el entrenador!", "Hay que darle cuello al tarado del supervisor".

cuerazo. Cuero, forro, mango. Persona muy deseable por sus atributos físicos: "Dolores del Río y Pedro Armendáriz sí que eran unos verdaderos cuerazos, no Thalía y Luis Miguel, según mi abuelita".

cuero. Forro, mango, guapo: "Mi mamá era un cuero, ahí donde la ves".

cuerpomático. Dícese del pago en especie —con el propio físico, pues— a cambio de un empleo, aumento, prebenda o perdón: "¿Cómo crees que llegó adonde está? ¿Con su talento, o con cuerpomático?"

cuete. Borracho, ebrio, pedo: "Discúlpame, si lo hice es porque andaba bien cuete". (De *cohete*.) Dícese asimismo de cierto corte de carne: "El cuete con chipotlito estaba para llorar de gusto".

cuicos. Policías, azules, tiras, jenízaros: "¡Lo apañaron los cuicos!"

cuícuiri. Expresión burlona, seudocampirana: "¿Creíste que te iba a vender mi rancho? ¡Pos cuícuiri!"

cuino. Chancho, cochino, cerdo, puerco, marrano; cabrón, peligroso: "Es un barrio bien cuino, ve con cuidado".

cuiqui. Rapidín, coito en chinga: "¿Por qué no nos echamos un cuiqui antes de que llegue tu mamá?" (Del inglés *quickie*.)

cuiria. Canica: "A los niños de antes les importaban mucho sus cuirias".

culear. Coger, fornicar, enchufarse, etc.: "Se me hace que esos dos ya culearon".

culearse. Amedrentarse, asustarse: "No te culees, si tienes tan buenas cartas, ¿por qué no apostar fuerte?"

culero. El que se culea, al que se le frunce el culo de susto: "No seas culero, ya habíamos quedado en hacer esto"; también significa cabrón, ojete, méndigo: "Los judiciales son bien culeros". (También se dice "culey" y "kool-aid".)

culo. Miedo, susto, terror; apretamiento de esfínteres: "Me dio culo en el estadio cuando vi que la multitud se arremolinaba".

cumpa. Compa, compañero, camarada: "Mi primo tiene unos cumpas que pueden ayudarnos en esta bronca".

cumple. Cumpleaños: "Por estos días es tu cumple, ¿no?"

cuquear. Coquetear, flirtear; provocar: "Mejor no andes cuqueando en esta fiesta".

cus-cus. Miedo, temor, aprensión; presumiblemente viene de culo y de culero: "A mí los militares siempre me dan cus-cus".

cusco. Coqueto, provocativo; malvado: "Rosita Quintana a veces aparecía deliciosa en el papel de cusca", "Ten cuidado con Casanova, es súper cusco".

cutis. Culo: "Se me hizo chiquito el cutis de la emoción".

CH

chaca-chaca. Onomatopeya del coito: "Estábamos metidazos en el chaca-chaca cuando empezó el temblor".

chacalear. Acosar, los periodistas de espectáculos, cual chacales, a las estrellas y estrellitas: "El chiste es chacalearlos hasta que estallan y entonces los acusas de creídos y de entorpecer la labor de la prensa". También significa robar, usurpar, cooptar, reprimir: "Ya ni sé cuántos años los priistas nos chacalearon aquí".

chacota, chacotear. Echar relajo, divertirse, vacilar, darle al vacilón: "¿No quiere chacotear un rato, señorita?", "Los niños están chacoteando en la alberca".

chacuaco. Chimenea: "Fumas como chacuaco".

chacha. Apócope de muchacha; sirvienta, doméstica, criada, empleada: "Le voy a pedir a la chacha que caliente las tortillas".

chachalaco. Estar o andar bebido, fumado, pipa, atascado, etc.: "Estabas tan chachalaco que ni te acuerdas de lo que dijiste".

cháchara. Objeto viejo o antiguo o vistoso, generalmente de adorno: "Tengo unas chácharas aquí que podemos colgarnos"; artesanías: "En Pátzcuaro es de rigor comprar chácharas"; también significa conversación, sobremesa, chisme: "Nos echamos una cháchara padrísima anoche cuando se fueron ustedes".

chacharear. Platicar, conversar: "El martes en la comida chachareamos, ¿sale?"; chismear: "No me vengas a chacharear sobre mi familia"; comprar artesanías: "Se fueron a chacharear al mercado".

chacharero. El que compra fierro, ropa y objetos viejos en las calles o los mercados: "Antes pasaba por mi calle un chacharero viejísimo".

chacho. "Me trae de su chacho" significa me trae de encargo, de su muchacho, de sirviente.

chafa. De pésima calidad: "Los juguetes chinos de hoy son incluso más chafas que los mexicanos de ayer", "Casi toda la tele es chafa", "Esos coches se ven bonitos, pero son chafas".

chafaldrafas. Chafa, chafas, chafetón, chafiux, maletón, de mala calidad, de baja estofa: "El fut mexicano es más bien chafaldrafas".

chafear. Empeorar. Volverse chafa, chafas, chafitas, chafastroso, chafaldrafas, chafiux, de mala calidad: "Mi equipo está chafeando gacho". (Sería útil que los filólogos averiguaran el nexo con el equivalente *huachafa* peruano y el *chanta* argentino.)

chafirete. Chofer: "Ando de chafirete de este taxi de mi suegro, ¿tú crees?"

chahuistle. Plaga de los árboles: "Ya nos cayó el chahuistle" significa que la mala suerte o la desgracia nos han tocado, o que ha llegado alguien indeseable.

chaira. Chaqueta, manuela, masturbación, alemanita, puñalada: "De chico, yo creía que las chairas me iban a dejar lelo".

chalán. Ayudante no necesariamente calificado de mecánico, albañil, etc.: "Tráete a tu chalán y bajamos el motor del coche".

chalán de vulcanizadora. Tal vez el oficio urbano más bajo de todos. (Véase "vulcanizadora".)

cha. Apócope de chale: "Dha, dej de joder".

chale. Dícese de los chinos: "Mao Ze-dong fue presidente de los chales durante muchos años, desde que era Mao Tse-tung".

¡chale! Caray, carajo, caramba, uy: "¡Chale, qué rascacielotes tienen en Nueva York!" La expresión "ya chale" significa "ya basta": "Ya chale (antaño "ya chole") con tus pinches celos, me tienes harta".

chalota, chalote, echalote. "Ponle un poco de chalotitos al guiso, ¿no?" No proviene de la hipotética voz náhuatl "chalotl", pues deriva del francés *échalote*.

chalupa. Embarcación pequeña que se utiliza en Xochimilco entre los lugareños que cuidan sus chinampas; la llamada trajinera es mayor y la utilizan los turistas: "Si no sabes utilizar la chalupa, te hundes bien pronto"; tortillas pequeñas en forma de chalupa: "Mi güegüis hacía unas chalupas inolvidables".

chamaco. Abarca a los niños, los adolescentes y los adultos muy jóvenes: "Es una chamaca preciosa", "Quesque somos muy chamacos para andar en la calle a estas horas", "¿Ustedes son los chamacos de antes?"

chamagoso. Sucio, desaliñado, descuidado, mugroso: "Se viste muy chamagoso"; pegajoso o pegosteoso: "La cocina está toda chamagosa"; también borroso: "Hace tanto esmog que el cielo se ve todo chamagoso".

chamán, chamana. Para no decir las palabras brujo o bruja, que asustan o repelen a muchos, se ha puesto de moda esta palabra siberiana y académica: "En el mercado de Sonora venden todo tipo de amuletos y menjunjes de chamanes mexicanos".

chamaquear. Tratar a alguien como chamaco o niño o pendejo: "Fidel Castro chamaqueó a Vicente Fox", "Mi hermano y sus amigos siempre me chamaquean".

chamba. Trabajo, empleo, jale: "Toy sin chamba, a ver si me ayudas a conseguir algo".

chambeador. El individuo trabajador y empeñoso: "Puedes confiar en él, es muy chambeador".

chambear. Trabajar, laborar: "Mañana tengo que ir a chambear, no voy a poder ir al partido".

chambista. Oportunista: "No le vayas a dar la chamba, es un chambista".

chambón. Torpe, deficiente, inepto: "No seas chambón, haz bien las cosas", "Soy muy chambón con la carpintería".

chamoi, chamoy, chamois. Fruta seca salada. También significa estimulante: "Se te nota que volviste a meterte tu chamoy"; castigo, reprimenda, chinga, venganza: "Le aplicaron su chamoi al pobre".

champis. Se dice de los hongos enteógenos. (De "champiñones".)

champú. Chance, changüí, tal vez, quizá, quizás, en una de ésas; como el que quiere integrarse a una cascarita y pregunta: "¿Dan champú?" Mezcla de dos palabras inglesas: *chance* y *shampoo*, para la última de las cuales también se utiliza, como en "Damos champú y le cortamos el cabello".

chamuco. Diablo, demonio: "No quiero seguir hablando contigo, ya se te metió el chamuco", "Mucho cuidado, por aquí se aparece el chamuco los jueves y otros días".

chamuscado. Quemado, desprestigiado: "Los políticos están muy chamuscados con la gente".

chamuscar. Quemar, incendiar algo: "¡Ya me chamuscaste los pantalones con la plancha!"

chance. Oportunidad, posibilidad, permiso. Mientras en otros países este sustantivo es femenino y por ende de posible origen francés *(la chance)*, como en "Hay una gran chance de derrotar al imperialismo antes de cien años", en México tiende a ser neutro: "Dame chance de amarte", "No hay chance de cambiar las cosas", "Chance y te llego a querer". En última instancia, es masculino: "Denme un chancecito, ¿no?"

chancla. Zapato u otro calzado barato, viejo, maltratado; babucha, pantufla, sandalia: "Mira, ya me puse las chanclas y no tengo ganas de salir".

chancletear. Andar de chanclas por la casa o por la vida; ser indolente o de poco provecho: "Cuando dejes de chancletear, a lo mejor consigues una chamba"; bailar: "¡Vámonos a chancletear!"

chancluda. La que no lleva calzado que la sociedad considere conveniente. La que lleva chanclas de pobre; la huila o mantenida. Dícese de las personas de clase baja, calcen o no calcen huarache: "Le pedí a un chancludo que me ayudara con la mudanza y le di para su chesco". También es sinónimo de vago, inútil, huevón, aprovechado: "Cantinflas hizo algunos buenos papeles de chancludo".

chancro. Individuo masculino muy desagradable; la gonorrea produce chancros purulentos en el área genital: "Hitler era un chancro con bigotito".

chanchullo. Truco, trampa, transa, fraude: "Los países católicos fomentan, toleran y solapan la cultura del chanchullo".

chanfle. Manera de decir chance, tal vez, ojalá. Viene del futbol sóccer; cuando uno patea la pelota con efecto o comba, le está dando chanfle y no puede predecir qué derrotero llevará, al contrario de cuando la golpea en el centro: "Chanfle, no te sé decir".

changa, changuita. Mona, mica, simia; de cariño, muchacha, jovencita: "¿Vieras que bonita está mi changuita?"

changarro. Tienda, tiendita, tendajón, pequeño colmado o pulpería, miscelánea, puesto de la calle; también pequeño negocio. "Puso un changarro de jugos en la esquina", "Estoy buscando financiamiento para un changarro de internet y fotocopiadora".

chango. Simio, mico, mono: "Hay unos changotes en el zoológico"; muchacho o muchacha: "¿Quién es ese chango con el que llegaste?"; individuo que acomete cualquier trabajo manual no calificado (también mono, monito, chalán): "Hay que conseguirse unos changos para sacar los muebles". ("Ponerse chango" es estar alerta; "ser muy chango" es ser muy hábil o muy listo.)

changüí. Oportunidad, esperanza; viene de "Dar chance": "Dame changüí, no seas mula, te voy a pagar". Sin embargo, quizá también tiene relación con el baile cubano del mismo nombre.

¡chántala! Cállate, estate sosiego: "Chántala, siempre dices lo mismo".

chante. Casa, hogar, lar: "Nos vemos en mi chante a las siete"; lugar: "Hay que buscar un chante para la pachanga".

chapalear. Agitar los brazos en el agua para no hundirse: "¡Chapalea mientras te echo el salvavidas!"

chaqueta. Apuñalarse, masturbarse.

chaquetazo. Cambiar de chaqueta, traicionar: "Ya no hay que contar con tres de mis cuates, dieron chaquetazo".

chaquetearse. Masturbación masculina, manuela, paja, chaira, alemanita, Zacarías Blanco, hacerse una chaqueta.

chaqueto. Cansado, agüevado, como después de una chaqueta, manuela, etc.: "Ese cuate siempre trae cara de chaqueto".

charola. Identificación, insignia oficial, generalmente metálica, principal (pero no solamente) policiaca: "Yo traigo charola, no te preocupes, me puedo estacionar junto a la entrada".

charolazo. Acto y efecto de mostrar una charola (o placa) oficial, o que lo parece: "Dieron charolazo, se metieron hasta la cocina y se robaron todo"; brillar: "Tus zapatos dan charolazo".

charro. Criador de ganado, domador de caballos, señor campirano: "Trae un traje de charro espléndido"; de mal gusto, ostentoso: "Los nuevos ricos son bien charros"; tonto, ignorante, rústico: "Trata de que no te noten que eres bien charro".

charros. Dirigentes sindicales corruptos: "No sé qué le pasa a la clase obrera, que sigue aguantando a los charros".

¡charros! Chale, caray, caramba, carajo: "¡Charros!, ¿qué está pasando aquí?"

chatear. Comunicarse con los amigos por internet: "A ver si chateamos esta noche".

chato. Las personas de nariz corta o plana, como la mayor parte de los mexicanos: "Dile a la Chata Godínez, no a la Chata Rodríguez, que me llame por favor"; mano, cuate, amigo: "¿Qué se te ofrece, chato, en qué te puedo ayudar?", "Cantinflas llamaba a todo el mundo chato".

chavita, chavito. Niña, niño: "México es un país de chavitos y de rucos".

chavo, chava; chaviza, chavos. Los jóvenes: "No sólo están ustedes muy chavos para casarse, sino hasta para andar cogiendo", "Los conciertos gigantescos son sobre todo para la chaviza".

chavos banda. Los miembros juveniles e incluso infantiles de una banda, pandilla o mara: "No es chavo banda, nomás parece".

chayo, chayote. Mordida, soborno, coima. Se utiliza sobre todo respecto a la prensa: "Aquel presidente se enojaba porque los chayotes no daban los resultados deseados". (La mejor variedad de la deliciosa legumbre llamada chayote tiene espinas.)

chécate esto. Viene del estadounidismo *check it out*, o sea, oye o mira esto, y no del mexicanismo "checar", proveniente del inglés *To check*, por revisar, verificar, comprobar.

chelas. Cervezas, cheves: "Córrele por las chelas, ya están las carnitas". (La palabra chela es de uso corriente también en Chile, Perú y Ecuador.)

chelear (estar cheleando). Tomar cervezas; beber sin realmente emborracharse (del todo): "Por ahí deben andar, cheleando".

chemo. Pegamento (cemento, activo) que inhalan los adictos de clase baja: "¿Trais chemo?"; los adictos mismos: "Los niños de la calle son muy chemos".

chencha. Lo mismo que Pancha; mujer del pueblo; asimismo, mujer vulgar: "Ya no chingues, Chencha".

chero. Rancheros, vaqueros, cowboys. Es norteñismo: "Los sábados bajan los cheros de la sierra con sus pick-ups y six-packs".

chesca, chesco. "Vamos a echarnos unas chescas", "Si me ayudan a cargar estas cosas, les doy para sus chescos". (Todavía hay gente que recuerda que antes se decía "Dar para sus aguas", es decir las aguas de sandía, melón, chía, jamaica, etc., o "Sus [aguas] frescas", que se expendían en calles y mercados. ["Chesco" deriva de "refresco" embotellado, "chesca" de "fresca".])

chesta. Fiesta, reven, pachanga: "¿No sabes dónde pueda haber una chesta?"

cheve. Cerveza, chela: "Échate una cheve antes de irte". (Ya casi parece arcaísmo.)

chévere. Chido, padre, buena onda: "Es una chava muy chévere"; sabroso: "Es un pasito chévere". (Caribeñismo.)

chícharo. Mensajero, ayudante, usualmente menor de edad: "Dile al chícharo que me lo traiga mañana"; también dícese del audifonito que se aloja en el oído de los locutores de la televisión.

chicharra. Alarma, llamada de atención: "Si ves que la voy a regar, toca la chicharra".

(dar) chicharrón. Dar cran, dar cuello, matar, asesinar: "Los gringos quieren darle chicharrón al tal Osama, que lo odia".

chichero. Brasier, ajustador, sujetador de los senos: "¿No te puedes quitar tú el chichero?, yo me hago bolas".

chiches o chichis. Los senos femeninos, bubis, tetas: "¡Qué lindas chichis!" "Mama chiche" significa que los padres o el Estado te mantengan sin mayor esfuerzo de tu parte.

chichifo. Prostiputo, putillo del rubor helado, hombre que se prostituye con hombres: "Hay zonas donde no hay más que chichifos, no te vayas a equivocar, Gaspar".

chichimecas. Tribus nómadas y guerreras, como los apaches. Para algunos chilangos, mujeres (por las chiches o chichis): "Ese sector de la manifestación era de puras chichimecas".

chicho. Esta palabra, caída en desuso, designaba a un individuo excelente, capaz: "Tengo un mecánico muy chicho", "El presidente Alemán se creía muy chicho". También se aplicaba a objetos y situaciones ("Una película muy chicha" y "Una amistad muy chicha") y es presumiblemente el antecedente del "chiro" de los años sesenta y el "chido" de los noventa.

chichonas, chichoncitas, chichonzotas. Las mujeres mamariamente dotadas: "Las actrices italianas de los años cincuenta eran chichonas".

chichoncita. Mujer creída, poderosa, influyente, gandalla: "Se cree muy chichoncita". (Equivalente femenino de "muy verga".)

chido. Bien, bueno, muy bien, muy bueno, magnífico, óptimo. "Está chida tu camisa", *Cien años de soledad* es un libro chidísimo". (Antes se decía "chiro", y antes de eso, "chicho".)

chido guan. Súper chido. ("Guan" proviene de *one*, número uno.) "Tus cacles están chido guan".

chif. Jefe, mero-mero, patrón: "Lo que usted diga, chif". (Del inglés *chief*.)

chiflarse. Enloquecer; también chingarse: "Rosa se chifló por el narco Eusebio, y se tuvo que chiflar dos años de cárcel por su culpa".

chilango. Capitalino, defeño, habitante de la ciudad de México. Para alguna gente, esta palabra aún conserva su sentido derogatorio de antaño, pero cada vez se usa más entre "los capitalinos" o "defeños" como nombre propio: "La mayor parte de los chilangos son inmigrantes, pero yo sí soy chilango de nacimiento".

chilaquil. Guiso de tortilla frita que se supone que es bueno para la cruda: "Antes de la oficina, el chilaquil".

chilazo. Golpe, guamazo, madrazo, descontón: "No fue pelea, de un chilazo lo descontó".

chilpayate. Niña o niño, escuintle, escuincle, mocoso, chavito, hijo; a veces bebé: "Los mexicanos ya no engendran tanto chilpayate como antes".

chilla. Pobreza pasajera o permanente: "No puedo ir en taxi, ando en la chilla", "Mi familia quedó en la chilla con la crisis".

chimeco. Vehículo de transporte entre Chimalhuacán y el Distrito Federal: "Irresponsable chofer de chimeco causa horrible percance".

chimichurris. Los chés, los argentinos: "Voy a una cena de casi puro chimichurri".

chin. Qué lástima, qué pena: "Chin, no vamos a poder ir al teatro", "Bueno, si ya no me quieres, pues chin y ya", "Se soltó la tormenta, chin". Es apócope decente de "chingar" y "chingada".

chinampa. Terreno de cultivo flotante en Xochimilco: "Ya la chinampa sólo la utilizo como hortaliza".

chinampina. Cohete buscapiés. Cuando se dice "tronar como chinampina" se alude a tronar o reventar bajo presión.

chinchulín. Equivale a chunche, chingaderita, aparatejo, instrumento: "Cómprate en la tlapalería el chinchulín que entra en este orificio". También significa chiquito, y es uno de los motes del pene: "Ya déjate el chinchulín, ni que tuvieras ladillas".

chinga. Dificultad, adversidad, molestia, friega: "El patrón me pone cada chinga que ni te cuento"; prisa, premura: "Si lo vas a hacer, hazlo en chinga".

chinga de perro bailarín. Dícese de las labores difíciles, incluso sacrificadas, como de canes circenses: "Me pusieron en la chamba una chinga de perro bailarín" (o de oso bailarín).

chingada, chingadera, chingar. Mexicanismos de uso corriente: "¡Con una chingada, déjame de chingar con tus pinches chingaderas!"

chingaderita. Cualquier objeto pequeño: "Le compré una chingaderita preciosa", "Me entró una chingaderita en los ojos".

chingamadral. Buti o gran cantidad de cualquier cosa, titipuchal: "Hay un chingamadral de gente tratando de entrar al estadio".

chingaquedito. El que friega y fastidia bajo cuerda; el hipócrita, el insidioso: "Mi hermano es de los típicos chingaquedito".

chingativo. Alguien insistente y vengativo: "¿Por qué tienes que ser tan chingativo, carajo?"

chínguere. Licor, aguardiente, guaro, chupe, chupetín, etc.: "Ponle un poco de chínguere al café para que pese menos velar al muertito".

chinos. Rizos del cabello: "Voy a hacerme chinos a la estética y regreso".

chinsidioso. Pinche insidioso: "Otelo no sabía que Yago era un chinsidioso".

chipichipi. Llovizna: "Aunque sólo era chipichipi, llegamos empapados".

chípil. Tristón, melancólico: "Ando medio chípil desde que me dejó".

chipocle, chipotle, chipocludo. El efec, el chingón, el chif, el uyuyuy, el mero-mero: "A ver, ¿cuál de ustedes es el chipocludo, para que nos arreglemos?" (El chile chipotle es un jalapeño seco.)

chipote. Protuberancia en la piel a resultas de un golpe: "El chipote que le salió a mi hermana por caerse es casi de la mitad de su manita".

chiquear. Consentir, apapachar; tratar como a un chico: "Lo que tú quieres es que te chiqueen".

chiquitear. Chamaquear, menospreciar a alguien: "No lo chiquitees, es más grande de lo que parece"; penetrar analmente: "De chiquitear, conmigo nada".

chiquitero. Quien hace cosas chiquitas, despreciables: "No seas chiquitero"; quien sirve poco en la copa: "Sírveme bien, no seas chiquitero"; el que penetra analmente: "¿Eres chiquitero?"

chirimoyazo. Golpe en, o con, la cabeza; del fruto redondo de la chirimoya, que se usa como sinónimo de cabeza: "Se cayó de la bici y se dio un chirimoyazo re feo".

chiripa, chiripada, chiripazo. Golpe de suerte: "Dice que lo que me sale bien es de pura chiripada", "Tú sólo metes gol de chiripazo".

chiro. Chicho, chido, muy bueno, excelente, de poca madre: "Se consiguió un coche muy chiro".

chirris. Un poquito: "Sírveme nomás un chirris", "Ando un chirris tristón". También quiere decir chaparro, bajito, sotaco: "Napoleón era más bien chirris". El vocablo admite la exageración: "Sólo pido un chirrisito de ternura, es todo".

chismosa. Bebida delatora: huele tanto, que "la cerveza es muy chismosa".

chispa. Simpático, ingenioso: "Mi prima es bien chispa".

chispar. Matar, asesinar: "Se chispó a cuatro batos para entrar a la pandilla".

chisparse. Zafarse, estropearse, dañarse: "Se chispó el chicote del acelerador", "Se nos chispó el proyecto al que le echamos tantos kilos".

chisporrotear. Echar chispas de alegría, de inteligencia: "¡Ando chisporroteando!"

chisporrotearse. Empezar bien pero acabar mal, como algunos cohetes: "Se me chisporroteó el proyecto que traía".

chiste. Gracia, encanto: "El chiste del mole está en la amalgama de sabores", "Hay que enseñarle a los chavitos el chiste de la poesía".

chiva, chivato. Delator, informante: "A ése ya no lo vamos a ver, por chiva".

chivas. Objetos, pertenencias; puede incluir muebles: "Preso número 9, ¡a la reja con todo y chivas!", "Hay que llamar a la mudanza para que se lleve todas estas chivas"; también se dice del equipo de futbol *Chivas* de Guadalajara, mismo que tiene como credo el nunca alinear individuos nacidos allende las fronteras de los Estados Unidos Mexicanos.

chivatear. Delatar, cantar, informar: "Cuidado y chivatees, cabrón".

chivero. El que lleva o trae mercancías, generalmente de Estados Unidos: "Le pedí a una chivera de Reynosa que me fuera trayendo ropa para todo el familión".

chiviado. Tímido, muy reticente, incluso miedoso. "Yo de chico era re chiviado". (¿Tal vez provenga de la conducta arisca de los chivos?)

chiviarse. Avergonzarse, demostrar pudor o timidez: "¡Órale, no se chivie (chivee) y sáquelo a bailar!"

chocante. Persona presumida, sangrona: "Es muy chocante, se cree la gran cosa".

chocolate. Dícese de los ponches *(strike outs)* en el béisbol: "El pitcher aceptó tres jits, suministró cinco chocolates y no dio base por bolas".

chochero. Médico homeópata (receta chochos): "Mi chochero es una verdadera eminencia, te lo recomiendo".

chocho. Los dulces en forma de glóbulo; los glóbulos homeopáticos; el clítoris.

(estar) chocho. Estar anciano, senil: "Mi abuelo escribió su testamento cuando ya estaba chochísimo".

chole, ya chole. Basta, ya basta, párale, estate, chale, ya no chingues: "¡Chole con tus chistes babosos!", "Ya chole con el monsergoso de tu primo".

cholla, choya. Cabeza, maceta, tacama, talega: "Me duele harto la cholla".

chómpiras. Compadre, carnal, cuate, bróder; Juan Pueblo, como quien dice: "Si lo ves, dile al Chómpiras que lo puedo agarrar de chalán en el taller".

chompu. Compu, computadora: "¿Prestas tu chompu, bróder?"

choncho. Grande, enorme, grueso. "Un bonche muy choncho", "Un chancho bien choncho". A veces significa placentero: "Uf, se siente choncho", o ambas cosas: *"Los tres mosqueteros* es una novela chonchísima".

chones. Calzones, pantaletas: "A las niñas les preocupa que les vean los chones". También "la gente del pueblo": Chona y Chon.

chorcha. Reunión animada, convivio: "Los mexicanos de todo hacen chorcha".

chorear. Echar choros o chorizos, tirar netas, impartir lecciones, prodigar moralejas, tirar la aburridora, discursear: "No lo chorees, él sabe cómo llevar su vida".

chorero. El que tira o lanza o dice choros, chorizos, rollos: "Es encantadora, hasta que le sale lo chorera".

chorizo, choro. Alocución extensa, rollo largo, monólogo, fárrago, regaño: "Ese chavo, cualquier cosa que le preguntes, te contesta con un choro", "Lean con cuidado el choro de Hamlet en la tumba de Yorick".

chorréate. Habla, dinos todo, llora, no te preocupes: "Chorréate, güey, estás entre puros cuates".

chorrillo. Diarrea: "Me entró el chorrillo en el momento más inconveniente".

chorro. Mucho, abundante, resto, titipuchal: "En este negocio se gana un chorro de lana", "Yo tenía un chorro de voz".

chota. Ya es casi arcaísmo, aunque las palabras con frecuencia reviven súbitamente. Significa policía, tira, azul, etc.: "¡Ahí viene la chota!"

chotear. Burlarse, mofarse de alguien: "Deja de chotearlo, ¿no ves que es un alma de Dios?"; agotar un tema: "¿Crees que el tema de Romeo y Julieta esté demasiado choteado?"

choya. Cholla, cabeza, testa, maceta: "Lo malo es que la piedra le dio en la mera choya".

chubi. Cigarrillo grande de mota. (Sin duda proviene de *chubby*, regordete en inglés.)

chuchín. Es diminutivo de Chucho, que lo es de Jesús; se dice irónicamente: "Sí, chuchín, cómo no, chuchín". También es apócope de "Chuchingada madre".

chuchulucos. Dulces, golosinas, botanas, comida chatarra: "Esos chavos se alimentan de casi puros chuchulucos".

chueco. Torcido, ilegal: "Compré de chueco esa tele, y vieras qué buena me ha salido".

chula. Bonita, graciosa: "¡Qué chula estás hoy!", "No olvide su cambio, chula". (El masculino no significa, como en España, padrote o macró, y no se utiliza para los hombres adultos: "¡Qué chulo está tu bebé!", "¿Ya viste qué chulo jardín?")

chulada. Algo muy lindo y agradable: "¡Qué chulada de hombre!", "Es una chulada de obra, no te la pierdas".

chuleta. Trabajar se llama "perseguir la chuleta".

chunche. Chinchulín, el dese. Objeto cuyo nombre uno no recuerda en el momento. "Pásame el chunche ese", "Necesitas uno de esos chunchecitos rectangulares que se usan para instalaciones eléctricas".

chunga. Burla, cotorreo, desmadre: "Reconoces a los mexicanos porque toman todo un poco demasiado a chunga", "¿Hablas en serio o hablas en chunga?"

(El) Chupacabras. Tremendo ser que mataba (¿o aún mata?) a los animales en el campo con la fuerza de un puma y la alevosía de un vampiro. Aunque se dice que se aparece de tarde en tarde en regiones tan distantes como las islas del Caribe y el noreste mexicano, en México se le identificaba en chunga ante todo con el ex presidente Carlos Salinas de Gortari.

chupar. Ingerir bebidas alcohólicas: "Vámonos a chupar", "¿ya no chupas?".

chupar faros. Morirse, colgar los tenis, petatearse, estirar la pata. No se sabe si proviene de Faros (de cariño *Faritos*), una marca casi desaparecida de cigarros muy baratos (que los pobres acaso fumaban antes de la muerte).

chupe. Bebida alcohólica; acción de ingerirla: "Esos cuates andan todo el día en el chupe".

churro. Película de mala calidad: "*Titanic* es un churro impresionante". También es españolismo de uso más o menos frecuente para designar un "chubi": "Se fumaron un churro y se pusieron hasta las manitas".

(de) churro. De cagada; de suerte: "De churro pasaste el examen".

chutarse. Ingerir, consumir, disfrutar, acumular, como en "Me chuté tres chelas seguidas", "Me chuté dos chavos esa noche, ¿tú crees?" (Es futbolismo; proviene de chutar a gol, del inglés *To shoot*.)

Chuy. Se les dice así a los Jesuses: "Dile a Chuy que se apure, que no lo vamos a esperar hasta el fin del mundo".

D

dame un colchón. Dame chance u oportunidad: "Oquei, tienes toda la razón en lo que dices, pero dame un colchoncito para contestarte luego". (Es interesante el parentesco no semántico con el inglés *Let me sleep on it*.)

dar baje. Despojar a alguien de algo: "Le dieron baje con la novia, por eso anda tan chípil".

dar bola. Mientras en Sudamérica significa "hacer caso", en México equivale a "dar lustre" o "dar grasa" al calzado: "¿Le doy bola a sus mocasines, joven?"

dar color. Dar parecer, externar opinión; manifestarse: "Me gustaría saber qué van a hacer, pero no dan color". (Véase "darse color".)

dar cosa. Miedo, asco, vergüenza: "Me da cosa salir con él", "¿No te da cosa tener un novio gringo?"

dar chance. Permitir, tolerar: "¿Me da chance de estacionarme aquí, poli?", "Dame chance de explicarte lo que pasó", "Ese chavo no me da el menor chance".

dar chicharrón, dar cran, dar cuchillo, dar cuello. Matar a alguien: "Primero le dieron chicharrón a Madero, luego le dieron cran a Carranza, después le dieron cuchillo a Zapata y finalmente le dieron mate a Villa"; despedir a alguien de su trabajo o echarlo de una relación: "Dime todo lo que quieras, ¡pero no me des chicharrón!"

dar de topes. Molestar, fastidiar, chingar; criticar: "Ya deja de estar dando de topes por todo".

dar el avión. Desembarazarse, deshacerse de alguien; despreciar, desdeñar, ignorar; seguir la corriente: "Él insiste en este asunto, pero yo sugiero que le demos el avión de una vez por todas", "Cada vez me convenzo más de que Carolina me dio el avión", "Cuanto más me miras, más me estás dando el avión".

dar el batazo. Dar la impresión: "Aunque luego acabó en plan de telecomedia, aquel presidente al mero principio daba el batazo de ser un verdadero hombre de Estado, ¿no?"

dar el cambiazo. Transformarse súbita y radicalmente: "Mi hermano dio el cambiazo, quesque por culpa de la droga", "Dio el cambiazo y ahora resulta que siempre estuvo de acuerdo con la doctrina panista".

dar el golpe. Lo que Clinton dijo que no hizo la vez que tuvo un toque de mota en los labios; fumar inhalando: "Son chavitos, no saben ni darle el golpe".

dar el viejazo. Sentir y resentir y/o mostrar de pronto los efectos de la edad: "Y un día se retiró Garbo, mucho antes de dar el viejazo en público".

dar en la madre. Perjudicar física, sentimental o económicamente (o como sea) a alguien: "Los policías les dieron en la madre", "La muerte de su esposa le dio en la madre", "La crisis me dio en toda la madre".

dar grasa. Dar bola, dar lustre al calzado: "Primero le das grasa a tus cacles y luego te pones el tacuche, menso".

dar (o hacer) prau-prau. Acostarse con alguien; chingarse a alguien: "Quiere que vaya a Acapulco para esquiar y hacer prau-prau".

dar toloache. Hacer que una persona ingiera una infusión de la yerba silvestre toloache *(datura inoxia),* la cual se supone que puede cambiar radicalmente la conducta social y sexual de los mexicanos y las mexicanas: "Él no me dejó de querer, lo que pasa es que la maldita mujer esa le dio toloache". Se usa figurativamente: "Qué se me hace que te dieron toloache, hace una semana pensabas todo lo contrario".

dar un llegue. El alcance de un vehículo a otro: "Se acababa de comprar el coche, y le dieron un llegue en una salida del Periférico"; la probada de un sabor vegetal, animal o humano: "Dale un lluegue al paté", "Me gustaría darle un llegue a ese papacito". (Véase "llegarle".)

dar un rol. Dar una vuelta, echar un vistazo: "Voy a dar un rol por la playa, no me esperen a comer".

dar una sopa, una sopita. Golpear, madrear, apalear a alguien: "Los tiras los arrestaron y les dieron su sopita".

darketo, darki. Moda juvenil desde los años noventa: "No hay darketo que no se vista todo de negro y no añore a Siouxie and The Banshees".

darle su taco. Suministrar placer sexual: "Anda histérico, se ve que su señora no le ha dado su taco".

darse color. Darse cuenta, advertir, enterarse, reconocer: "Que no se den color esas ñoras de que nadie nos invitó a la fiesta", "Date color de que las cosas ya no son como eran". (Véase "dar color".)

darse su taco. Darse importancia, paquete: "María Félix siempre se daba su taco"; presumir, farolear, pavonearse: "Vamos a darnos nuestro taco con tu coche nuevo, carnal".

darse un tirito. Agarrarse a golpes: "Te espero afuera y nos damos un tirito".

ddt. Deja de tragar: "Si quieres adelgazar, échate tu ddt".

de a devis. De verdad, en serio: "Te voy a pagar de a devis"; legítimo, genuino: "Es mole negro de a devis".

de a tiro. Por completo: "No seas tan de a tiro maje".

de a tiro por viaje. Sin falta, en toda ocasión, sin perder oportunidad: "Ése pasa fayuca de a tiro por viaje".

(traer) de bajada. Hostigar, abusar de alguien: "La bandita local me trae de bajada": zaherir, gastarle bromas a alguien: "No te metas con él, porque te va a traer de bajada con su ingenio".

de boleto. De volada, de inmediato, en un santiamén: "Hazte de boleto una torta y vamos a comprar los boletos a Acapulco".

de gorra. Gratis, de oquis, sin costo: "Le arreglo la instalación eléctrica y el resane, y la pintura se la pongo de gorra, jefe".

de hecho. Sí, en efecto, de acuerdo, así es: "De hecho, de hecho".

de huevos (o **güevos**). De pelos, de peluche, de poca madre, padrísimo, estupendo: "Esa obra de teatro está de huevos, no te la vayas a perder".

de la patada. Forma decente de decir de la chingada, del carajo: "La situación económica está de la patada", "¿Por qué no admites que mi chavo te cae de la patada?"

de lavadero. Chisme, enredo, güirigüiri: "Cierta crítica intelectual es francamente de lavadero".

de museo. Insólito: "Esto está de museo"; anticuado: "Tu ropa y tu conducta son de museo, maidarling".

de nuez, de nuex. De nuevo, otra vez: "Vamos a tocar esta rola de nuez, a petición del público".

de oquis. De gorra, gratis: "Por 100 pesos les cantamos tres boleros divinos, más uno de oquis, caballero".

de película. Antes, cuando algo era muy bueno, se decía que estaba "de película". Es posible que las expresiones "de pelos" y "de peluche" deriven de ella.

de pelos, de peluche(s). De lujo, de agasajo, de primera, magnífico: "La música y la comida estuvieron de súper pelos", "Ay, esas chavas están de peluche, qué ganas".

de poca. Magnífico, excelente, delicioso, de primera calidad. "Un libro de poca", "Un mole amarillo de poca". Así se evita decir "de poca madre", expresión que mucha gente aún considera lépera.

de poca madre. Óptimo, excelente, padrísimo, súper chido: "La fiesta estuvo de poca madre".

¿de qué la giras? ¿A qué te dedicas? (Obsérvese que en el habla municipal se habla de "giros comerciales".)

¿de qué pelo? Este interrogante no se refiere a la pelambre, sino al tamaño o a la magnitud: "¿Y de qué pelo están tus hijos?", "¿De qué pelo fue el último terremoto?"

de terapia. Loco, demente, zafado, locuaz, zafas, zafas-nafas: "Tu hermano es de terapia, francamente".

de todano. De todo, de todo absolutamente: "En Tepito puedes comprar de todano".

de un. Significa "tan", como en "Andas de un presumido que ni tu madre te aguanta", "Mi profe es de un pendejo que no es creíble".

de uña. Hacer algo con cuidado, precisión, delicadeza: "Esos técnicos hacen las cosas de uña, puedes llevarles tu aparato".

de uñas. Furiosos, encrespados: "Los balcánicos siempre andan de uñas entre sí".

de uñita. Jugar a las canicas impulsándolas con la uña, no con el hueso; dícese de los menores: "Todavía juega de uñita, no lo invites".

de variedad. Cómico, ocurrente, simpatiquísimo —como en las "variedades" y "tandas" del teatro popular de antaño—: "Tu familia está de variedad".

de volada, de boleto, de volón-pimpón. De inmediato, ahora mismo, ahorititita, pa' luego es tarde: "Vamonos y nos regresamos de volada".

debrayar. Perder la cabeza por algo o por alguien; turbarse, excitarse, entusiasmarse, equivocarse: "Mariana anda muy debrayada a últimas fechas", "Andrés como que debraya con la poesía romántica", "Los políticos nomás debrayan". (Lo más probable es que venga del francés *débrayer*, "desembragar". Antaño se decía más usualmente que alguien andaba "desclochado".)

dedazo. Designación antidemocrática de un individuo para un puesto. "Bajo el PRI, se designaba al presidente de la República, como a muchos otros funcionarios, mediante dedazo". Refiérese al dedo omnipotente del que designa.

deditazo. Dícese del golpe que se da uno en el dedito chico del pie: "Y, para colmar mis desgracias, encima me di un deditazo en la pata de la cama".

Defectuoso (el). Mote cariñoso que los chilangos le dan a su ciudad (el Distrito Federal): "Vayas donde vayas, siempre acabas volviendo al Defectuoso".

defeño, deefeño. Capitalino, chilango: "No pareces defeño, te enojas por cualquier cosa".

dejada. Aventón, ráid, raite: "Vámonos de dejada a Cuernavaca"; trayecto en taxi: "¿A cómo la dejada hasta Tláhuac?"

dejadez. Característica de los dejados: "Perdió otra chamba por su maldita dejadez".

dejado. Los que se dejan (mandar, mangonear, humillar): "No seas dejada con los hombres, mana", "Los mexicanos somos bien dejados"; los fatalistas: "Varios personajes de Rulfo son bien dejados".

dejarla de ese tamaño. No exagerar, no agravar las cosas: "Mira, dejémosla de este tamaño, lo hablamos otro día", "¡Déjenla de ese tamaño, que lo hablen mañana los abogados!"

dejársela ir. Regañar, humillar, ultrajar a alguien; alude a la penetración: "Déjasela ir, por inepto", "Soy un pendejo, me la dejaron ir".

del nabo. Que algo está difícil, arduo, de la verga, de la berch: "Conseguir la Green Card de los gringos está del puritito nabo".

deli. Delicioso: "Esos tacos están súper deli", "Tiene la nuca más deli que te puedas imaginar"; algunas dicen: "Ese chavo está bien delicatessen".

demasiado. Se usa en demasía como "muy" y como "mucho": "Ese actor es demasiado bueno", "La obra me gustó demasiado". (Véase "bastante".)

deprimido. Se dice de las vialidades que están por debajo del nivel de la calle: "Primero tomas el viaducto, luego el segundo piso del periférico y luego un deprimido que te lleva en cuatro minutos".

depto. Dícese de los departamentos (llamados antaño apartamentos y hasta apartamientos) de un edificio: "Rocío vive en un depto padrísimo"; el diminutivo es deptito: "Me conseguí un deptito por mientras".

derrumbe. Variedad de hongos enteógenos o alucinantes o mágicos: "A veces por aquí se consiguen unos derrumbe verdaderamente de primera".

desa, dese, desta, deste. Palabras utilitarias vagas y plurifuncionales: "Páseme el dese", "Me volvió a dar la maldita desa", "¿No tienes un deste para abrir la desta?"

desabandono. Abandono: "No creas que lloro nomás porque sí, es por el desabandono en que me dejaste"; incuria, negligencia: "Tienen las chinampas en el desabandono porque ya no les dan para comer".

desacompletar. Se dice del dinero: "Préstame una feria, se me desacompletó lo del gas".

desafanarse. Desembarazarse, desentenderse, librarse: "Son tantas las broncas entre tú y yo, que prefiero desafanarme, aunque nos duela"; pintar su raya, escabullirse: "Mejor desafánate, las cosas se van a poner feas".

desafane. Irresponsabilidad, negligencia: "Tú vives en el desafane, güey, te vale madre lo que nos pase a los demás"; libertad, liberación: "Después del infierno de la pareja, como no tuvimos hijos, me dediqué al puritito y glorioso desafane".

desapartarse. Apartarse, alejarse, distanciarse: "Primero dejamos de vernos seguido y luego empezamos a desapartarnos mucho". (Es un verbo ilógico, pero mucha gente lo usa.)

desapoderamiento ilícito. Jerga policiaca para denominar el robo: "Aquí al señor lo aprehendimos en flagrancia de desapoderamiento ilícito de un vehículo cuatro puertas color gris".

desbarajuste. Cuando las cosas físicas o morales o temporales se desajustan; desorden, desmadre, caos: "Mi vida es un desbarajuste", "La situación política es un verdadero desbarajuste".

desclochar. Dícese del automóvil que pierde el cloch (*clutch*) o embrague; también se dice del organismo o la mente de los individuos: "En México los presidentes se desclochan cada vez más rápido", "Yo me descloché grueso cuando perdí la chamba". (Equivale a "debrayar", que ahora se utiliza más.)

descobijar. Abandonar, desamparar: "Lo descobijó su chava y ora anda como perro en el periférico"; se solía decir que los pobres decían a sus parientes demasiado cercanos: "No jalen, que descobijan".

descolgarse. Caerle a alguien en su esquina, cantina, domicilio u oficina; llegarle, visitarlo: "Te juro que esta semana me descuelgo por allá y platicamos las cosas", "Descuélgate cuando puedas y checamos juntos los documentos". Es dudoso si proviene de que, como los monos, podemos descolgarnos en la rama de un amigo; o si de que, como los mexicanos somos muy "colgados", descolgarse implica lo contrario.

descomponerse. Averiarse, desconchinflarse; en México no sólo se descomponen los alimentos y los cadáveres; también los aparatos, los coches, etc.: "Se me descompuso la tele y no pude ver tu entrevista, ¿tú crees?"

descompostura. Avería (o pana, como dicen en Sudamérica, tomado del *panne* francés): "Por la descompostura del árbol de levas, le vamos a cobrar más bien poco"; falta de compostura, desfiguro: "Por esos años, iba yo de descompostura en descompostura".

desconchinflarse. Averiarse, descomponerse, echarse a perder algún adminículo, instrumento o vehículo: "Se me desconchinfló la moto cuando más la necesitaba".

descontar. Noquear, asestar un golpe decisivo: "Espérate al quinto para descontártelo".

descontón. Golpe decisivo, chilazo, guamazo o madrazo terminante: "Cassius Clay, que para entonces ya se llamaba Muhammad Ali, se esperó hasta el último episodio para darle el descontón".

descuachalangado. Descuajaringado, desmadejado, desorganizado: "Traigo la vida toda descuachalangada"; mal hechote: "Me hizo un librero todo descuachalangado".

descuajaringado. Roto, inservible, en mal estado, descuachalangado: "No sé quién va a poder arreglar esas persianas, están todas descuajaringadas".

descubridor del taco. Se dice de los fanfarrones, presumidos, creídos: "¿Quién te crees, el descubridor del taco, con todo y patente?" (Véase "inventor de la quesadilla".)

deschongarse. Quitarse el chongo (moño de cabello) y, por extensión, acelerarse, alocarse, liberarse: "Nomás llegó a la capital, se deschongó", "Deja que se deschongue, ya está grandecita".

desdichado. Significa desgraciado, infeliz. Como desgraciado e infeliz, también significa hijo de la chingada, cabrón, abusivo: "Pinochet era un desgraciado, Franco un infeliz y Stalin un desdichado".

desenmecatarse. Soltarse del mecate (de la cuerda, de la reata, del lazo); significa lo mismo que desatarse, soltarse la greña o deschongarse: "Yo me desenmecaté cuando me dejó quien era por entonces mi pareja".

desestrés. Alivio, descanso, relax: "Luego de trabajar tanto por tan poco, se merece uno un desestrés en Acapulquito".

desgraciar. Lastimar, fastidiar: "Ya deja de estar desgraciando a tu hermana"; herir, baldar: "El choque le desgració la cara y el brazo derecho".

desma. Apócope de desmadre: "A esas horas el tráfico en esa zona es el puritito desma".

desmadrar. Echar a perder algo: "Le desmadraste la caja de velocidades a mi coche"; dañar a alguien: "Le desmadraron la rodilla los cirujanos".

desmadre. Caos, desbarajuste, problemas, bronca: "¿Qué padre, no?, vienes a mi fiesta a armar tu pinche desmadre", "En esa época yo vivía en el desmadre, sin domicilio fijo".

desmejorado. En México, aquel que padece alguna enfermedad no empeora de condición o aspecto, sino que "se desmejora": "Para cuando Joyce lo conoció, Proust ya estaba muy desmejorado".

desmóder. Desmadre, relajo, barahúnda, despapaye: "Siempre que vienen esos cuates, se arma el desmóder"; caos, confusión:

"En este desmóder de cuarto no encuentro nada"; jolgorio, pachanga: "Ruth se la vive en el desmóder".

desmorongarse. Desmoronarse como la moronga: "Este gobierno ya se está desmorongando".

despacio, despacito. Callado, calladito, quedo, quedito, en voz muy baja: "Háblale despacito para que no te oiga nadie más".

despapaye. Desmadre, despiporre, caos; pachanga, locura, delirio: "Las películas de los hermanos Marx fingen muy bien ser un despapaye".

despiporre. Desmadre, caos, relajo, despapaye: "Los mexicanos caemos fácilmente en el despiporre".

desquintarse. Perder "el quinto", la virginidad: "A mí me desquintó mi segundo novio"; por extensión, iniciarse en cualquier actividad: "Me ando desquintando en la nueva chamba". (El quinto era una linda monedita de cobre de cinco centavos y tal vez su circunferencia equivalía imaginariamente a la del orificio virgen. Por extensión, se les sigue llamando "quinto" y "quintito" a los hombres cuyo pene es virgen.)

destantear. Confundir: "Me destanteaste todita cuando me dijiste que ibas a hacer un nuevo testamento".

destramparse. Soltarse el chongo, liberarse, alivianarse, ponerse grueso: "Los españoles se destramparon con la muerte de Franco, en Madrid lo llamaron La Movida", "Los chavitos de secundaria de hoy son más destrampados que los universitarios de los sesenta".

destrampe. Acción y efecto de destramparse: "¿No te parece que tu destrampe está durando unos años de más?"

deunaves. Significa: hazlo o hagámoslo de una vez por todas, vámonos tendidos, no nos detengamos, por qué titubear: "Ante la duda, ¡deunaves!"

devolverse (y adevolverse). Regresarse, retacharse, volver:

"Del puente me adevolví porque se me había olvidado lo más importante".

diablito. Dícese de la carretilla de dos ruedas y espalda alta que se utiliza en los mercados, las mudanzas: "Los que llevan los diablitos iban gritando '¡El golpe avisa!' "; también se refiere a la instalación clandestina para robar fluido eléctrico: "En mi colonia, todos tienen diablitos".

diarina. Diario, todos los días: "Trabajo diarina, hasta los domingos, es agotador".

díler. Conecte de droga y, por extensión, cualquier otra cosa. Viene del inglés *dealer*, igual que "conecte" nace de *connection*: "Es díler por amor al arte, no por dinero".

¡Dios de los apachurrados! Expresión casi caída en desuso que consignamos aquí por puro gusto.

discutirse con. Regalar, ofrecer, convidar algo a los otros: "Se discutió con tres rondas en la cantina". Equivale al más antiguo "disparar".

disparar. Invitar, convidar, regalar, discutirse con: "Dispárame el boleto del teatro, ando muy bruja".

dispensar. Dar placer: "Lo único bueno de esa época era que tenía un noviecito que me dispensaba muy bien"; en otros círculos, dispensar significa disculpar, excusar: "Dispense la molestia, pero ¿acaso el perro que ladra toda la noche no será suyo?"

diyei. Deejay, DJ en inglés; el encargado de escoger y poner la música en las estaciones de radio, las discotecas y —en su acepción más moderna— en los "reivs" *(raves)* y conciertos masivos de música electrónica, donde también interviene en la mezcla *(mix)*.

dobletear. Pegar un jit doble, en el béisbol: "Dobleteó en la novena para impulsar las carreras del triunfo"; tener dos relaciones amorosas: "Ando dobleteando y es un desmadre, ya ni duermo", o dos trabajos, o hacer el propio y suplir a otro: "Ando dobleteando por Miguel, que tiene hepatitis".

dolor de caballo. Aigre, aire, dolor torácico: "Llevo dos días con un maldito dolor de caballo que no sé si sea algo grave".

Dolores. También es nombre de hombre : "Don Dolores, ¿gusta un poco de mole?".

domador, domadora. Compañero, esposa, compañera, esposo, pareja: "Por mí, yo voy, pero déjame hablarlo con la domadora".

domingo. Mesada, estipendio de los hijos: "Pa, ¿me das mi domingo?"

don, doña. Señor, señora de clase baja: el don de la vigilancia, la doña de los tamales: "Oiga, don, ¿podría ayudarme con la refacción del coche?"; las clases subordinadas también lo usan en masculino con las clases más altas: "¿Para cuándo quiere usted la refacción, don?" Se usan también para dirigirse a las personas de una cierta edad: "¿Cómo está don?, salúdeme a la doña".

dona. Ano: "Lo único que no enseña Madonna es la dona".

¿dónde está la nuez? Equivale al antiguo "¿Dónde está la bolita?" y significa "¿Quién puede explicar lo que sucede?": "En lo de la lana del narco, ¿dónde está la nuez?"

doña blanca. La pelota de béisbol: "Doña Blanca está del otro lado de la cerca, es un jonrón". (Alude a la canción infantil del mismo nombre.)

dormir. Engañar, embaucar, defraudar a alguien: "A ese lo duermes con cualquier cuento".

dos-tres. Juicio de valor: "La obra me gustó dos-tres"; a saber, no me gustó mucho, pero tampoco me desagradó. Es de suponer que si algo nos gusta mucho, nos gustaría "uno", como en "chido guan".

driblar. En el futbol, rebasar con el balón en los pies a un adversario: "Pelé driblaba a tres y hasta cuatro seguidos"; en la vida, derrotar, apabullar: "Esa chava te va a driblar con la mano en la cintura, no seas ingenuo". (Del inglés *To dribble*.)

drogos. Los que se drogan: "Mi hermano es drogo y está acabando de chingarnos a todos en la casa".

drogui. Significa lo mismo que la acepción anterior. (Del inglés *druggy*.)

duraznos. Tejocotes, aceitunas, testículos: "Me andan doliendo los duraznos".

¡duro!, ¡duro! Expresión originada en la ultraizquierda que exigía la caída de las autoridades; se ha popularizado en los cotejos deportivos, para animar al equipo de casa.

E

echado, echadote. El que no se levanta de la cama: "No haces nada, te la pasas ahí echadote todo el día", "Echado disfruto lo cosechado".

echador. Presumido, pretencioso: "Es muy echador tu abuelito, ¿verdad? Se las echa de que él hizo la Revolución casi solo, con un poco de ayuda de Villa".

echar carrilla. Criticar, denostar, condenar: "Los cuates le echaron mucha carrilla por aceptar una chamba en el gobierno"; también significa bromear: "Se la pasaron echando carrilla sobre ti".

echar el ajo. Departir, conversar, divertirse: "Anoche finalmente no hicimos nada, pero echamos bien el ajo".

echar güevos. Echarle ganas: "Échale güevos, no te desanimes".

echar lámina. Conducir agresivamente el auto: "El pinche pesero me tenía echando lámina".

echar las altas. Mirar con rabia, furia, odio: "De nada te sirve echarme las altas, más vale que me expliques tus sentimientos". (De "echar las luces altas".)

echar los perros (o los canes). Hacerle sentir a alguien que uno la o lo desea: "Tu hermanito me anda echando los perros, ¿tú crees?", "Hay formas y formas de echar los perros".

echar (o hacer) montón. Actuar montoneramente para imponerse, en asambleas políticas, riñas, etc.: "Se les puso gallito y los muy abusivos le echaron montón".

echar rebane. Lo mismo que echar relajo, desmadre o desmóder: "Yo también sé echar rebane, pero no en los velorios".

echar un fon. Telefonear: "Échale un fon a tu jefa, que está muy preocupada", "Échame un fon cuando se te antoje".

echar un grito. Avísame, notifícame: "Échame un grito si quieres que te recoja", "Écheme un grito para lo que se le ofrezca", "Échales un grito para que no digan que no estaban enterados".

echar un lente. Mirar, ver, juzgar: "Échale un lente a esas fotos y me dices lo que piensas"; echar un ojo, una mirada: "Échale un lente a esos chavos que acaban de entrar, no están mal".

echar una firma. Dícese de la micción, del mear, del miar, del orinar, de escribir el nombre de uno con los meados: "Déjame ir a echar una firma y seguimos hablando del tema".

echarle los kilos. Echarle ganas, hacer un esfuerzo: "Échale los kilos, tú puedes", "Necesitamos políticos que le echen los kilos".

echarse a alguien (al plato). Hacerle el amor a alguien: "Me eché al plato tres chavos esta semana, ¿tú crees?" También, desde luego, significa matar, ajusilar, escabechar, asesinar: "Pancho Villa se echó al plato muchos federales y no pocos chinos".

echarse un tiro (o tirito). Significa coger: "Nos echamos un tirito mientras ustedes se fueron al mercado"; también pelearse a golpes: "¿Qué, nos echamos un tirito?"

echarse una jeta. Hacer una siesta, pestaña o coyotito: "Me eché una jeta y se me olvidó que te olvidé".

efec. Efectivo, eficaz: "Es un güey súper efec"; de confianza, de los nuestros: "Puedes invitar a mi primo, es de los efecs".

egoteca. Biblioteca imaginaria donde el ego conserva los elogios que le han hecho y los que se prodiga él mismo: "Uno le perdona a Neruda su egoteca".

¡éjele! Se utiliza para significar que el que habla está exagerando o de plano mintiendo: "¡Éjele, no es para tanto!"

el, la. Estos artículos, cuando se usan como en *el* Pepe, *el* Carlos, *la* Susana, *la* Lupe, son originalmente sudamericanismos importados por los exiliados políticos chilenos, uruguayos, argentinos, en los años setenta.

el clic. El clit: "A la gente todavía le cuesta hablar del clic, incluso a las chavas".

el Defectuoso. El De Efe, el Distrito Federal: "Hay lugares donde te detestan nomás por ser del Defectuoso".

el Estado. Así se dice, en el DF, por "el Estado de México".

el Mofles. Dícese de cualquier miembro de la clase trabajadora no calificada, en particular el chalán o talachero o ayudante de mecánico; por extensión, personaje popular urbano: "Estoy de acuerdo en que el Mofles es muy galán y buena gente, Maru, pero ¿casarte con él?"

el Norte. Estados Unidos: "Se fue pa'l Norte hace ya veinte años".

el Norti. El norte de la República Mexicana: "Es sabido que en el Norti la ch se pronuncia sh".

el otro lado. Los Estados Unidos, los Esteits, el Norte: "Ramiro se fue hace muchos años al otro lado"; también alude a la muerte: "Mi hermana se fue al otro lado hace veinte años".

el otro laredo. El otro lado, los Esteits o literalmente el Laredo gringo del otro lado del Nuevo Laredo mexicano.

el país más atractivo del mundo. México, según don Vicente Fox.

el personal. La gente, el público: "El candidato ha decepcionado al personal"; los cuates, la banda: "No nos falles, va a estar todo el personal".

elementazo. Dícese del individuo con capacidades extraordinarias, generalmente nocivas o autodestructivas: "Tu primo Gargantúa es un verdadero elementazo".

embarrar. Perjudicar la reputación de alguien: "Me embarraron porque, aunque es sólo mi medio hermano, tenemos el mismo apellido".

emboletar. Embarcar: "A mí no vuelves a emboletarme en tus pinches proyectos mafufos".

embute. Soborno, mordida: "¿Y tú crees que ya no hay embutes en la prensa?"

emergencia. Barbarismo innecesario (por *emergence*) que los científicos sociales importaron de sus lecturas en inglés: las palabras "surgimiento", "surgir", "nacimiento", "brotar" y "brote" quedarían mejor en frases como éstas: "La emergencia de nuevos conflictos entre las clases emergentes".

emo. Persona joven que disfruta de estar deprimida: "No te andes poniendo emo, no te queda", "Algunos adolescentes son muy emo". Suele decirse de los chavos post punk y post dark que adoptan un credo melancólico, incluso depresivo, y que a veces gustan de lastimarse, cortarse, lacerarse; el *look* triste y las huellas en los brazos los acreditan como emotivos, emocionales.

empacar. Comer: "Empácate por lo menos un sándwich antes de subirte al avión, la comida de esa aerolínea es horrenda", "Nos empacamos unos huachinangos a la veracruzana que no tenían madre".

empedarse. Embriagarse, emborracharse, ponerse hasta las chanclas, andar pedo o en la peda, ponerse pedísimo, etc.: "Ya deja de empedarte, sólo te aguantamos los que somos muy tus cuates".

Empédocles. El borracho, el que se empeda; el filósofo de cantina: "He aquí que llega el sublime Empédocles; díganle que nos vamos a una pachanga, ya ves que no le gustan".

emperifollado. Bien vestido, elegante, empingorotado: "Mi mamá y sus amigas emperifolladas parecen merengues".

empinar. Acusar, delatar: "Si quieres que se haga justicia, ve y empina a los culpables"; también significa beber: "Los mexicanos empinan mucho (el codo)", y también se usa para designar el acto sexual: "Me empiné al machín ese".

empingorotado. Vestido elegantiosamente, emperifollado: "A esos bailes van puros empingorotados, yo sólo voy a las fiestas del barrio".

en automático. Fácil: "Eso lo hago en automático, no te preocupes"; casi inconscientemente: "Bebimos tanto que no sé cómo logré llegar a casa en puritito automático". (De la transmisión automática de los coches.)

en baba. En Babia; estar en la luna; soltar la baba: "Los políticos están en baba".

en chinga, en friega. Ahorita, ahorita mismo, para ayer; con premura, con urgencia: "Necesito esos papeles en chinga", "Agarra la bici y ve a depositar el cheque en friega"; también significa que se está en dificultades: "Andamos en verdadera friega para sobrevivir", "Mi mujer me trae en chinga".

en el ácido. En problemas, en la angustia: "Anda en el ácido desde que su esposa lo dejó por su jefe"; también significa malviajar, hacer un mal viaje de ácido lisérgico.

en llamas. En serios problemas, en grave conflicto: "La relación entre ellos está constantemente en llamas".

en rines. En cueros, desnudo: "Es el típico chou donde las chavas acaban en rines". (Del rin del neumático del coche.)

en una de esas. Tal vez, quizá, a lo mejor, chance, changüí:

"En una de ésas le atinas a la lotería comprando siempre el trece".

enanos. Los niños, los chavos, los escuincles o escuintles; las hijas y/o los hijos: "Vamos a llevar a los enanos al circo, ¿no quieren venir?"

encajarse. Imponer la propia presencia donde no se desea: "Ahí vas a encajarte otra vez donde nadie te llama"; obtener favores o prebendas mediante la insistencia y persistencia: "¡Deja de encajarte, carajo, sí te voy a dar la chamba!"; abusar de la hospitalidad, la amabilidad, la generosidad: "Mejor me voy antes de encajarme sin darme cuenta", "Ya volvió tu hermano a encajarse".

encajoso. El que se mete donde no lo llaman, el que se apunta a proyectos ajenos, el que se sienta a la mesa extraña, el metiche, el que se encaja a fuerzas: "Vámonos, ahí viene el encajoso de mi hermano".

encaramelado, acaramelado. Se dice de las personas que manifiestan su afecto amoroso de manera abierta y pegajosa: "Andamos encarameladísimos".

encimado, encimoso. Individuo del que no puede uno librarse: "Veo hasta en sueños al encimoso de tu primo".

encimar. Atosigar, presionar: Deja de encimarme, te daré la respuesta cuando la sepa", "Los gringos siempre están encimando a propósito de todo".

encueratriz. Mujer que se desnuda en público a cambio de un salario: "Se fueron a chupar y a mirar a las encueratrices".

encuetarse. Embriagarse, emborracharse: "Ya vas a encuetarte otra vez, te conozco".

enchilado. Enojado, enfurecido, encabronado: "Llevas tanto tiempo enchilado que no hay forma de hablar contigo"; aficionarse sexualmente: "Me trae bien enchilada".

enchilar. Ponerle chile a los alimentos: "A mí ya no me gusta tanto enchilar la comida".

enchilarse. Enojarse, enfurecerse, encresparse, encabronarse: "¡No se enchilen, no se enchilen, hay que hablar esto con calma!"

enchinar. Hacer "chinos" (rizos) en el cabello: "Deja te enchino la greña", "No me gusta cuando te enchinas el pelo".

enchinarse. Ponerse la carne de gallina, ponerse "chinita" la piel: "Se me enchinó todita la piel cuando lo vi, mana".

enchinchar. Fastidiar, moler, molestar, chingar, fregar, joder (como chinche): "No sé por qué te gusta tanto enchincharme", "Niños, váyanse afuera y dejen de enchinchar a la gente".

enchufarse (a alguien). Cogérselo: "La *starlet* se andaba enchufando al director, al productor y al galán".

enchufe. Palanca, conecte, influencia: "Presume de que tiene muchos enchufes, pero no lo conoce ni el portero".

endrogado. Endeudado. Ya casi no se dice, como en los años cincuenta y sesenta (y aun los setenta): "Traigo una droga tremenda" por "Tengo una deuda cañona".

enemigocho. Lo contrario de amigocho. Enemigo aún no detestable: "Éramos como hermanas, pero se me está volviendo muy enemigocha".

engargolar. Insertar una espiral de metal o plástico en ranuras previamente practicadas con una máquina *ad hoc*: "Los alumnos deberán traer dos cuadernos engargolados de 100 páginas".

engarrotarse (a veces agarrotarse). Paralizarse, quedarse tieso como garrote: "Me engarroté cuando los vi en la cama juntos".

engarruñarse. Trabarse, medio paralizarse, sentirse impedido; los dedos, la lengua y hasta el estómago pueden andar o quedar engarruñados: "Traigo la mano bien engarruñada".

engentarse. Sensación de angustia en medio de la multitud: "Me engento muy fácilmente, prefiero no ir al estadio"; ser tímido, ser ranchero, chiviarse: "No te enojes si siento que me engento y me voy, porfa".

engréido, engrido (también **ingréido).** Es campiranismo por decir enamorado, enculado, como en la canción que dice "¿Qué te ha dado esa mujer / que te tiene tan engréido, querido amigo?"

enjuague. Asuntos oscuros, desfalcos, sobornos: "Grandes políticos, grandes enjuagues".

enmonarse. Lo mismo que monearse: inhalar activo o *thinner*.

enmuinarse. Sentir muina (mohína), entristecerse, melancolizarse, amargarse, enojarse: "Cioran siempre andaba muy enmuinado".

ensalada. Morita, mari.

ensartar. Penetrar, fornicar, violar: "La ensartaron a la pobre", "A los tres días de caer en la cárcel, lo ensartaron"; perjudicar, engañar, chingar: "¡A mí no me ensartas, cabrón!"

entacuchar. Vestirse elegantemente, ponerse su tacuche: "Es la boda de mi hermana, te quiero ver bien entacuchado".

entambar. Encarcelar, aprehender, enchironar, meter al tambo: "Me entambaron dos años por algo que nunca hice".

entonado. Se dice de aquel o aquella a quien la beberecua ya ha relajado y hasta alegrado: "Tu abuelita ya está medio entonada, ¿no?"

(estar) entrado. Estar picado, con ganas, dispuesto: "No me dejes así, preciosa, ya estoy bien entrado", "Yo estoy bien entrado para una noche de póquer", "Llévatelo, ya está entrado y va a querer seguir madreando al otro".

entrarle (a algo**).** Sumarse, participar, adherirse: "Mira, tenemos un proyecto para cambiar el mundo, ¿le entras?"

entre. Soborno, mordida, coima, unto de México, coacción: "Si los policías del sector les sacamos mordidas a las personas es sólo porque nuestro comandante nos exige un entre de 400 a cada uno, no hay otro motivo"; también significa golpes, madrazos, mandarriazos, cates: "Si no lo arreglan por las buenas, se van a tener que dar un entre"; significa asimismo el acto sexual: "Ya no aguanto las ganas de que nos demos un entre en la playa".

entregar el equipo. Morir, fallecer, petatearse, colgar los tenis: "Lo nombraron papa y rápidamente entregó el equipo".

entrón. Persona vital, entusiasta, decidida: "Carlos es muy entrón, deberíamos invitarlo a participar en el proyecto"; mujer que no se anda por las ramas sexualmente: "Lupe es muy entrona".

envuelto en celofán. Sentirse la gran cosa, sentirse muy finolis: "No sé por qué te sientes envuelta en celofán, si no hay quien te aguante".

enyerbado. Dícese de la persona que anda distraída, supuestamente por haber fumado yerba, y también de la que sí la fumó: "Pareces enyerbado, óyeme lo que te estoy diciendo"; también alude a los que supuestamente se les ha administrado toloache para ponerlos bajo el poder de alguien: "Ten cuidado que no te enyerbe esa chava, es medio bruja".

equis. Los mexicanos a veces tienen la costumbre de poner la x en vez de la s al final de algunas palabras, a modo de énfasis: huevox, pedox, chavax, atrax, etc. Difícil saber si deriva de la imitación de muchos productos comerciales (clorox, electrolux, timex, etc.) o de una especie de "nahuatlismo". La expresión "equis" significa: lo que sea, cualquier cosa, *whatever*: "¿Qué dijo? / Equis". Por otra parte, "equis" también significa tachas, metanfetaminas, éxtasis.

¿eres o te haces? Pregunta convencional que los mexicanos se suelen hacer entre sí; significa ¿eres pendejo o te haces?

¡eres un ocho! Enigmática expresión que significa que eres un inútil, un cero a la izquierda: "¿Sabes qué?, no te trago, eres un ocho".

erizo. El que trae los pelos de punta porque no consigue su estimulante o su amor; por extensión, el irritable: "Aguas, Lucrecia anda bien eriza".

es la ley, es la neta. Alguien es o algunos son lo máximo: "Tus amigos son la ley", "Dostoievski es la neta".

¿es tu primo? ¿Lo conoces?, ¿pondrías la mano al fuego por él?

escamado. Asustado, atemorizado, azorrillado, friqueado: "La gente quedó muy escamada después del temblor".

escamarse. Asustarse, friquearse, etc.: "No te escames, no muerdo", "Tú a mí no me escamas".

escuincles, escuintles. Niños, chavos, chavitos, enanos: "¿Alguien sabe dónde andan los escuincles? Ya hace rato que no los veo". (Del náhuatl *ixcuintli*.)

esculcar. Registrar a alguien para ver si porta armas, drogas, etc.: "En los reclusorios te esculcan hasta el fundillo".

escurrido. Se dice de las personas exageradamente delgadas: "Agustín Lara era bien escurrido".

ése, ésa. Norteñismo que suele utilizarse en vez de voces como mano, compadre, manta, mi buen, etc.: "¿Qué pasó, ése, cómo está la cosa?", "No me tires de a loco cuando hablo, ésa".

(el) esférico. El balón, la pelota de futbol: "Cuauhtémoc Blanco peinó el esférico con tal tino que se alojó en el ángulo del arco".

esnifear. Darse un jalón de coca: "En lugar de esnifear, Woody Allen estornudó en ya no sé qué película". (Del inglés *To sniff*.)

espectaculares. Se dice de los grandes anuncios publicitarios en las calles, a veces también llamados "panorámicos".

espejear. Observar en un espejo, especialmente los de coche: "Yo lo vi, lo estuve espejeando hasta que entró en el edificio".

espera por mí. Barbarismo que significa "Espérame". (Del inglés *Wait for me*, y de las traducciones de las series gringas de tele.)

espeso. Grueso, difícil, complicado: "Andas muy espesita últimamente, Medea"; abusivo, cruel: "Los nazis eran muy espesos".

espichero. El que hace discursos o espiches, el tiranetas: "Mejor ni le preguntes, es muy espichera".

espinarse la coliflor. Atemorizarse, acobardarse, arrugarse, sacarle: "¡Que no se te espine la coliflor!, muestra que eres el mero machín de estos lares".

espiritifláutico. Individuo muy delgado y muy alto: "James Stewart era como espiritifláutico".

esponjarse. Enojarse, encabronarse, enfurecerse, alebrestarse: "¡No te esponjes, puedo explicarte todo!"

está cantado. Es obvio, es evidente: "Está cantado que va a haber guerra con los troyanos". (Véase "estraic cantado".)

esta danza. Esto que pasa, esta vida: "Hay veces que no entiendo lo que pasa en esta danza, ¿tú sí?"

estadazo. Cuando alguien se pasa de copas o lo que sea, se pone en muy mal estado: "Llegó en un estadazo que mejor ni te cuento".

estar down (o dáun). Sentirse tristón, depre: "Llevas meses de estar down, no sé si te das cuenta".

estar en el agua. Andar en la borrachera constante: "Estaba todo el tiempo en el agua, se bebía hasta las botellas de perfume".

estar gastado. Haberse quedado sin dinero: "Viene la pinche Navidad y ya estoy bien gastado".

estar jetón. Dormir profundamente: "No te oí cuando llegaste, estaba bien jetón".

estar puesto. Andar bebido, fumado, japi: "Se me hace que propones nuevas ideas porque ya estás puesto".

estás pedo. Estás loco, estás equivocado, estás güey, estás pendejo; estás borracho.

estense, ya esténse. Tranquilícense, sosiéguense, estense quietos: "¡Ya estense, carajo!"

estoy que no me la creo. Forma de decir: "No sé qué decir, estoy asombrado".

estrai(c) cantado. En béisbol, se dice del *strike* que el ampayer decreta sin que el bateador abanique el aire; también se dice cuando alguien se revela incapaz de responder.

evento. Los conciertos, las obras de teatro, las justas deportivas, las ceremonias circenses, las exposiciones, etc., que han dejado de ser funciones, presentaciones, representaciones y acontecimientos en aras de un anglicismo (de *event*) que, como muchos anglicismos, tiene la virtud de ser breve y abarcador.

Ex-Peditos. Mítica comunidad de poetas, periodistas y narradores que abjuraron del alcohol y se reunían cada sábado en un café de la colonia Del Valle.

Extremo Occidente. Ubicación de México respecto a Europa y Extremo Oriente, según Octavio Paz.

F

fábrica de cacahuates. El escusado o sanitario o váter o taza o excusado o esquiusmi: "Ahorita regreso, voy a la fábrica de cacahuates".

facha. Apariencia, *look*, pinta: "Tiene buena facha tu tía"; mal aspecto: "¿Ya viste con qué facha llegó?"

fachas. Usar ropa poco elegante o exhibicionista: "Lo siento, pero en mi casa no acepto gente vestida de fachas"; también se dice de los chambones y fantoches: "El béisbol actual tiene muchas fachas".

facho. Fascista, derechista, golpista: "Son bien fachos tus tíos". (Originalmente es chilenismo.)

fachoso. El que se viste mal o exhibicionistamente: "A mi chava le gusta andar fachosa".

fáin. Como en "está fáin", está bien, está tranquilo; de buena calidad: "Estos trapos son de lo más fáin". (Casi caído en desuso; del inglés *fine*.)

fajar. Meter mano, cachondear, franelearse, calentarse: "En mis fiestas sólo se permite fajar".

Fajusco. Así llaman al Ajusco los jóvenes que lo visitan no tanto para respirar aire puro y comer quesadillas rústicas y caldo de setas como para fajar, etcétera.

fallando el cloch. Problemas de ánimo o de conducta. No se pueden meter las velocidades en el auto, y por extensión en la persona. Viene de *clutch*, embrague: "Ten cuidado con lo que dices y haces, te anda fallando mucho el cloch".

fámily. La familia propiamente dicha: "Va a estar toda la fámily"; los cercanos, allegados: "Ricardo es un gandalla, pero es fámily".

famosear. Ejercer la fama, practicar la celebridad: "A Von Karajan le encantaba famosear".

fantasma. Se dice de los separadores de carril del Metrobús: "Me chispé la llanta con los fantasmas de Insurgentes".

fantoche. Farsante, farol, presumido: "Ese diputado es un fantoche", "Me temo que mis héroes resultaron ser puros fantoches".

fantochear. Conducta propia de los fantoches: "Hay presidentes latinoamericanos que son verdaderos fantoches", "Entre otras cosas que Agustín Lara hacía muy bien, se contaba el fantochear", "Vamos a fantochear a esas chavas, a ver si las impresionamos".

fardero. El que roba por encargo en tiendas de autoservicio, librerías, disquerías, ejerciendo el también llamado "robo hormiga": "Con las alarmas electrónicas, casi han desaparecido los farderos".

farol, farolero. Farsante, falso, fantoche: "Ese torero es puro farol, nunca se acerca al toro", "No seas farol, todos sabemos que esa chava nunca se acostó contigo".

farolear. Ser farol de la calle y oscuridad de la casa; tratar de engatusar a otros; relumbrar, presumir lo que no se tiene: "Anda faroleando que su papá es ministro, pero no es más que el gato del gato del ministro", "Es de los que cree que 'farolea, que algo se queda'".

farsant. Farsante, farol, payaso, mamón, mamila, mamuca, mamuchis: "Anoche te pusiste bien farsant". La erre se pronuncia como en inglés gringo.

fashion. A la moda; relativo a la moda, superficial: "Lucrecia es muy fashion". (Del inglés.)

fayuca. Mercancía de contrabando o estraperlo: "Todo su equipo de sonido es de fayuca", "Yo no me visto si no es de fayuca".

federico. Feo: "María está bien federica".

felpar. Morir, fallecer, petatearse, colgar los tenis, decir abur, etc.: "Fue el año en que mi abuelito felpó". (Tal vez provenga de felpa, puesto que los cadáveres —o fiambres— yacen sobre felpa acolchonadita.)

(hacer el, hacer un) feo. Rechazar: "Cuando le hizo el feo a mi novio, me sentí de la patada", "No me hagas un feo, acuérdate de Rosita Alvírez".

feria. Lo mismo que lana, billete, unos quintos, dinero, etc.: "Se necesita una buena feria para comprar un coche así", "¿Traes feria para subirnos a los carritos chocones?"

feriero. El que labora o expende en ferias, tianguis y otros mercados callejeros: "Los ferieros se quejan de que los ponen en calles alejadas".

fiambre. Carnes frías: "Voy a la sección de fiambres, alcánzame allí; cadáver: "Cuando lo recogieron, ya estaba fiambre".

ficha. Alguien de cuidado: "Entre los priistas, hay verdaderas fichas", "Yo de chico era una ficha, muchachos". (Proviene de "ficha policiaca".)

fierro. No sólo arma de fuego, pistola, fusca; también navaja, cuchillo, hoja, desarmador, des(a)tornillador; cualquier objeto punzante: "En ese barrio, todos andan con fierro".

fierros. Instrumentos metálicos (del mecánico, plomero, carpintero, etc.): "Le arreglo su cocina, nomás voy a buscar mis fierros". También significa dinero, pesos: "Préstame cincuenta fierros, áhi te pago luego".

fiesta de traje. Ocasión formal a la que acuden los hombres vestidos de traje (terno) y corbata; asimismo, la fiesta, comida o cena a la que se llega diciendo: "Te traje un vinacho, te traje un pastel", etcétera.

fifar. Funcionar, marchar: "Este maldito aparato no fifa desde hace una semana", "Esta pinche relación ya no fifa".

(ser) fijado. El que se fija mucho, el criticón, el que no deja pasar una, el represor, el obsesivo: "Es muy fijada, se va a dar cuenta de que traes una camisa baras", "No seas tan fijado, relájate, suéltate".

(no hay) fijón. No hay problema, no hay tos, no se fije. (Nunca se dice "Sí hay fijón" o "Aquí va a haber fijón" ni nada parecido.)

fildear. Atrapar con el guante beisbolero o a mano limpia una pelota de béisbol o futbol americano; por extensión, resolver: "A ver cómo fildeas cuando te toque el examen oral". (Del inglés *To field*.)

filerear. Navajear, piquetear, tasajear, acuchillar: "Lo secuestraron y le dejaron la panza toda filereada" (alfilereada).

filero. Cuchillo, navaja, punta: "Los de esa banda siempre traen fileros".

fin. Fin de semana: "¿Nos vemos este fin?"

fingir demencia. Hacerse el loco, el desentendido: "Ahí viene la tira, tú finge demencia".

finolis. Fino, refinado, exquisito: "Este vino es bien finolis, enjuágate la boca"; rico, de clase alta: "Se creen bien finolis, pero son nuevos ricos".

(traer) finto. Traer confundido, perplejo, pendejo a alguien: "Traían finto al otro equipo". (Viene de las fintas con que los boxeadores engañan al adversario.)

firma. Meada, orinada: "Ahorita regreso, voy a echar una firma".

fisgonear. Fisgar, andar de metiche o entrometido: "Aducen que fisgonear en las vidas ajenas es parte del derecho a la información".

flamearse. Emborracharse o pachequearse: "Saliste bien flameada de la cantina".

flaneador. El *flâneur* que C. Baudelaire y W. Benjamin celebraron; el paseante, el observador; el cronista desapegado pero con yo narrativo: "Es un docto flaneador del Centro Histórico".

fletarse. Soportar, aguantar, sufrir: "Tuve que fletarme al pesado de mi primo"; imponer, infligir: "Nos fletaron dos horas extra sin decir agua va".

flota. Los amigos, la banda, la pandilla, los nuestros: "Tráete a toda la flota".

flotar. Propinar, recetar: "Le flotó un mandarriazo en la oreja que casi lo deja sordo", "El doc le flotó un antinflamatorio además del antibiótico".

fócyu. Vete a la chingada, chinga a tu móder. (Del inglés *fuck you*.)

fodongo. Fofo, barrigón, panzón: "Estás hecho un fodongazo, mírate la panza"; individuo huevón, sin iniciativa, apático: "Andas de un fodonga, manita, que no sé si vas a pasar el año".

fogonazo. Trago de aguardiente u otra bebida fuerte: "Deja darme un fogonazo antes de que vayamos a la pachanga".

fon, fonazo. Telefonema, llamada telefónica: "Échame un fon en la noche y nos ponemos de acuerdo", "Se enteró gracias al trágico fonazo".

fondear. Tocar fondo: "Hasta que no fondees no vas a dejar el chupe, Lupe".

(la) Fondesa. La célebre colonia Condesa de la ciudad de México, donde abundan las fondas y los bares: "¿Podemos cenar en algún lado que no sea la Fondesa?"

(estar) foqueado. Haber disfrutado del sexo: "Esos chavitos no se ven muy foqueados como para casarse, francamente". (Simultáneamente del inglés *fucked*, cogido, y de estar *foqueado*.)

foquin. Pinche, cabrón, maldito: "Foquin Pepe, otra vez va a llegar tardísimo". Viene del anglo *fuckin(g)*.

forever. Estar extraviado en la droga, quedado en el viaje: "Mi hermano ya está forever, no coordina las palabras". (Del inglés *forever*, siempre.)

forjar. Liar cigarrillos de mariguana: "Yo siempre he sido malo para forjar, la neta".

forrado. El que tiene mucho dinero: "Ese viene forrado, mira nomás el reloj".

forrarse, forrarse de lana. Hacerse de mucho dinero: "Con esta compañía nos vamos a forrar de lana, ya verás".

forro. Guapo, cuero, rorro: "Sharon Stone todavía es un verdadero forro", "Para forrito, Paul Newman en el siglo xx" (presumiblemente alude al forro sabroso de ciertos abrigos, chamarras, etc.); últimamente también significa idiota, estúpido, pendejo: "No sé cómo te llevas con ese chavo, es un forro total".

fósil. Estudiante de universidad pública gratuita que nunca se recibe de licenciatura, pero que no deja de acudir intermitentemente a su facultad, a algunas actividades deportivas o incluso a clases; suele convertirse en "porro": "Nomás porque troné cuatro materias ya me tratan de fósil, ¿tú crees?"

Foxilandia. El país donde vivía Vicente Fox cuando era presidente de México.

franeleros. Acomodadores, viene-viene, huacaleros; los que agitan una franela roja (trapo colorado) con la que *a)* llaman la atención de los automovilistas que buscan un lugar para estacionarse; *b)* cuidan y a veces lavan el coche: "Aguas con los franeleros de esta calle; si no les das una buena propina, se portan bien ojetes".

free, fri. Novios sin compromiso de fidelidad: "Novios, novios, sólo dos; los otros han sido fris".

fregar. Lavar los trastos de la cocina: "Te toca fregar los platos"; fastidiar, molestar, chingar: "Los gringos, como tu familia, siempre están fregando".

fregón. Sobresaliente, excelente, chingón, chipocludo, picudo, efec, etc.: "Te crees muy fregón, pero vales pura madre", "¿Quién era más fregón: Cruyff, Pelé o Maradona?"

freno de mano puesto. Se dice de la gente que no se deja llevar por el placer o que trae *la reversa trabada.*

fresa. Se dice de los aquejados de fresez: los convencionales, conservadores, consabidos, constreñidos, blanquitos, educaditos, decentitos, cursis, náis: "Así como ves a esta chavilla gruexa, todos en su familia son de lo más fresas", "Viví un año en Satélite y se me pegó un poco lo fresa", "Soy fresa, ¿y qué, idiota?, por lo menos no soy naca como tú". (*Momios* en Chile, *squares* en Estados Unidos.)

fresez. Condición de los fresas: "Martita era de una fresez casi épica".

fresinaco. El individuo que es fresa sin dejar de ser naco: "Los mols están llenos de fresinacos".

(unas) frías. Cervezas, cheves, chelas, helodias: "Luego de cargar todos estos muebles, mínimo nos echamos unas frías, ¿no?"

fric, frik, friqui. Raro, extraño, extravagante, escandaloso, estrambótico; exhibicionista: "No te voy a negar que eres frik, pero menos que tus tías", "Nos encontramos a una bola de friks en el desierto", "Si quieres andar de frik, muy tu onda". (Del inglés *freak*, monstruo; extravagante, original.)

friega. Un esfuerzo, un trabajo muy demandante, una chinga: "Me pongo una friega de la chingada de lunes a sábado, déjame descansar el domingo, ¿no?"; también significa apremio, urgencia: "Si esto me lo haces en friega, te lo pago al doble".

(un) friego. Un chingo, un montón, un montonal, buti, muchos: "Indonesia se compone de un friego de islas", "Hay un friego de razones por las que ya no quiero verte nunca más, entiéndelo".

frijol (frijolito, frijolín). Frío, friito, friote: "En la sierra hace un frijolín de la chingada".

friqueado. Asustado, paranoico: "No puedes andar todo el tiempo friqueado".

friquear. Alarmar, asustar, apanicar, azorrillar, escamar, fruncirse: "Tu aspecto estrafalario friqueó a mi abuelita". (Del inglés *To freak out*.)

(andar en el) friqueo, friqui, fric. Sobresalto, alarma, susto, paranoia: "Ando en el puro friqui, no sé si me van a renovar el contrato", "La economía nacional pasa por fases constantes de friqueo", "A mí el ajo me mete el fric".

frito. Pacheco, pasado, fumado: "Andas frito, se te nota a leguas".

fruncirse. Achicopalarse, arredrarse, asustarse, culearse: "No te frunzas, no es un huracán", "La verdad es que Morelos se frunció ante la Inquisición". (Viene de que el culo se frunce bajo presión.)

fuchi. Expresión, principalmente infantil, de asco, desagrado, repudio: "La comida está de fuchi". Hacer el fuchi (o el feo) significa agraviar, ofender, humillar a alguien: "No me hagas el fuchi, porque no te lo voy a perdonar", "Le hicieron el fuchi al champán porque no era Cristal, ¿me creerás?"

fuchimilcas. Se dice de los xochimilcas, a causa de su actitud de rechazo o desagrado *(fuchi)* ante los fuereños de cualquier calaña.

fucho, fuchi, fuchito. Futbol, panbol: "Me rompí un dedo en el fuchito". (Presumiblemente deriva del brasileño *futebol*, pronunciado "fuchibol".)

fuera de México, todo es Cuautitlán. Dicho capitalino que referíase antaño a la creencia de que fuera del Distrito Federal todo era chato y provinciano. Desde hace muchos años, Cuautitlán forma parte de la zona conurbada del Distrito Federal, para desgracia compartida.

fueras. Fuera, afuera de una localidad: "Yo no soy de aquí, soy de fueras". El forastero proviene de fueras.

fuereño. Forastero: "Aquí nos gustan los fuereños".

fufurufo. Rico, elegante, creído: "¿Te crees muy fufurufo?"

fumado, muy fumado. Muy inspirado, muy extraño; muy jalado de los pelos, inverosímil: "*Blade Runner* es la clásica película muy fumada que sí te la crees", "Las obras de Lovecraft son muy fumadas"; alude a la mariguana: "*Performance* era una película súper fumada".

fumar a alguien. Hacerle caso, tomarlo en cuenta, considerarlo: "Yo era para ella lo máximo, ahora la ingrata ya ni me fuma"; aguantar, tolerar: "Yo a los priistas no los fumo".

fumigado. Fumado, bebido, drogado, frito: "Ya están fumigados los cuates"; cansado, harto, saturado: "Me siento como araña fumigada, déjame en paz un rato".

fundillo. Fondillo, culo. Hasta los años ochenta, los proletas siempre se andaban tocando el fundillo y diciéndose "Puto, te la voy a meter". Con la crisis, o el avance de la civilización, han ocupado su mente y sus dedos en otras cosas.

fundirse. Debido al agotamiento, el *surménage*, el estrés, la gente "se funde" como foco: "Lidia se fundió, llevaba cuatro meses casi sin dormir". Durante el sandinismo en Nicaragua, se usaba como término de elogio: era tal la entrega a la labor revolucionaria, que la gente se "fundía" y con frecuencia acababa en una clínica cubana.

furcia. Mujer fácil, vulgar, agradable, mercantil: "Al cine mexicano le encantaban las películas de furcias redimibles".

fúrico. Furioso, colérico, incontrolable: "Mi familia se pone fúrica con el sexo tanto antes como después del matrimonio".

furris. Chafa, de mala calidad: "Es muy guapa, pero francamente usa ropa muy furris", "Permíteme decirte que tus tristes poemas son medio furris".

fusca. Pistola, arma de fuego, fierro: "Ahora resulta que hay hasta chavitos con fusca".

fusil. Copia, plagio: "Tu obra es un vulgar fusil de Lope".

fusilar. Copiar, robar: "Se fusiló mi tesis".

G

gabacho. Antaño se llamaba así, como en España, a los que ahora llamamos franchutes. Ahora denota a todo extranjero blanco, pero sobre todo a los gringos, su país y su lengua: "Me gustaría olvidarme de mi novia gabacha", "¿Qué tal hablas el gabacho, bien?"

(el) Gabacho. Además de llamar al país del norte Iuesei, Estados Unidos, Gringolandia, etc., desde fines de los años ochenta ha sido bautizado de esta manera: "Voy al Gabacho dos semanas y regreso". (Véase "gabacho".)

gabo. Gabacho, gringo: "Hay cosas de los gabos que son difíciles de entender".

(el) Gabo. Se le dice así a Gabriel García Márquez: "Hoy vi al Gabo caminando por Coyoacán con un saco a cuadros".

gacho. Se está convirtiendo en arcaísmo. Designa algo o alguien feo, desagradable, malo, mala onda: "Se siente muy gacho que un tipo tan gacho como él decida por todos", "Es un maestro muy gacho". (Uno se pregunta si no viene del francés *gauche*: torpe, zurdo, constreñido; torcido, atravesado, malvado.)

gachufas, gachupas. Sinónimos del despectivo "gachupín".

gachupín. Expresión despectiva, ya casi caída en desuso, para designar a los españoles, en particular a los llegados antes de la Guerra Civil española: "Las panaderías y las tiendas de

127

muebles eran de gachupines"; las masas, el 15 de septiembre, se desahogaban gritando: "¡Viva México, gachupines hijos de la chingada!" (El primer indicio masivo de la desaparición del odio por los españoles tuvo lugar en el Mundial de Futbol de 1986, cuando el estadio ¡Cuauhtémoc! en pleno apoyó a España contra Bélgica.)

gafas. Los ojos rojos luego de fumar mota: "Se te ven a leguas las gafas, güey".

gala. Ropa, prenda, garra, atuendo: "Esa chava siempre se pone unas galas bien pocamadre", "¿Ya vieron la gala nueva que ando estrenando?"

galán, galana, galanazo. La persona apuesta, seductora; la pareja de uno: "Mi galana es más galana que Madonna". (En la época de gloria de Alain Delon se decía: "Yo ya necesito mi galán Delón".)

galán de balneario. Guapo barato, don Juan de barrio: "¡Me parece increíble que andes enculada con un galán de balneario!"

gallo. Grupo de cabellos impeinables que sobresalen: "Los varones de mi familia tienen todos un gallo en la coronilla".

gallo, gallinazo, garro. Chubi, churro, toque de mariguana: "Está muy regañón este gallo".

gandalla. El que "agandalla" a otros o "se agandalla" con la gente: "Aquel cacique era de los más gandallas de los que se tenga memoria", "Eres un pinche gandalla con tu hermanito", "El PRI es una colección de gandallas, ahí no hay buenos ni pendejos".

ganón. Ganador, triunfador, afortunado: "Jugamos póquer y salí ganón".

gañán. Individuo prepotente, abusivo, gandalla: "Ya vienen los gañanes esos, escondan a las mujeres", "No seas tan gañana con tu chavo, se te pasa la mano"; vulgar, pelado, naco, corriente: "No me gustan esos amigos tan gañanes que tienes".

garnacha. Dícese de cierto tipo de antojito con tortilla y carne y, más genéricamente, de todos los numerosos antojitos preparados con harina de maíz: "Vamos a ver qué garnachas hay en la feria". (Originalmente *carnachas.*)

garra. Ropa, vestuario, atuendo, gala: "Las estrellas de cine siempre se ponen sus mejores garras para aparecer en público"; originalmente designaba la ropa fea o pobre: "Anda vestida de purititas garras".

garrobo. Otro nombre de la iguana, especialmente en Chiapas y Centroamérica: "Venden garrobos a la orilla de la carretera".

gata. Sirvienta, chacha, muchacha, criada, doméstica, empleada, mucama (estos dos últimos, sudamericanismos); la mujer que solía habitar el cuarto de la azotea, donde se movía como felino silencioso y supuestamente sensual: "Ya volvió a subirse el señor al cuarto de la gata, desde aquí la oigo gritar".

gatazo. Primera impresión: "Tu primo da el gatazo de ser guapo".

gato. Sirviente, criado: "Ni creas que a mí me vas a traer de tu gato".

geniudo. Persona de mal genio, mal talante: "Mi esposa es súper geniuda, de todo la arma".

gente. Persona, individuo: "Nerón era una gente muy retorcida", "Tu hermano es muy buena gente".

(muy) gente. Muy buena persona: "Mi jefe es muy gente".

gerontojipis. Los que siguen siendo muy sesenteros: "Ya vístete más con la época, pareces gerontojipi"; los que tocan Rock Ruquito o Ruco Rock: "El roquero Santana es el típico gerontojipi".

gis. Pasado, pacheco, mariguano, grifo, frito; también borracho: "Se la pasa bien gis, ya no sé qué hacer con él".

globalifóbico. Persona, generalmente joven, que se opone a la globalización o mundialización; altermundista: "Los globalifóbicos armaron un desmadre en Cancún". (El entonces presidente Zedillo popularizó el término, al usarlo despectivamente.)

gol, golazo. Acierto: "Kafka nunca supo el gol que metió con algunos de sus textos".

golondrinas en el alambre (o cable). Escucha clandestina en la línea telefónica: "Cuando nos veamos lo hablamos, hay golondrinas en el alambre".

goma. Mandar a alguien a la goma significa mandarlo a la chingada: "Ya mándalo a la goma, nomás se la vive fregándote".

gomitar. Vomitar, guacarear, devolver, aliviarse: "Gomitó todo el baño, no le dio tiempo de abrir la tapa del excusado".

gorrón. El que procura ser convidado y no pagar por lo que consume: "La picaresca del Siglo de Oro está repleta de gorrones", "La derecha dice que los pobres son unos gorrones del Estado". Obtener algo "de gorra" significa gratuitamente.

Goyo. Don Goyo, don Gregorio, Gregorio; el Popo, el Popocatépetl, el volcán emblemático del Valle de México: "Don Goyo está escupiendo ceniza hasta Puebla".

grafitear. Rayar paredes, pintar *graffiti*: "Hay gente que dice que grafitear es un arte".

granicero. Brujo, chamán, oficiante; adivino de las nubes y el granizo en las faldas de Don Goyo, el Popocatépetl: "Algunos dicen que sólo puede ser granicero el o la que sobrevive al rayo".

grapas. Paquetitos de plástico o papel con cocaína y sujetos con una grapa.

grifa. Mora, mota, mariguana: "Hay de grifas a grifas".

grifo. Mariguano, pacheco, gis: "Mi abuelita creía que todos los soldados eran bien grifos".

grilla. Actividad y sonido de los políticos que se reúnen para hablar sin cesar, como los grillos en la noche: "Mi esposo no anda con otra, anda en la puritita grilla".

grillar. Politiquear, conspirar, confabularse: "Tenemos que grillar esto"; también convencer: "Veo que ya te grillaron, qué pena me das".

grillo. Quien se ocupa de la grilla, las politiquerías, la tenebra: "Ese cuate es grillo hasta con su pareja".

gringo. Los estadounidenses blancos (sean anglos, polacos, suecos, etc., y hasta italianos; casi nunca acepta el mexicano que abarque negros o chicanos). El ideal; el odioso. El que usurpó lo que era la parte mexicana del "Otro Lado". Se dice que la palabra viene de la canción cuya primera estrofa empieza "Green goes the grass", misma que se aduce que la escuchaban cantar los soldados mexicanos a los soldados texanos. Sin embargo, en un lugar tan lejano como las planicies argentinas se habla de los "gringos de la Pampa", para designar a los extranjeros que llegaron a ese país despoblado.

gringos cabrones, gringos hijos de la chingada, gringos pendejos. Expresiones usuales de los mexicanos a propósito de sus estimados vecinos norteños.

grogui. Atontado, lelo, casi noqueado: "Llevo dos noches sin dormir y me siento grogui". (Término tomado del boxeo; del inglés *groggy*.)

grosero. Grueso, difícil, espeso, arduo: "La subida al volcán está muy grosera", "Las condiciones de pago están groserísimas".

grueso. Fuerte, rudo, excesivo: "Esa chava es bien gruesa"; abusivo, violento: "Las maras centroamericananas están gruesas"; admirable: "Esa novela está gruesa"; difícil: "Esa película está un poco gruesa para tu edad". Por otra parte, los adictos "le entran bien grueso" al alcohol, a la droga, a las apuestas, etc. (Se parece al *heavy* gringo.)

gruexo. Idéntico a "grueso", pero en un grado un poco mayor. "Aguas con ese bato, es bien gruexo", cuidado con ese sujeto que es peligroso, abusivo, etc. "Los aztecas estaban bien gruexos con los sacrificios."

gruperos. Dícese de los grupos de intérpretes y fanáticos de la "música grupera", que es una música norteña y cumbiosa y a veces filo narcotraficante: "Ahora hasta en el Distrito Federal hay gruperos".

gruvi. Pasado, pacheco, mariguano; en onda: "José anda bien gruvi". (Del inglés *groovy*, que viene de estar en el *groove*, tal vez el surco de los discos de antaño. Simon y Garfunkel: *"Feelin' groovy".*)

gruyero. El conductor de las grúas que levantan coches mal estacionados: "Los gruyeros andan gruesos en estas calles, cuidado con dónde te estacionas".

¡guácala! Expresión de asco: "Huele a guácala". Viene de guacarear (o huacarear), vomitar, devolver el estómago, echar la guácara o basca. También se dice: "Esa película está de guácala, no se te ocurra ir a verla".

guácara, huácara. Vómito, gómito, basca: "Lo peor de la guácara es cuando la tienes que limpiar".

guacarear, huacarear. Echar la guácara, devolver el estómago, vomitar, gomitar: "¡Córrele al baño, no te guacarees en la recámara!"

¡guacha! (wacha). Mira, fíjate, vigila, ten cuidado. (Es chicanismo por *watch out*.)

guachos. Despectivo de capitalinos, defeños, chilangos (hasta hace poco también despectivo): "Llegan los guachos súper acelerados y pidiendo las cosas de mala manera"; también es despectivo de soldados: "Parece que ahorita hay guachos allá en la sierra".

guaguacoa. Barbacoa de mala calidad; barbacoa de perro; por extensión, cualquier alimento de mala calidad: "No vayas a la fonda de la esquina, ahí dan guaguacoa".

guagüis. Felación: "Clinton manchó su nombre y su ropa por unas guagüis".

guajaco. Oaxaqueño, originario de Oaxaca: "Los guajacos se juntan en Neza y Neza York por igual".

guajolote. Pavo: "Los gringos se comen el guajolote sin mole".

guajolotero. Autobús de segunda clase (donde los campesinos suelen subirse con animales de corral): "Tu coche parece guajolotero, cuate, límpialo a veces".

guamazo. Golpe, zape, descontón, madrazo: "A algunos niños a veces les gusta arreglar todo a guamazos", "A mí me educaron a punta de guamazos, a la manera tradicional".

guanábana. Fruta tropical exquisita; sexo femenino.

guapérrimo. Muy guapo: "Mi abuela era guapérrima".

guarapeta. Borrachera fuerte, papalina: "Es capaz de ponerse la guarapeta del domingo y trabajar los lunes como si nada".

guardadito. Dinero oculto: "Voy a tener que sacar del guardadito". Resentimiento, rencor, odio: "Me estás sacando un guardadito que traías desde antes de conocerme". Postrer placer orgásmico: "¡Ándale, suéltame tu guardadito!"

¡guardalajarra! Se entona como "¡Guadalajara, Guadalajara, hueles a pura tierra templada!", etc. Se utiliza como voz preventiva: no bebas tanto.

guaro. Centroamericanismo (Chiapas incluido) por aguardiente o cualquier bebida alcohólica que no sea cerveza: "Los nicas le entran muy fuerte al guaro".

guarura. Guardaespaldas; policía vestido de paisano; matón: "Vivimos en una sociedad de guaruras", "Lo mataron unos guaruras porque les cayó mal".

guasear. Bromear, hacer o echar guasa: "Estás guaseando, ¿verdad?, y aún me amas".

¡guau! Del inglés *wow*, como en "Esa novela está de guau".

guayabazo. Elogio; gran elogio: "Nietzsche escribió una serie de guayabazos sobre Wagner de los que después se arrepintió". Curiosamente, también se dice "cebollazo", que de dulce no tiene nada. (Una "guayaba", por otra parte, es una mentira o embuste.)

güegüis. Abue, abuelita, agüelita; ueuis, wewis: "Mi güegüis ha estado enfermita".

guei. Gay, homosexual: "Novo era más abiertamente guei que Villaurrutia".

güera, güero, güerita, güerito. Es costumbre que los marchantes llamen así a la gente de tez clara, pero también a la que no la tiene y le agrada que la llamen así: "¡Pásele a probar los tacos, güerita!", "Mire, güerito, toque nomás la guanábana bien buena y barata".

güeva (hueva). Flojera, cansancio vital, desinterés. "Me da güeva seguir tratando de salvar esta relación", "Me dio hueva ir a la chamba". Viene de "güevos", testículos o tompeates.

güevos azules. Se dice que así los tienen quienes son audaces, valientes; descarados o abusivos. (Los elogios de las características viriles siempre van de la nobleza a la vileza.) "¡Qué güevos tan azules los de Hércules!", "Se necesitan unos güevos muy azules para venir a cobrar al día siguiente del entierro".

güey. Se usa indistintamente para hombres y mujeres. De "buey", macho vacuno castrado. Antaño significaba tarugo, bruto, lento, pendejo; animal. Esta palabra se ha convertido —como antes "cabrón"— en apelativo cariñoso, por ejemplo: "Quihubo, güey, qué gustazo verte, güey". La generación nacida en los años setenta utiliza la palabra *güey* con tanta elocuencia como las comas, incluso las innecesarias: "No mames, güey, es que, güey, lo que pasa, güey, fue que me dio un súper gusto, güey, encontrármelos en el reven, güey ". (Muchos escriben "wey".)

güeyear. Tratar a la gente como güey, como pendejo: "Deja de güeyearlo, quién te crees?"

güila (o huila). Puta, prostituta, prostiputa. A veces también se dice *chichicuilota*. Los chichicuilotes son pequeñas aves acuáticas; tal vez la palabra *chichi*, que aparece como falso prefijo, explica este uso. Santamaría recoge: "Güila. La putilla vulgar; huila; pelandusca", pero no da razón del origen de la palabra.

güirigüiri. Chisme, enredo: "No me metas en tu güirigüiri"; blablabla, plática, conversa, conversación: "Nos sorprendió el alba en el güirigüiri".

güisquilucan. Dícese del whisky, generalmente del escocés; antaño también se decía para indicar que sólo quedaba whisky nacional: "Nada más hay un pomo de güisquilucan". Por metonimia con el municipio de Huixquilucan.

Gutierritos. Oficinista, burócrata, hombre mediocre y sumiso; del personaje de una telenovela de los años cincuenta.

H

¡habas! Expresión casi caída en desuso que significa: "Para que vean", "Te lo dije" y similares: "Eres bien hocicón, pero ora sí te trajimos un güey de tu volada para que te parta la móder. ¡Habas!", "Si yo te bajara el sol, ¡quemadota que te dabas!, ¡habas!" (Chava Flores).

habemos. Mexicanismo utilísimo para expresar el inexistente uso plural de "hay": "Hay gente en tu bando que no respeta las leyes ni la dignidad, pero habemos hombres y mujeres que no estamos dispuestos a tolerarlo", "Habemos gentes como nosotros, que nunca perderemos el sentido del humor".

¡habilítame! Grito que dan los futbolistas, equivalente a "¡Pásala, güey!" y "¡Estoy solo!"

hablar golpeado. Hablar fuerte, duro, irrespetuosamente; quizá debería decirse *hablar golpeador*: "Aprendió de su jefe las artes del machismo: hablarle suave a las mujeres y los poderosos, y golpeado a los hombres de abajo".

hacer ascos. Hacer remilgos o "modos" o "fuchi". "Si le vas a hacer ascos al pastel que con tanto amor te horneé, mejor vete a la chingada."

hacer calambre. Escandalizarse, agitarse, asustarse, indignarse, acalambrarse: "Beto va a hacer un calambre de aquellos cuando sepa que perdiste el dinero en el hipódromo".

hacer cinco letras. Coger: "Ésos ya no regresan, se fueron a hacer cinco letras".

hacer clic. Entenderse, corresponder: "Nuestros cuerpos hicieron clic desde el primer momento".

hacer como que le habla la virgen. Desentenderse, hacerse el loco, fingir demencia, cambiar de tema: "No hagas como que te habla la virgen cuando te quiero hablar de nuestras broncas".

hacer el feo, hacer un feo. Rechazar: "Le hicieron el feo a su novio nomás porque se cortó el pelo a lo iroqués"; desairar: "No me hagas un feo porque yo te quiero más que a mi mano derecha".

hacer el mandado, hacer el súper. Ir de compras para la casa: "Nomás hago el mandado y paso lueguito a recogerte". (Se dice despectivamente de alguien: "Ése a mí me hace los mandados".)

hacer guaje. Engañar, confundir, timar: "Hicieron guajes a los vigilantes", "Me hiciste guaje con tus besitos".

hacer la barba. Halagar, lisonjear: "No es que no tenga mérito alguno para ese cargo, pero ¡qué bien le hizo la barba al jefe!"

hacer la machaca. Solicitar o imponer la mordida: "Ya le están haciendo la machaca a la señora que se pasó el alto con su camionetota".

hacer modos. Los modosos y los modositos "hacen modos": "No le hagas modos a la comida, niño", "Hay gente que le hace muchos modos al sexo".

hacer un pancho. Hacer un oso, hacer el ridículo: "Pero ¡qué necesidad tuya la de hacer panchos en la oficina!"; hacer un escándalo: "No sé qué pinche necesidad tienes de hacer siempre un pancho cuando bebes".

hacer visiones. Extraña expresión que significa hacer rarezas, extravagancias: "Ya, niño, pórtate como se debe y deja de hacer visiones", "No me gustan las amigas de mi hija, se la pasan haciendo visiones".

hacerla. Triunfar; lograr lo que se quiere, o se nos exige: "Octavio Paz sí la hizo", "Fox nomás no la hace". Expresión surgida en los años sesenta; es probable que provenga del inglés *To make it*, o *Making it*. (También hace las veces de: "Tú la estás haciendo de su papá", "Ella la hace de juez entre ellos".)

hacerla cansada. Dificultar adrede una diligencia, trámite o favor: "Me la están haciendo cansada en el Seguro Social".

hacerla de emoción. Ponerle suspenso o *thrill* a un relato: "Ya no la hagas de emoción, dinos cómo terminó la película".

hacerla de jamón. Hacerla difícil, hacerla de pedo o de tos o de tox; ponerse difícil o imposible: "Mira, no me la hagas de jamón, quiero que acabemos bien esta relación", "No nos la hagan de jamón si no quieren que les echemos a la tira y a los abogados encima".

hacerla de pedo. Chantajear, amenazar, provocar un pleito, armar una bronca, hacer un oso, hacerla de tos o de tox, hacerla de jamón, joder a los demás. No es imprescindible "estar pedo" o "andar en la peda" para hacerla de pedo, pero el alcohol a veces facilita las cosas: "Vamos a hacérsela de pedo a esos güeyes, ya me tienen hasta la madre", "No sólo no te doy el divorcio, sino que te la voy a hacer de súper pedo en todo".

hacerle. Ser adepto o competente en algo: "¿Tú le haces al ping-pong?", "Ella le hace al alpinismo", "Yo no le hago al trago".

hacerse. Hacerse tonto, hacerse guaje, hacerse rosca: "No te hagas, sabemos qué tú la mataste, Cleofas"; fingir, simular: "Voy a hacerme el que no sabe nada".

hacerse guaje, hacerse pato. Hacerse el inocente, hacerse el que no sabe, hacerse pendejo, hacerse el occiso: "No te hagas guaje, tú también estabas allí", "Voy a hacerme pato un rato".

hacerse rosca. Hacerse tonto o pendejo: "No te hagas rosca, responde si todavía me amas"; hacerse del rogar: "No te hagas rosca, págame lo que me debes".

hacha. Dícese de alguien muy eficiente, muy picudo, experto: "Mi hermana es muy hacha para casi todas las materias".

(los) harbanos. O los árabes, o los judíos: "Los harbanos trabajan duro y son muy prósperos". (Proviene de la supuesta y más bien achacada pronunciación de *hermano* por parte de esos grupos cuando inmigraron.)

hasta acá, hasta aquí, hasta atrás, hasta atrax, hasta el huevo, hasta las chanclas, hasta las manitas, hasta las nalgas, hasta mañana, hasta el queque, hasta las narices, hasta la madre, hasta el cepillo, etc. Persona sobrada de copas u otro euforizante: "Jim Morrison estaba al parecer hasta atrax cuando se fue al paraíso de los rockeros". También significa estar harto de algo o de alguien: "Estoy hasta acá de ti, un día voy a acabar ahorcándote o algo".

hasta con la cubeta. Presumiblemente viene de los primeros tiempos del boxeo o la lucha libre, cuando los "de la esquina" sacaban la cubeta (castellano: cubo) para golpear al adversario. En el futbol de antes, los aguadores o cubeteros se liaban en las broncas y golpizas. "Los gringos amenazan con pegarle a Al Qaeda por debajo de la lengua y hasta con la cubeta."

hasta el ful. Lleno a tope: "Tengo la panza hasta el ful de tanto tragar", "No nos vamos a Acapulco, los camiones están hasta el ful". (De *full*, lleno, en inglés.)

¡hazme el cabrón favor! Fíjate, date cuenta, checa esto, cómo ves, qué te parece, qué piensas; ya no aguanto esto: "Ahora dice que nunca lo amé, ¡hazme el cabrón favor!"

Heavy Nopal. Respuesta de la mexicanísima Astrid Haddad al *heavy metal*.

hecho la madre, hecho la mocha, hecho la raya. A toda velocidad: "Los testigos del choque coinciden en aseverar que el materialista iba hecho la raya".

helodias. Cervezas (cheves, chelas) heladas: "Tráete las helodias, yo ya serví la comida".

herramientas. Lo que ambos sexos traen en los calzones: "Le prestó sus herramientas, ¿tú crees?"

hervir (o subirse) el chocolate. Se dice cuando uno se acalora a causa del enojo o del deseo: "Nomás oigo al presidente y se me sube el chocolate", "Con sólo oír tu dulce nombre, me hierve re fuerte el chocolate".

hidalgo. Tomarse un trago de golpe: "Nos echamos un hidalgo y vamos a recoger a tu santa madrecita".

hígado, hígado encebollado. Individuo presuntuoso, creído, pagado de sí mismo, mamón, mamila, mamucas: inaguantable. "Aquel secretario de Relaciones era un positivo hígado". En general, no se dice de las clases subordinadas (excepto a veces de los plomeros).

higo. Sexo femenino (igual que otras frutas, como el mamey, la papaya y la guanábana; para el sexo masculino hay frutas y verduras: el plátano, el chile, el nabo, la zanahoria, el camote).

hijín. Expresión cariñosa que significa hijo y que se le dice a los amigos: "¿Qué onda, hijín, cómo has estado?"

hijo. No se le dice a los hijos, sino a los amigos: "¿Qué pasó, hijo, qué onda o qué onda por acá?"

¡híjole!, ¡híjoles! Expresión admirativa, más o menos equivalente a ¡Caray! o ¡Chale! o ¡Chin! o voces semejantes: "Híjole, ya se me hizo tarde", "Híjole, no se va a poder lo que usted nos solicita", "Híjole, la verdad no sé de qué murió mi abuelita".

¡hijos de su pinfloi! Es un misterio cómo y por qué el grupo Pink Floyd acabó equivaliendo a "su chingada madre": "¿Qué se traen esos hijos de su pinfloi?"

hipergrifo. Hipogrifo que dicen que se les aparece a algunos mariguanos cuando están muy grifos.

hipotenusa. Mal tercio; persona indeseada desde el punto de vista de una pareja: "Estábamos empezando a besarnos, cuando nos cayó la hipotenusa", "¡Ya deja de andar siempre de hipotenusa!" (Expresión de los años cincuenta caída en desuso; pero tan simpática que podemos revivirla.)

hocicón. El que habla o alardea de más; el presumido, el hablador, el porfiado: "Eres más hocicón que un argentino"; el indiscreto: "Un día te van a partir el hocico por hocicón".

hojalatear. Reparar la pintura, los golpes y las abolladuras de un vehículo de metal y de combustión interna: "¿Le hojalateamos su cochecito, joven?"; cirugía estética: "No me vas a decir que María Félix en sus últimos años no estaba hojalateadísima".

hojaldre. Ojete; traidor, abusivo, cabrón: "Sus jefes eran bien hojaldres". (El ojete es, estrictamente hablando, el ano, el ojo pequeño del cuerpo.)

hongo. Deriva de onda, como en "¿Qué hongo, cómo has estado?" Solía aludir también a los hongos enteógenos: "¿En qué hongo andas?"

hongueado. Viajado, fumado, pasmado: "Ese güey tiene cara de andar hongueado"; extremo, imaginativo: "Es un pintor muy interesante, muy hongueado".

horcado. Sin dinero, sin esperanza: "Ando de lo más horcado".

horcar. Se dice familiarmente por ahorcar: "Los horcaron por abigeos y por pendejos", "Te quiero horcar, desgraciado, de tanto que te quiero".

hornazo. Efecto que produce la mariguana que fuman otros: "Así como me ves de pasado, fue un hornazo nomás".

¡hot cakes! Norteñismo que significa OK, oquei, oqueis, de acuerdo; se pronuncia jotquéics: "¿Quieres ir al cine? / Pues órale, ¡hot cakes!"

huacaleros. Franeleros, viene-viene, acomodadores; individuos de ambos sexos y diversas edades que "reservan" lugares de estacionamiento en las calles colocando (antaño) un huacal —caja de madera— y (ahora) una cubeta de plástico; están ya "apalabrados" con algún conductor de coche, o bien ofrecen el sitio o sitios a los conductores en orden de aparición: "Hay una pareja de huacaleros que parecen de la corte de los milagros".

huachichilas. En San Luis Potosí, ciertas mujeres muy bellas, de rasgos indígenas.

huarache. Calzado campesino típico, hecho de tiras de cuero trenzadas; la suela es de cuero o de llanta de automóvil.

huarachear la rueda. Se dice cuando la llanta (o neumático) empieza a sonar por haber perdido aire, como un huarache (sandalia) al caminar.

hubieron. Plural inexistente de *hubo*: "Hubieron muchas mujeres que tuvieron trillizos y hasta cuatrillizos", "Con los huracanes, hubieron muchos muertos".

huehuenche. Amenaza a los niños: "Si no te portas bien, te va a venir a robar el huehuenche"; despectivo: "¡No seas huehuenche, parece que ni usaras zapatos!" Hoy palabra políticamente incorrecta, antaño solía designar a los "danzantes aztecas" o "concheros" que, con penachos, conchas y ropa escasa, bailan en el Zócalo, el atrio del Tepeyac, las afueras del Museo de Antropología, etcétera.

huele a frijoles (o a gas, o a escape). Hiede (o "jiede") a pedo.

huerco (o güerco). Norteñismo que significa niño, muchacho, cuate, mano, bróder, compa, cumpa: "Me encanta esa huerca".

huérfano, huerfanito. Vigésimos de lotería no comprados: "¡Llévese el huerfanito!"; calcetines sin su par: "Mis cajones están llenos de huérfanos".

huesero. Curandero que ajusta y endereza huesos; a veces también receta hierbas. También se dice de los quiroprácticos y osteópatas: "Fui con un huesero que me dejó más peor".

hueso. Dícese del botín que representa un alto, mediano y hasta modesto cargo en el gobierno; se roe y roe mientras uno conserve la chamba. Oportunidad, empleo; sinecura; aviaduría. "La política, si no da poder, por lo menos da hueso", "No se olvide de mí, suegrito, necesito un hueso urgentemente para que coman sus nietos".

hueva, güeva. El supuesto peso de los huevos o tompeates que produce el desgano: "Me da hueva ir al teatro"; aburrición, aburrimiento: "Tu familia es de hueva"; reposo, dolce far niente: "Me encanta la güeva".

huevos, güevos. Como en muchos países latinoamericanos, denota los testículos o cojones o tompeates o tanates, etc. Denota virilidad, arrojo: "¡Qué huevos!"; también abuso: "¡Qué huevos tan azules, cómo te metes a los golpes con alguien más chico!"

huila. Puta, güila, huilota: "Tú no conoces mujeres, tú sabes de huilas".

humanidad. Cuerpo humano, como en la expresión de los comentaristas deportivos: "El balón dio de lleno en la humanidad del defensa".

I

idea fumada o viajada. Idea absurda, loca, pirada, rara: "A lo mejor es una idea medio viajada la que se me ocurre, pero..." (De "viajar" con drogas o fumarlas.)

ido. Distraído, absorto: "Ando muy ido, como que no me entero de las cosas"; tonto, lelo, memo, atolondrado: "Tiene un hermano que está completamente ido"; loco: "Novalis acabó muy ido".

iguala. Pago, comisión, porcentaje: "No lo hice por tu linda carita, me tienes que dar mi iguala".

igualado. Se dice del que presume equipararse y codearse con los que tienen mejor apellido o educación o más lana: "El novio de tu prima es un igualado que se puso a hablarme de tú"; insolente: "Tu chofer es muy igualadito. ¿Qué se cree, Pedro Infante o qué?"

iguanas, iguanas-ranas. Igual, igualito, tal cual: "Estoy cansadísimo. / Yo, iguanas-ranas".

ilícito. Se ha convertido en sustantivo lo que antes era tan sólo adjetivo: "Arrestaron al peligroso delincuente por la comisión de por lo menos veintitrés ilícitos". Ya no se habla de hechos o actos ilícitos, sino de ilícitos a secas.

imeca(s). En singular significa *índice metropolitano de la calidad del aire.* En plural, se dice de los habitantes (o inhalantes) del Distrito Federal. "Ya sabes cómo somos los imecas", es decir, los defeños o chilangos, como quien habla de los aztecas, toltecas o zapotecas.

imeil. Correo electrónico: "Mándame un imeil con la fecha en que puedas juntarte con nosotros".

implementar un operativo. Cuando las autoridades toman cartas en algún asunto: "Estamos dando seguimiento a la información y los parámetros observables con vistas a implementar un operativo que resuelva las inquietudes de la ciudadanía a la brevedad".

(los) inbituíns. Los momentos o minutos entre una cosa y otra: "Los inbituíns entre cada decisión e indecisión de Hamlet contienen alguna de la más extraordinaria poesía dramática desde los griegos", "La vida se compone sobre todo de inbituíns". (Del inglés *in-betweens*.)

incróspido. Ebrio o crudo: "No me hables fuerte ni feo, porque ando incróspido".

Indiapalapa. Dícese de la delegación Iztapalapa del Distrito Federal: "Me asaltaron por allá por Indiapalapa".

indiosincrasia. El talante, enfoque o comportamiento de los indios; es generalmente despectivo: "Ay, éstos con su indiosincrasia nos van a tener horas discutiendo el punto".

inditos. En este diminutivo se expresan la compasión y la condescendencia: "Antes venían los inditos con sus guajolotes para la época de Navidad".

Inés. En México también es nombre de hombre: "Dile a Inesito que si puede prestarnos una lana hasta la quincena".

inflantil. Quien bebe demasiado, como del pezón o el biberón: "No te vayas a poner otra vez inflantil, Empédocles", "Mañana domingo, gran matiné inflantil, no traigan a los niños".

inflar. Beber, chupar alcohol: "Ya no infles, te pones insoportable".

insurgentear. Recorrer la Avenida de los Insurgentes en el Distrito Federal para arriba y para abajo, en busca de ligues, prostitución, restoranes, discotecas, antros, centros nocturnos. Por extensión, salir a buscar animación: "La tele está de güeva, vámonos a insurgentear".

Insurgentes. Es típico de forasteros nombrar a la "avenida más larga del mundo" por todas sus letras. En el Distrito Federal, la pronunciación correcta es Ins'rgent's.

intrigoso. Curioso, sospechoso: "Es muy intrigoso que no den pruebas de lo que aducen"; intrigante: "Mi cuñado es un pinche intrigoso que se aprovecha de mi hermana para meterse en la familia".

inventor de la quesadilla. Se dice de quien se cree el muy-muy, la mamá de Tarzán, el mero-mero, el uyuyuy, el chingón de la pradera, el descubridor de los tacos: "Ese cuate habla como si fuera el inventor de la quesadilla, pero es puro hablador".

inventos del hombre blanco. Todo aparato o medicamento que facilita (o dificulta, cuando se descompone) la vida: "Estuve en las montañas, donde no hay más inventos del hombre blanco que las aspirinas, las grabadoras, los yips de los antropólogos, los antropólogos mismos y uno que otro curita".

ir de gane. Situación favorable, gananciosa: "Con que te acepten en la universidad, ya vas de gane".

ir de voluntario. Al matrimonio, por ejemplo; o, también por ejemplo, a tratar de salvar gente en un terremoto u otro desastre; por extensión, el ingenuo: "Esa chava es de las que siempre anda de voluntaria".

ir rayado. Estar o andar de suerte: "Vas rayado con esa morrita como tu chava".

ira, ire. Mira, mire: "Ira, no estés fastidiando", "Ire, yo le saco los golpes a su coche en media hora".

irigote, iris. Pleito, pancho, pedo, bronca, reclamo, escena: "Iris era una chava muy chida cuando no armaba sus iris a propósito de lo que fuera", "Esos güeyes vinieron nada más a armar un irigote, no a negociar".

irla llevando. Capotear una mala situación, adaptarse a las dificultades: "Me siento mal, pero áhi la voy llevando, no te preocupes".

irse con la finta. Confiarse, engañarse: "Cuando se me quedó mirando la chava esa, me fui con la finta por una media hora", "No te vayas con la finta, no creas lo que te dice esa gente". (Derivado del box, donde un peleador finta que va a lanzar un golpe, pero tira otro.)

is. Significa "Sí". Como "simón" y "simondor", y sus antónimos "nel" y "nelazo", ya es casi arcaísmo.

Isabel. En México es indistintamente nombre de mujer y hombre, como Inés, Guadalupe, Dolores y Remedios.

itacate. Pañuelo, bolsa o morral donde el campesino lleva su refrigerio, y antaño el obrero y el estudiante; cualquier atado pequeño donde se porta alimento, muda de ropa; por extensión, cualquier bolsa o mochila o maleta que sirva a los mismos propósitos: "Preparen su itacate y vámonos yendo al lago".

Iuesei. USA, EUA, EEUU, Gringolandia, El Gabacho, El Otro Lado, etc.: "Mi hermano se fue a los Iuesei hace años".

ix. Se dice por "sí": "¿Vas a venir? / Ix".

Iztapalacra. Esta expresión despectiva alude a la fama criminal de Iztapalapa: "No todo es Iztapalacra en Iztapalapa, no exageres".

iztaparraza. La raza, la gente, el pueblo de la delegación Iztapalapa en el Distrito Federal; por extensión, la raza chilanga: "En esos conciertos hay mucha iztaparraza".

J

jacinto. Lirio acuático que infesta los canales de Xochimilco: "Ah, cómo eres encimoso, pareces jacinto".

jalada. Exageración, mentira; fantasía; pendejada, idiotez: "El presidente sale con cada jaladota que ya no sé qué pensar", "Quiero un proyecto serio, no me vengas con jaladas". De "jalársela", es decir, la masturbación masculina.

jalador. Buen amigo, magnífica persona, dispuesta al desmadre o al trabajo: "Lupe es una chava de lo más jaladora", "Pedro Infante siempre salía en papeles de tipo jalador".

jalar parejo. El que es como los otros, el que trabaja en equipo, el que es de confianza: "Aquí necesitamos gente que jale parejo, no los que piensan en sí mismos", "¿Qué, no vas a jalar parejo?" (En el campo, las bestias en la yunta tienen que jalar parejo.)

jalarle el pescuezo al ganso. Masturbación masculina.

jalársela. Masturbarse (los hombres): "No te la jales tanto, te va a salir callo"; mentir, exagerar, ser poco serio: "No te la jales, ¿cómo quieres que te crea esta historia?"

jale. Trabajo, chamba, esfuerzo: "Me voy de aquí adonde haya jale". Es norteñismo.

jalón. Inhalación de tabaco, mota, coca, etc.: "Dice que nomás se da otro jalón y nos vamos".

jamar. Comer, tragar, empacar: "Nos jamamos unos huevos rancheros que no tenían madre".

japi, japy. Medio o bastante entonado o tomado o fumado (o lo que sea): "Cuando le hablé, ya estaba medio japy y preferí dejarlo para otro día". (Del inglés *happy*, alegre.)

jarioso. Aquel o aquella a quien le urge coger: "Ando de un jarioso que hasta le hago ojitos a la viejita de las quesadillas".

jarritos. Los senos femeninos: "¡Qué bonitos jarritos!"

jartera. Hartazgo, cansancio: "Ya me entró la jartera con esta gente que no para de hablar siempre de lo mismo". (Colombianismo, uso ocasional.)

(mi) jaula. Mi jáus, mi casa. (Del inglés *house*.)

jechu. Jefa, jefecita, madre, mamá, mamacita, mamita, cabecita blanca, etc.: "¿Cómo está mi jechu, mejor?", ¿"Qué le vas a regalar a tu jechu para el Día de las Móders?"; también se dice de las Jesusas: "La Jechu anda medio alicaída".

jefa, jefe. Mamá, papá: "Mi jefa ya no aguanta a mi jefe, que todo el tiempo le quiere andar pegando cuando infla".

jerga. Bayeta, jergón, trapo para limpiar los pisos principalmente: "Aquí es costumbre tratar a las esposas como jerga".

jeringar. Molestar, chingar, fastidiar, importunar: "Ya deja de estar jeringando a las visitas con tus chistecitos idiotas".

jeta. Siesta, coyote, pestaña: "Me voy a echar una jetita, despiértame en dos horas"; también significa mala cara: "¿Y ora tú, esa jeta?"

jetearse. Dormir, siestear, echarse un coyotito: "Me estoy jeteando, despiértame a las siete", "No te jetees, mejor vámonos al cine".

jetón. Dormido: "Cuando el terremoto tiró las paredes de su casa, él estaba totalmente jetón"; enojado, furioso: "Ni le hables, anda muy jetón".

jiede. Hiede, apesta: "Te jiede el hocico de tanto andar mal-hablando".

jinetear. Retener el dinero ajeno (pagos, salarios) para "ordeñar" sus réditos: "Te juro que no te estamos jineteando la lana, lo que pasa es que el contador tiene muchos pagos que hacer".

jipi, jipiteca. Del inglés *hippy* o *hippie*: "Los jipis se iban a Oaxaca y a San Pancho en los sesenta".

jochos. Hot-dogs: "Yo prefiero los jochos kosher".

jorobar. Como en otros países, significa joder, fregar, fastidiar, chingar: "¡Cómo joroba Hacienda con los impuestos!", "Dejen de estar jorobando, o me los surto".

José Luis Borgues. Según Vicente Fox, un eximio autor argentino.

jota. Dícese de las lesbianas femeninas.

jotear. Cuando el homosexual femenino deja de fingir: "Estaban todos bien portaditos y en cuanto se fue el último buga, se pusieron a jotear".

joto. Gay, guei, homosexual, marica, etc.; suele usarse despectivamente: "No seas joto".

joven. Se le dice a todo hombre que no sea anciano, como se le dice güera o güerita o güero o güerito a cualquier individuo, a menos que se vista y comporte como indígena: "¿Trae su credencial del Insen, joven?"

joya, joyita. Alguien que destaca por inepto o por malvado: "Mi cuñado es una joyita, ahora estamos juntando lana para pagar su fianza".

juanita. Dícese de la mariguana: "¿Cómo está juanita?"

¡juega! De acuerdo, sale, vale, ¡suave!, ya vas: "¿Vienes a casa mañana? / ¡Juega!"

jugar coladeritas. Jugar a meter la pelota en las coladeras de la calle: "Ya es hora de que alguien te explique que este trabajo no es como jugar coladeritas, ¡ponte las pilas!"

julia. Transporte policiaco para detenidos: "Llegaste tarde, se los acaba de llevar la julia a la delegación".

júnior, juniorcete. Hijo de riquillo que se comporta prepotentemente: "Es un restorán para júniors de BMW, ni se te ocurra ir".

juntarse. Irse a vivir juntos, arrejuntarse: "No estamos pensando en casarnos, pero sí en juntarnos".

K

Kafkatitlán. Nombre que a veces se le da a la ciudad de México (o al país entero). Se obtiene mezclando Franz Kafka y Tenochtitlán. También hay quienes dicen "Kafkahuamilpa": "Luego de un rato fuera, se asusta uno de volver a Kafkatitlán y sus extrañas costumbres".

Kalimán. Héroe súper mexicano de cómic de los años sesenta y setenta: "Si quieres, yo seré tu Kalimán, nena".

kikos. Besos, ósculos: "Lo cubrió de kikos, la muy emotiva"; una cafetería muy popular de los años cincuenta: "Nos vemos en Kiko's".

kiwis. Tompeates, testículos, güevos: "¿Te lastimaste los kiwis en el fut, gordito?"

kukulcán. Miedoso. No alude al Quetzalcóatl de los mayas, ni al miedo que los mexicas tuvieron de que Hernán Cortés fuera éste, sino que proviene de "culero": "¡No seas kukulcán, güey!", se dicen entre sí los machos.

L

la base. Lo principal, lo básico, lo que importa: "Quererse mucho es la base", "Entender la deriva del toro es la base".

La Bestia. Así llaman los migrantes centroamericanos al tren de Chiapas en que se encaraman y que ha mutilado y matado a cientos de ellos.

la de gajos. El balón de sóccer: "Los brasileños manejan de maravilla la de gajos".

La Doña. Sólo María Félix.

la gas. La gasolinera o gasolinería: "Detente en la gas para mear y comprar chuchulucos".

la goma. La chingada, en lenguaje decente: "¿Por qué no te vas de una vez por todas a la goma?"

la jarocha. Operación para cambiar el sexo masculino por el femenino: "¿Te acuerdas de Mario el meserote aquel? Pues se hizo la jarocha".

la ley. Valedor, efectivo, chingón, mero-mero, el jefe: "En guitarra, Jimi era la ley", "Para realismo mágico, el Gabo es la ley", "Mis cuates son la ley".

la maestra. Así llaman algunos aficionados a la mariguana: "Yo no salgo sin la maestra".

la matraca. El corazón: "Me anduvo fallando re feo la matraca".

La Meche. El barrio de La Merced en el Distrito Federal: "Eso tal vez lo consigas en La Meche".

la registradora. En béisbol, el jom *(home):* "Llegué barriéndome a la registradora"; la vagina.

la seguimos. Significa que el grupo seguirá con el esparcimiento nocturno: "¿La paramos o la seguimos?"

la sopa. La verdad, la neta. "Suelta la sopa, ¿con quién andas?", "La tira lo madreó y le sacó la sopa".

lacra. Individuo indeseable, infame: "Los priistas son 97 por ciento lacra pura", "Tu amiguito es de lo más lacra", "Yo también fui lacra".

lactante. El que mama, el mamón, el mamuca, el mamila, el presumido, el insoportable; el jovenzuelo pretencioso: "Mi hijo está de un lactante que no sé cómo no lo ahorco".

lachi. La chingada, quién más: "Me está cargando lachi".

ladilla. Persona que molesta, enchincha, fastidia, chinga, atosiga a los demás: "Desde chiquito fuiste bien ladilla"; niño, también niña: "Nos vamos a la playa a acampar con todo y las ladillas, a ver si vienen". (Las ladillas son insectos parásitos que se alojan en la pelambre púbica y causan gran prurito.)

ladillar. Molestar, fastidiar, atosigar: "Deja de estar ladillando a los invitados".

ladrillo. Choro, chorizo, tabique, rollo; tomazo, texto extenso y solemne: "Para mi tesis estoy talachando un ladrillo impresionante que no cualquiera sabrá espulgar".

¿ladrónde? ¿De dónde sacaste eso?: "¿Ladrónde la nueva ropita?"

lagartón. Alguien ya maduro, experimentado, colmilludo: "Tal vez las mejores actuaciones de Gary Cooper sean de cuando ya estaba lagartón".

lámina. Coche, carro, automóvil, nave: "Esa lámina es vieja, pero corre como la chingada".

lampareado. Dícese típicamente de los animales a los que la luz de un faro en la noche ciega y paraliza: "Un venado o toro o zorrillo lampareado"; por extensión, asombro, desconcierto, inseguridad: "Hace un rato que ando medio lampareado, síster, necesito tus consejos".

lana. Este vocablo significa dinero, plata, fierros, marmaja, money, pasta, etc.: "Un poco de lana no me hace mal ni a mí", "¿Traes lana para unos tacos?"

lar. La casa, el hogar, el cubil, el depto: "¡Extraño mi lar, los estertores de mi refri, el chiflón del baño, los gritos del vecino!"

larailo. Gay, homosexual, lilo.

las destas, los destos. Éstas (generalmente las chiches), éstos (ídem los testículos y los ovarios), expresiones hembrista y machista respectivamente: "Te lo aseguro por los destos"; también refiérese a estas cosas, estos chunches, estas chingaderitas: "Llévate las destas", "Ayúdame con los destos, que pesan un chingo".

latir. Se refiere a gustos y antojos: "Me late este regalo para tu hermana", "¿Te late ir al cine mañana?", "No me late esa chava para ti, perdóname".

le cuelga. Falta aún, no es la hora, falta tiempo: "Le cuelga para que empiece el chou", "Para que yo haga lo que tú quieres, le cuelga un chingo y dos montones".

le exprimí el limón. Le di todo el placer; equivale a "Me dio el aguacate" o "Me hizo jugo de guayaba" o "Me secó las aceitunas". Se aplica indistintamente del sexo.

lencha. Lesbi.

leperada. Grosería, palabra altisonante: "Cada vez hay menos leperadas y todo el mundo habla casi igual".

lépero. Originalmente, el individuo pobre masculino. Se usa la palabra para designar el uso de groserías en el habla, es decir leperadas: "L@s niñ@s del siglo XXI son más léper@s que los maleantes y ñeros de antes".

leve. Liviano, llevadero, *light*: "El tráfico está leve", "Pese al susto, la experiencia fue más bien leve".

liberar a Willy. Hacer caca; es expresión infantil que alude a la orca Keiko que se hizo famosa en la cinematografía como Willy y que de una especie de patética piscina en la ciudad de México migró a un acuario en Oregon y de ahí a una bahía cerrada en su natal Islandia. Cuando se fue de México, miles y miles de padres e hijos salieron a las calles en la helada madrugada a despedirla. Como a Juan Pablo II, los mariachis le tocaron "Las golondrinas". (Ningún reportero recogió sus impresiones.)

librarla. Salvarse, ahorrarse: "La libraron por un pelito en el choque", "La libré porque el poli me vio cara de gente náis", "Todavía la libras si pides disculpas".

licando. Mirando, observando, viendo, calando: "Nada más ando licando qué onda", "Aquí, licando lo bonita que eres".

licencia. Permiso de manejar (conducir) un vehículo: "Me agarraron briago, sin licencia y sin lana para la mordida".

licencia(d)o. Abogado, abogánster; para el pueblo, persona con educación y corbata: "El licenciado vino a decirnos que nos puede asesorar para que no acaben de transarnos".

lecturas toileteras. Alude a las diversas recreaciones del espíritu cuando uno se sienta en el escusado.

lilo. Guei, homosexual, lorailo.

línea. Se dice de las rayas de coca.

lira. Guitarra, generalmente de rock: "Ese cuate toca súper bien la lira".

lo que es, lo que son. Muletilla y circonlocución que añade palabras perfectamente superfluas a las oraciones: "Lo que son la tortilla y el pan son productos que no van a escasear", "Puedes usar lo que es el martillo verde para clavar esa alcayata". (La tortilla y el pan no van a escasear, usa el martillo verde para clavar esa alcayata.)

Lobohombo. Discoteca que se hizo famosa porque se quemó estando llena de jóvenes parroquianos, de los cuales al menos veinte murieron: "Checa que este antro no vaya a ser un Lobohombo".

loco, locochón, lokochonski, lucas, rococó. Singular, divertido, original, extravagante: "Es un pintor muy locochón".

lolas. Pechos, chichis, bubis: "Le encanta enseñar las lolas".

lonch comercial. Se dice del menú que ofrecen los changarrros, las fonditas y las llamadas loncherías a los empleados de las oficinas. (Del inglés *lunch*.)

loncherías. Modestos establecimientos donde se come barato: "La conocí en una lonchería".

lorear. Platicar, conversar: "Un día tenemos que lorear tú y yo"; chismear: "Ya fueron a lorear que andas con el chavo que te dije que no andaras".

lorenzo. Loco, demente, zafado: "Artaud estaba bien lorenzo".

Los. Los Ángeles, El Ei, LA: "Ese grupo es originalmente de Los".

¡los elotes a peso! Los celotes.

los Esteits, los Yunaites. The United States of America: "Mi familia vive en los Esteits desde hace añísimos".

Los Pinochos. Los Pinos, residencia del presidente de la República; títeres mentirosos.

los primos. Los gringos: "Otra vez nos chingaron los primos en la frontera".

Lost Ángeles. Los Ángeles, LA, la segunda ciudad mexicana (antes de Guadalajara y Monterrey).

lucirse. Exhibirse, para bien o para mal; generalmente para mal: "Mi hermana se lució anoche con una ropa ridícula", "No pierdes ocasión para lucirte enfrente de mis cuates, ¿verdad?"; a veces para bien: "Te luciste invitando la cena, la verdad".

luego luego. Rápido, de inmediato: "Hazlo luego luego".

lueguito. Más al rato, al ratito, después, luegote: "A ver si nos vemos lueguito".

lupéfilo. Guadalupano: "El 12 de diciembre esto se atasca de lupéfilos en procesión".

lurias. Loco, zafado, tocado, demente: "Dicen que la droga lo dejó bien lurias", "Tienes que conocer a mi prima, está bien lurias".

luz, lux. Dinero, plata, lana: "Con este bisnes nos ganamos una buena luz, ya verás"; fuego: "Dame una lux para mi tabaco".

Ll

llanero. Dícese de los futbolistas de cepa popular que juegan en "los llanos". Por extensión, se dice de la gente del pueblo: "Es de origen bien llanero", como también de los principiantes en cualquier terreno: "Tienes talento, pero todavía estás muy llanero".

llantas. Neumático de coche u otro vehículo: "Póngame las llantas a 28 libras, por favor"; lonjas de grasa en el tórax: "Ya me están preocupando estas llantitas".

llegador. Conmovedor, emocionante: "La música de José Alfredo es muy llegadora"; fuerte: "Cuidado con ese mezcal, está muy llegador".

llégale. Atrévete: "Llégale a esa chava"; aprovecha: "Llégale a esos tacos de cochinita pibil, están buenísimos"; utiliza: "Llégale a mis libros de química, luego me los devuelves".

(un) llegue. Un acercamiento sexual o sensual, según se interprete: "Rafael me dio unos llegues al bailar, pero es hermano de mi chavo", "¿Me dejas darte un llegue? Traigo condón"; pequeña o grande colisión de coches: "Esto no es un lleguecito, es un lleguezote, mire cómo me dejó la defensa".

llevadez. La característica de quienes son *llevados*: "Hay veces que no soporto la llevadez de los latinoamericanos".

llevado. El pesado, el confianzudo: "Es buena persona, pero a ratos es muy llevada, como si fuéramos cuatas"; el que se lleva fuerte: "Son una pareja muy llevada, no te extrañe que se griten de repente".

llevando pifas. Estar o sentirse en pésima situación, cuando a uno se lo lleva el diablo, el carajo, la chingada: "Estoy tan mal que siento que me está llevando pifas".

llevar al baile. Engañar, engatusar. "A mí no me llevas al baile, búscate otro pendejo".

llevarla. Relacionarse, llevarse: "La llevo bien con los vecinos"; sobrellevar las dificultades o la pena: "Ahí la voy llevando".

llevarla leve, llevarla tranquila. Llevar las cosas con gracia, con tino.

llevárselo puesto. En las "fiestas de traje", los convidados llevan el vino que desean consumir, es decir, que al marcharse se van a "llevar puesto".

M

maciza. La parte sin vísceras de las carnitas (de cerdo): "Deme tres (tacos) de maciza con un poco de cuerito, marchante".

macizo. Quien fuma mota persistente, macizamente: "Guillermo era súper macizo, ahora es alcohólatra", "Los Grateful Dead eran hipermacizos".

macuarro. Naco, grueso, charro, grosero, de mal gusto: "Los chilangos somos bien macuarros para vestirnos", "Mira, no soy clasista, no me malentiendas, sólo es que no me gusta lo macuarro".

machetearle. Trabajar, tupirle, chambear: "Bueno, ya nos tomamos un café, ahora regreso a machetearle".

machetero. Estudiante esforzado que acude a todas las clases y memoriza todos los textos, macheteando toda la yerba hasta poder plantar las semillas del conocimiento: "No es muy listo, pero ¿qué tal machetero?"; paradójicamente, esta palabra también designa al cargador, al mecapalero, al estibador, aunque ninguno de éstos utilice machete ni nada parecido: "Tráete un camión de carga con dos macheteros lo antes que puedas".

machín. Un sujeto masculino tradicional, un macho: "¿Te crees muy machín?", "En la esquina hay tres machines con sinceras ganas de armarla de pedo". (Véase "amachinar".)

machina. A veces se dice de las mujeres que abandonaron el abnegado poder sobre los niños y los esposos por el poder social, político o económico: "Es bien machina esa chava". No implica una imputación de lesbianismo: "Mrs. Thatcher era bien machina".

machincuepa. Voltereta o brinco del cuerpo o del espíritu: "Los niños hacen machincuepas", "No sé cómo hice la machincuepa para salirme de esa situación".

machismo-leninismo. Usos y costumbres, o credo pararreligioso, que profesó la izquierda hasta poco después de que se acabara el futuro: "Si esto es marxismo o machismo leninismo, me da igual: el lugar de las compañeras es en la cocina y en la cama".

macho. Ideal de muchos hombres, muchas mamás y algunas mujeres: "¡Yo soy mero macho mexicano, cabrones!"

machucón. Impacto de un sólido contra otro que lo es menos: "Le dio un machucón un camión y casi lo mata", "Me dio un machucón la maldita puerta del baño".

madama, madrota. La mujer que regentea un burdel: "La Bandida, además de ser compositora de corridos y confidente de políticos, era madrota del congal más célebre de su época".

madrazo. Golpe, zape, guamazo, mandarriazo, descontón: "Lo chocaron y el del otro carro encima lo agarró a madrazos".

madre, madrecita. Una cosa, cosita, cosilla, chingadera, chingaderita, chunche: "La madre que traes en la frente me recuerda una madrecita que me salió en el brazo luego de que fui a Chiapas".

madrear. Golpear, propinar puñetazos, agarrar a patadas, etc.: "Te van a madrear si sigues metiéndote en sus asuntos", "No me da miedo que me madreen"; también significa poner en orden, someter, regañar: "Ana habló con él y se lo madreó, le dijo que las cosas no pueden seguir así".

madrearse. Golpearse, reñir, golpearse: "Me parece estúpido que vayan a madrearse por esto"; también significa esforzarse, dar de sí: "Para que esto funcione, todos vamos a tener que madrearnos fuerte por lo menos un año".

madrina. Madriza, golpiza, tunda, tortura: "Le pusieron una madrina". La palabra también y sobre todo designa a los individuos que —por fuera de la ley, mas no de las costumbres— son ayudantes o colaboradores "meritorios" de un agente judicial, el cual los remunera con parte de los botines ilegales que obtiene en el curso de sus "operativos" legales o extralegales, y que se compromete a que un día hará valer sus influencias para que sea un asalariado en regla: "En la balacera murieron un judicial, dos presuntos narcotraficantes y una tercera persona que se supone que era 'la madrina' de los dos agentes judiciales y que iba armado con pistola reglamentaria de la policía judicial".

madriza. La madre de todas las madreadas, palizas, golpizas, tupidas, putizas, o goleadas. "Los alemanes le pusieron (o le dieron) otra madriza a los franchutes", "El Necaxa le puso una madriza de 5-1 a las Chivas", "Anoche mi papá le puso otra madriza a mi mamá". Algún ultraizquierdista alguna vez habló de "Ponerle una madriza ideológica al enemigo" *(ultra sic)*.

madrola, madrota. Cualquier objeto, por ejemplo, de tamaño grande: "No vas a poder meter esa madrola en tu cuarto", "Es un mueblote, una madrota bien ancha y alta". (Se trata de una "madre" o "madrecita" de mayores dimensiones.)

madrola esa. La cosa esa, el aparato ese, el chunche ese: "Si no arreglas la madrola ésa, vas a acabar fundiendo toda la instalación eléctrica".

madrota. Madam o madama de prostíbulo; matriarca de burdel. Persona que impide que los hombres, en particular los padrotes o macrós o chulos, abusen de las putas o pupilas.

madrugar, madruguete. Adelantársele al contrincante o enemigo: "Para cuando me di cuenta, ya me habían dado madruguete", "¡No dejes que te madruguen!" También se dice "albazo".

maese, maestro, maestrín. Apelativo originado en los años sesenta que denomina al amigo, al conocido: "¡Quihubo, maestro, cómo estás!", "Jorge es de esa gente que no ha dejado de decir maestrín".

maestra. La mariguana: "Él anda siempre con la maestra".

máestro (con acento), maistro. Maestre de obras; obrero; artesano, albañil, mecánico, pintor, plomero, etc.: "Tengo un maistro bien honrado y cumplidor, si quieres te doy su fon".

mafufada. Mariguanada, fantasía; pendejada: "Déjate de mafufadas".

mafufo. Soñador, ingenuo; extraño, viajado; mariguano: "Los jipis eran mafufos en todo sentido", "Los cuentos de Kafka son muy mafufos".

maicear. Como a las gallinas se les echa maíz, a los campesinos (y a otros mexicanos) se les echa un dinerito pa' que no estén chingando. También se dice "taleguear", de talega: "Yo no soy, para que lo sepa, de los que se dejan maicear".

maidarlin. Querido, amado: "Es en definitiva uno de mis maidarlins". (Del inglés *my darling*.)

maira. Maestra, profesora, tícher: "No soporto a mi maira de historia"; también se dice de la mota: "Saca la mera maira".

maje. Tonto, güey, ignorante, distraído, lelo, menso: "Ese chavo es tan guapo como maje", "¡No seas maje, estudia para tus exámenes!"

mal pedo. Mala noticia, mala cosa, mala onda: "Qué mal pedo que ya no se lleven ustedes".

mal tercio. Se dice de la persona que con su presencia impide el feliz encuentro entre otros dos individuos: "Voy al cine contigo si no viene tu hermana a hacer el mal tercio", "Yago llevó muy lejos el mal tercio".

mala copa. El que tiene mal vino, el que bebe y se pone agresivo; por extensión, una mala persona, aunque sea abstemia: "Eres bien mala copa, me hartas".

mala vibra, mala leña. Mala leche, mala fe, mala onda, malas artes: "Tu hermano me echa la mala vibra", "Esos cuates son bien mala vibra"; mala pata, mala suerte: "Aguas con la mala leña, hermano". (*Bad vibrations*, *bad vibes*, en inglés.)

maleado. Sabedor, experto; echado a perder; se dice de algunos caballos que no se dejan domar, como también de los individuos versados en las malas artes citadinas: "Esa chava está muy maleada", "Necesitamos gente maleada en la estiba, no pendejitos".

malear. Engañar, engatusar a alguien: "Que no te maleen y luego vengas a decirnos que ellos tienen la razón", "A mí no me maleas, cabrón".

malearse. Adquirir experiencia, hacerse conocedor, crecer: "Necesitas malearte, todavía estás muy verde"; hacerse malo, echarse a perder, desperdiciarse: "No te juntes con esos chavos tan mayores, no vayas a malearte".

maleta, maletón. Malo, malón, deficiente, chafa: "Los mexicanos somos más bien maletas para los deportes de conjunto".

maliciar. Recelar, sospechar, desconfiar: "Ya me estoy maliciando para qué me trajiste aquí", "¿Tú no crees que tu jefe malicie para qué tuvimos que salir?"

malilla. Maloso, malvado, pillastre: "Eres bien malilla con tus hermanas, ya te caché".

malinchista. Dícese de los mexicanos que prefieren las personas y los productos extranjeros; y así se dice porque se aduce que Malintzin, la Malinche, la intérprete y amante de Hernán Cortés, "nos traicionó a los aztecas" por su amor al invasor: "Hasta los años sesenta era muy común acusar de malinchistas, de traidores a la patria, a los que no pegaban de brincos cada vez que oían la palabra México", "La malinchista de tu prima se compra ropa de la misma marca, pero en Houston".

malora. Mala persona que hace una mala obra, mala acción: "El líder sindical es un pinche malora"; también significa travieso: "Esos escuincles son unos maloras".

malosos. Es zedillismo, seguramente extraído por ese ex presidente de los cómics de su infancia; designa a los maleantes, a los abusivos, a los gandallas, a las ratas o rateros, a los narcos, etc.: "Con la derrota del PRI en el 2000 sacamos a los malosos y metimos a los babosos".

Malverde. Santo no reconocido por ninguna Iglesia y muy peculiar de Sinaloa y el noroeste en general; se dice que sobre todo se acogen a él ladrones y narcotraficantes: "Poco importa si Malverde existió o no, el culto se sigue extendiendo".

malviajar, maltripear. Criticar, denostar: "Si vas a empezar a malviajar lo que fueron nuestros nobles ideales, espérate a que ponga la grabadora"; también engañar, engatusar: "Me malviajaron con una llamada de dizque secuestro".

malviajarse. Equivocarse, errar, cagarla, regarla: "Parece que me malviajé en lo que dije de ti, por favor discúlpame". (Originariamente, desde luego, significa hacer un "mal viaje" o *bad trip* de hongos, peyote, ácido, etc.: "Ese chavo traía un karma malísimo, y se malviajó espantoso".)

malvibrar. Tener un mal presentimiento o premonición o vibra: "Yo malvibré que aquello iba a resultar funesto…"

mallugar (también **mayugar).** Magullar; para demostrar su mexicanidad, los chilangos siempre dicen: "Si no compra fruta, no la mallugue".

mamá de Tarzán. Creerse o ser la gran cosa; equivale a ser no sólo el propio Tarzán, sino algo más: su mamá: "Los gringos se creen la mamá de Tarzán, pero me la pelan". (Curiosamente, en España se habla del *papá* de Tarzán, lo cual demuestra que la Madre Patria no es, como nosotros, un matriarcado.)

mamacita. Se le dice a las mamás (o mamases) con cariño o impaciencia: "¿Cómo ha andado mi mamacita linda?" Sobre todo se le susurra, resopla o grita a las mujeres en la suprema felicidad del coito. En alguna película de Quebec, un personaje femenino bromeaba que en el acto supremo los mexicanos siempre se acordaban de su mami, pues frecuentemente gritan "¡Mamacita!"; sin embargo, las mexicanas también le dicen "papacito" y "papito" a los hombres cuando el disfrute y la ternura las embargan. (Por lo demás, hay madres que les dicen papitos a sus hijos varones, y algunos padres que llaman mamitas a sus hijas.)

mamada. Como tantas palabras del léxico de México, es ambigua. Fellatio, cunnilingus y 69 en el coito; por otra parte, pendejadas, estupideces, tonterías, jaladas: "Ya deja de decir mamadas", "¡Qué cantidad de mamadas dice este güey!"

mamado. La persona muy fuerte, que presumiblemente mamó mucho de bebé: "Tyson está mamadísimo".

mamerto. Mamón, mamila; también mamarracho, lerdo, idiota: "Trata de no ser tan mamerto".

mamila, mamón, mamuca, mamucas. Individuo pretensioso, arrogante, déspota, clasista, mamarracho: "Marta es mamoncísima", "Los mexicanos soportamos al cabrón hijo de la chingada, pero no al mamila", "Mucha gente de provincia dice que los chilangos son bien mamucas".

mana, manita, manito, mano. Amigo, bróder, brody, cuate, cuaderno, síster, etc.; es apócope de hermana, hermano: "Oye, manita, ¿no me das una manita para ponerme a mano?", "Ay, mano, qué mal me siento". En el vasto mundo hispanohablante, identifica a los mexicanos: "En el aeropuerto de Barajas había un grupo de manitos borrachos cantando 'Cielito lindo'".

mancornadora. Hembra polígama, mujer sin dueño: "Eras bien mancornadora antes, cómo me hacías sufrir".

manchado. Significa suertudo: "Esta semana ando bien manchada, conseguí galán y chamba"; y también cabrón, gandalla: "Los políticos del PRI son muy manchados".

mancharse. Tener mucha suerte, cagarse: "¡Me manché, me saqué la rifa!"; romper las reglas, abusar, agandallarse: "No se manchen, cabrones, toda esta gente hizo cola durante horas".

manda. Cumplirle la promesa a algún santo que ha respondido a nuestras plegarias: "De manda le prometí dejar de pegarle a mis hijos y a su mamacita".

mandado. Orden, encomienda, recado: "Para el mandado, compra fruta de la temporada, las verduras que se vean frescas, tortillas y pan", "No puedo verte, Inocencio, tengo que hacer el mandado".

(ser) mandado. Ser mandón, abusivo, gandalla, manchado; el que se manda y desmanda, el que hace lo que se le da la gana: "Los aztecas eran muy mandados con los pueblos que dominaban", "No seas mandado con tus hermanitos".

mandar a la goma. Forma cortés de mandar a la chingada, a borrarse: "Mándalos a la goma, no se puede tratar con gente tan chueca", "No me mandes a la goma, mi amorcito, te juro que ora sí me voy a portar bien".

mandar por los refrescos (o chescos). Dar órdenes perentorias a un subordinado: "Vete por los chescos en chinga y no se te ocurra robarte el cambio"; también significa correr o despedir a algún empleado: "Al jefe de vigilancia lo mandaron por los refrescos por golpear al curioso periodista".

mandarina en gajos. Misteriosa fórmula para mandar a chingar a su madre: "¿Saben qué?, de ahora en adelante mandarina en gajos para ustedes".

mandarriazo. Golpe, madrazo, zape: "Le dan de mandarriazos a los chavitos quesque para que se eduquen".

mandarse. Excederse, sobrepasarse, abusar, agandallar, cometer desmanes: "No te mandes con las mujeres y los niños, ¡ya párale!", "Los alzados se mandaban con los chinos y los españoles durante la Revolución".

mande, ¿mande? Forma muy mexicana de decir "¿Qué?", "¿Cómo dijo?", "Dime", "Diga usted", y que al resto de los hispanohablantes les parece denotar un abominable servilismo.

mandilón. Dícese de cualquier hombre que no cumple al pie de la letra con los preceptos del machismo, sin ser homosexual; el varón que en casa lava platos, cocina, trapea, plancha, etc., es decir, que se pone el mandil o delantal: "En mi tierra no nos andamos con pendejadas: matamos a los jotos y madreamos a los mandilones".

manejar. Conducir un vehículo: "¿Manejas mientras me echo una pestañita?"

mango. Persona de físico suculento; cuero, cuerazo, forro: "Hace unos años se decía que Nicole Kidman y Tom Cruise eran los más mangos de Hollywood".

mangonear. Mandar, mandonear, dominar, tiranizar: "A mí no me mangoneas", "El PRI mangoneó este país demasiado tiempo".

¡mangos! Caray, vaya, uf, sabroso, sabrosón: "¡Mangos con el coche y la noviecita!"; también se usa como negativa: "¿Me prestas una lana? / ¡Mangos!"

manís. Diminutivo —ya poco usado— de mano: "¿Qué onda, manís, qué hay?"

manitas. Quien tiene buenas manos, el artesano admirable: "Cellini era bien manitas, para que veas"; también significa ladrón, particularmente de cajas fuertes o carterista: "Cellini era un artesano admirable y temible manitas".

manta, manto. Apócopes de manita, manito; hermanita, hermanito: "Qué bsó, manta, ¿sí o no?" Es más común el uso femenino.

mantear. Mecer y arrojar con una manta, o con brazos y manos haciendo movimientos semejantes, a algún individuo: "Lo mantearon a la alberca"; también significa expulsar, correr, echar: "Nomás empezó la crisis, me mantearon de la chamba", "Dizque eran mis amigos, pero me mantearon".

mañanero. El coito madrugador: "¿Te alcanza el tiempo para echarnos el mañanero?"

mara, mara salvatrucha. Pandillas de jóvenes criminales de origen salvadoreño y hondureño que ya medran en muchas ciudades de la República: "Los maras andan todos tatuados".

maraca, maracazo. Golpe, madrazo, chingadazo: "Me dio una maraca por sorpresa cuando yo le estaba reclamando".

maracas. Senos femeninos.

maraquear. Golpear, pambear, madrear, tundir: "El púgil africano lo maraqueó re feo".

maraquiza. Golpiza, madriza, putiza: "Si te metes con ellos, no te salvas de la maraquiza".

marca patito, academias patito. Productos industriales y establecimientos educativos de dudosísimo prestigio: "Compré una compu marca patito que me ha salido muy buena", "Su currículum es muy bueno, pero de una de tantas academias patito". Sería interesante saber de dónde proviene la expresión "patito"; ¿tal vez de "hacerse pato", que por alguna razón no menos misteriosa significa "hacerse tonto", *id est*, no esforzarse ni empeñarse? (También se dice "patrulla" por "patito": "Me gradué en el Instituto Patrulla".)

marchanta, marchante, marchantita(o). Tanto los que venden en los mercados, como los que compran: "¿A cómo está el chilacayote, marchanta? Para usted baratito, marchantito".

mareador. El que aturde con sus palabras y conocimientos: "Un profe mareador"; quien habla de más: "Eres espichera y mareadora", "Ya me tienes harta con tu choro mareador".

marear. Engañar, engatusar a alguien, primordialmente con elogios: "Ya lo traen mareado, pronto le van a pedir un gran favor".

marearse. Hacerse ilusiones de grandeza: "Se mareó, creyó que iba a ser la nueva María Félix".

marero. Integrante de alguna pandilla de tipo "mara": "Ya llegaron algunos mareros al puerto".

margarita. Bebida que ingieren los extranjeros creyendo parecer mexicanos. (Éstos, con suma crueldad, encima les ponen sombreros charros y los palmean amigablemente.)

mari. Marihuana, mariguana, mora, morita, mostaza, mota, mois, etc.: "Ve si encuentras un chirris de mari".

maría. Mujer indígena, originalmente mazahua, que en las calles de la ciudad vende artesanías o pide limosna, rodeada de chamacos: "La Zona Rosa está llena de marías".

mariachi. Músico que toca en el conjunto del mismo nombre: "Hay mariachis en todo el mundo, hasta en Japón"; individuo mareado, ignorante, campirano: "¡Qué mariachi eres, aquí no se les chifla a las mujeres!"

marimacha. Mujer de pinta o actitudes masculinas: "Yo era bien marimacha en la pubertad".

marmaja. Dinero, lana, plata, tesoro, etc.: "Su familia tenía mucha marmaja", "¿Hay marmaja que me prestes, bróder?"

marro. Toque, joint, chubi, canuto, etcétera.

Martatitlán. Durante seis años se le llamó así a la residencia presidencial y de Marta Sahagún, esposa de Vicente Fox; también: Los Pinos, Ciudad Sahagún: "Te fotografiaron al salir de Martatitlán, no te hagas".

más después. Más tarde, después, posteriormente: "Orita no puedo, nos vamos a tener que ver más después".

masacote. Suele decirse de algún material informe: "Vomitó un masacote pestilente", "El arroz me quedó hecho un masacote", "Esto no es un trabajo teórico, es un masacote mamón e ilegible".

mascárselas. Sospechar, barruntar: "Me las estoy mascando que me están viendo la cara de pendejo".

(El) Masiosare. El Himno Nacional ("Mas si osare un extraño enemigo profanar con su planta tu suelo", etc.); también se dice de las personas muy nacionalistas: "Nomás no hagas esos chistes frente al Masiosare, porque te puede partir la jeta".

maso. Más o menos: "¿Te duele? / Maso".

masocas. El masoquista: "Para apoyar a mi equipo, es preciso ser bien masocas".

mata, matorral, arbusto. El pelo púbico: "Si le checas la mata, verás que no es güero natural".

matado. Estudioso, esforzado, nerd; estudiante que "se mata" para tener óptimas calificaciones: "En la secu yo era bien matado". Se aplica también al empleado o ejecutivo que trabaja mucho más allá de lo razonable: "Tu esposo es un matadito".

matapasiones. Bufanda, fular (del francés *foulard*): "Hace mucho frío, ponte el matapasiones".

materialista. Camión de carga de materiales, camión de volteo: "A ver si te consigues en chinga un materialista para sacar todo este cascajo". (Véase "camión de carga" y "volteo" para más datos, por lo demás superfluos.)

matona. Arma de fuego: "No es preciso sacar la matona, podemos entendernos sin ella"; actitud machina, provocadora, perdonavidas: "Anda por los pasillos con su carota matona".

matorral. Cabellera: "Es de esas personas que les gusta hacerse notar por su matorral".

matraca. Artefacto de madera que se utiliza para armar bulla en las fiestas populares, los eventos deportivos: "Que los chavitos lleven las matracas para armar escándalo"; el corazón: "Estos problemas que tienes, se me hace que son de la matraca".

máuser. Esta palabra todavía se usa, aunque ya no se utilizan esas armas de fuego. Significa "madre", como en "Fui a casa de mi máuser" y "Es un disco poca máuser".

mayate. Escarabajo; también homosexual.

mayativo. Llamativo al estilo gay; por influencia de *mayate*, nombre peyorativo de los homosexuales: "¡Qué suéter lila tan mayativo!"

mazacuata. Víbora: "Esa mujer era una mazacuata en serio"; genital masculino: "Se sacó la mazacuata en la disco, el muy machín".

mazorca. La dentadura: "Uno reconoce a Mick Jagger también por la mazorca, cómo no".

175

me cae, me cai, me cae de madre. La forma más solemne de empeñar la palabra: "Me cae de madre que te estuve esperando hasta las cuatro", "Me cai que te quiero como nunca quise a nadie".

me cae de pelos (pelox, peluche). Me cae muy bien, me es sumamente simpático: "A mí Buster Keaton me cae de pelos".

me cae de variedad. Me cae en gracia, me resulta simpático: "¿A poco Tin Tan no te cae de variedad?" (Presumiblemente proviene de las "variedades" en las carpas, los teatros y hasta la televisión.)

me canso. Te aseguro, te garantizo: "Me canso que te tengo la obra lista para la fecha que la necesitas", "Me canso de que los gringos van a perder otra guerra". (Jamás se pregunta: ¿te cansas?, ¿se cansan?, ¿os cansáis?)

¿me das tu fax? ¿Nos acostamos, cogemos? (Por lejana metonimia con el inglés *fuck*, *fucks*.)

¡me doy! Me doy por vencido, me rindo, *nolo contestere*: "¿Te das? / ¡Me doy!"

me ganaste. Se dice esto a fin de no disculparse francamente por llegar tarde: "Otra vez me ganaste".

me la pelas, me la pellizcas. Eres inferior a mí; me pelas el prepucio: "Tú y todos tus cuates a mí me la pelan".

me late. Me gusta, se me antoja, me parece propicio: "Sí, me late que vayamos a la cabaña en el bosque a comer afrodisiacos con vino blanco", "Me late ir al cine"; presiento, presumo, supongo: "Me late que eres guei y no lo sabes".

¿me le sacas punta? Significa "¿Le sacas punta a mi gis, tiza o pizarrín?" Solicitud de un hombre para que le den placer extremo en el pene.

¡me multiplico por cero! Me disculpo, me avergüenzo, me abochorno. También se dice: "¿Por que no vas y te multiplicas por cero, imbécil?"

me pasa. Me agrada, me gusta: "Me pasa un chingo esa chava", "El cine de Bergman me pasa un resto".

me puede encantar. Forma de decir que algo nos gusta mucho: "Ese cuadro de Klee me puede encantar".

¡me rindo! Exclamación de quien es sometido físicamente por uno o más adversarios: "¡Árbitro, me rindo!"; también se usa en el ajedrez y en otros juegos de mesa; y en las adversidades de la vida: "Me rindo, no hay forma de conformarte ni alegrarte, mejor me largo". También se dice "me doy".

me ruge. La panza, el hambre: "¿A qué horas va a estar la comida?, ya me ruge"; el deseo: "Ya me ruge que lleguemos al motel".

me vale y me vale máuser y me vale verga y la extraña variante me vale wilson que quizá provenga de me vale huevos. Me vale madre(s), me da igual: "Me vale máuser lo que pienses, güey, aquí se hace lo que yo diga", "Me vale lo que piensen tus amigos y tu familia, yo soy quien soy y no me parezco a nadie", "¿O sea que te vale que me valga?"

me voy a Júpiter. Me desaparezco, me borro, me esfumo, me pinto.

mecapalero. Cargador, estibador, machetero: "Los niños de ahora hablan como los mecapaleros de antaño". (El mecapalero llevaba una faja sujeta a la frente para cargar el peso en la espalda. Del náhuatl *mecapalli*.)

mecate. Cuerda, soga, reata: "Desde que me dejaste, ando como perro sin mecate".

meco. Duro; golpe seco: "Le dio un opercot meco que lo derribó"; también denota excelencia: "Esa novela está bien meca"; sin embargo, a veces se usa como despectivo (por indio o naco o pobre): "Hay gente muy meca en esas fiestas".

mecos. Dícese del esperma, los espermatozoides: "Quiero tus mecos el próximo jueves, cuando estaré bien fertilota".

¡mecos! (también **¡mocos!**). Expresión despectiva: "Tú te creías que todavía te quería, pero ¡mecos!, ya me encontré uno más hombre que tú".

media estocada, media navaja, medio puñal. Andar a medios chiles, medio borracho: "Traigo media estocada y todavía tengo que regresar a la oficina".

mediatizar. Al parecer este verbo cada vez significa menos "relativizar" o "comprometer" y se utiliza para decir que los medios masivos de comunicación, los *mass media*, no sólo contaminan sino hasta determinan el contenido de algún tema: "La política está cada vez más mediatizada", "La discusión de las leyes no debe mediatizarse".

medios chiles. Estar "a medios chiles" significa encontrarse tan lúcido como bebido: "Miguel es capaz de pasarse horas a medios chiles, no sé cómo le hace".

medir el aceite. Penetrar analmente.

medirse. Retenerse, controlarse: "Mídete, puedes empeorar las cosas si no te mides y reaccionas a lo pendejo". Sin embargo, la expresión "No se mide" también puede ser elogiosa: "¡Shakespeare no se medía!"

mejoral. Aspirina: "Deja de quejarte y tómate otro mejoral".

melcocha. Miel, cursilería, empalago: "Marta le pone melcocha a todo".

melón, melones. Millón, millones: "Una casa de ésas te cuesta por lo bajo dos melones", también pechos, senos, bubis: "Las italianas de las películas de los cincuenta eran de grandes ojos y grandes melones".

mema. Cabeza, maceta, testa, choya, mente: "¿Qué traes en la mema que te comportas tan pendejo?"

(la) meme. Dormir: "Si quieres seguir discutiendo, puedes hacerlo solito: yo ya me voy a hacer la meme".

méndigo. Todo lo contrario de mendigo; el malo, cabrón, abusivo, canalla, transa: "Méndigos capitalistas, le chupan la sangre al pueblo", "Pérfida méndiga, por tu traición bebo".

meneado. Se dice de quien es diligente, emprendedor, astuto: "Rocío es bien meneada, desde que está aquí vendemos 25 por ciento más".

menearla. Bailar o fornicar: "Qué bien la menea Eneas, ¿no?"; controlar, dominar una situación: "¿Crees que puedas menearla?"; autoridad. "¿Quién la menea en este pueblo, oiga?"

menéate. Muévete, apresúrate, ponte las pilas: "Menéate, mi rey, ¿o crees que los clientes van a venir solitos?"; baila o fornica: "Menéate, corazoncito".

menso. Tonto, lelo, bobo, maje, ignorante: "Los españoles son brutos, pero los mexicanos somos mensos", "En general no sé cuándo los mexicanos son mensos y cuándo sólo se hacen".

mentada. Mentar o mencionar a la madre de un individuo, con recomendación adicional de que le haga el amor: "Vete a chingar a tu madre".

mentar madres. Mienta madres *urbi et orbi* el que está furioso; por lo general no se debe a una ofensa personal: "Salí mentando madres de la reunión".

mentarle la madre. Decirle a alguien que "vaya y chingue a su madre": "Me mentó la madre, por eso lo acuchillé y tiré al drenaje profundo".

mercado sobre ruedas. Mercadillo o tianguis callejero que periódicamente se instala en una calle y que carece en realidad de ruedas, pero que llega y se va en transporte rodante.

mercar. Vender, comerciar: "Ando mercando unos juguetes chinos de contrabando, ¿no gustas?", "Ese cuate ¿qué merca?"

merequetengue. Enredo, desmadre, borlote: "A mí ya no me metas en tus merequetengues".

mero. Es adjetivo: "La mera verdad es que yo no conozco al licenciado, se lo digo a lo mero macho". También se usa como en los siguientes ejemplos: "Yo mero, y nadie más, fui el que le dijo al forastero que usted es el mero-mero de por aquí, del mero pueblo de Comala, pues", "Allá mero nos vemos, diles que ya mero llego".

merolico. El o la que vende en las calles (o el transporte público) medicamentos milagrosos y juguetes e instrumentos, etc. Depende de su graciosa labia o verba para persuadir a los posibles clientes: "Para usted al que la calva atormenta y no encuentra remedio, aquí tenemos la jojoba mexicana original, traída directamente de Oaxaca y Tabasco, le vamos a dar tres frascos por el precio de uno y medio, para usted, caballero, para usted también, señorita, que ama a su caballero calvo", etc. De ahí se deriva la expresión "hablar como merolico": "Fidel Castro habla como merolico".

mescalina. Sustancia, probablemente química, posiblemente espiritual, de ciertos hongos del desierto de Chihuahua (el cual abarca desde arribita de San Luis Potosí hasta Colorado).

meserear. Hacer las veces de mesero: "Esta semana me la pasé mesereando en el restorán de mi hermana".

mesero. El que atiende las mesas en fondas y restoranes, el camarero: "Mesero, ¿tiene cerveza sin alcohol?"

mesmo. Así se dice que dicen los indios en lugar de "mismo": "No es lo mesmo que lo mismo".

metalero. Aficionado al heavy metal; timbalero: "Acompáñame, hay un chingo de gente metalera que te va a caer chida".

meter ruido. Interrumpir, confundir, malograr; intervenir: "Mi cuñada se dedica a meter ruido todo el tiempo".

meterse al sobre. Meterse en la cama: "Estoy rendido, me voy a meter al sobre".

meterse con. Molestar, fastidiar, ofender a alguien, queriéndolo o sin quererlo: "Mejor no te metas con esos hijos de la chingada, luego puedes arrepentirte".

metiche. Quien se mete y entromete en asuntos ajenos: "Tu hermana es la Miss Universo de los metiches".

metidazo. Muy metido, metidísimo, muy involucrado: "Román anda metidazo con Lucrecia, que anda metidísima en su ONG".

metido. Ocupado, empeñado: "No te he llamado porque ando metido en muchas cosas".

metodista. Adicto que "se mete de todo": "ese cuate es un verdadero metodista".

metrero. Homosexual que va en busca de ligue al metro: "¡Aguas que no te subas a un vagón de metreros!"

Mexayor, Mexayork, Nezayork. Los gringos la llaman New York: "No, joven, ya no viven aquí, hace años que se fueron a Mexayor".

mexinacos. Nosotros los mexicanos: "¡Mexinacos al grito de güeras…!"

mexiquense. Se le dice así a la gente que nació o vive en el Estado de México: "¡Aguas con cómo manejan los mexiquenses!"

mexiqueño. Según el *Diccionario panhispánico de dudas*, esta palabra ¡"es el gentilicio de los naturales de la capital del país"! (No lo consignan ni el *Diccionario de mejicanismos* de Francisco J. Santamaría, ni el *Diccionario del español usual en México* de El Colegio de México; ni se lo ha escuchado este autor a ser humano alguno.)

mhijo. Se le dice a los hijos, a los menores de edad y a los amigos: "¿Qué onda, mhijo?"

mi. Se utiliza mucho para denotar familiaridad y cariño: "¿Cómo estás, mi Fer?", "Esa mi Paloma, ¿qué onda?", "Ay, mi hermano".

mi buen. Mi amigo, mi estimado, mi cuate, mi buen amigo: "Cómo estás, mi buen, qué gusto verte", "¿Qué pasó, mi buen, apuesta o se sale?"

Mi Nezota. Cuando un mexicano dice "Soy de Minnesota", debe entenderse que es de "Mi Nezota", es decir Neza, es decir Ciudad Nezahualcóyotl. "¡Yo también soy vikingo y le voy a Mi Nezota!"

micha. Mitad, *fifty-fifty*: "¿Vamos a michas?"; también alude al sexo femenino.

mídete. Cavila, reflexiona, contrólate; no insistas, no exageres, no la cagues: "Mídete, Edipo, le decía Tiresias", "Mídete, el esposo ya sospecha". (Véase "medirse".)

miguel, miguelito. Mí, como en "Esta mano es para miguelito, traigo tercia de ases".

milanesa. Wiener Schnitzel, carne empanizada: "Quiero mis milanesas con ensalada de jitomate"; mil: "Este trámite le va a costar una milanesa, mi estimado, sólo por ser para usted".

milicos. Chilenismo por militares: "Las avenidas estaban tapizadas de milicos".

milusos. Un milusos es un bueno para todo, un *bon à tout faire*, lo mismo para un barrido que para un fregado, ayudante que asistente; chalán o cubetero o viene-viene o lo que usted guste y mande: "Me traen de milusos en donde me dieron chamba, no sé si voy a aguantar".

mirruña, mirruñita. Pequeño, chico, diminuto; tierno; despreciable: "Se pelearon por una mirruña de herencia", "Sólo queda una mirruñita de pastel, lo siento".

miscelánea. Pequeña tienda de barrio donde se venden artículos para el hogar, alimentos frescos y en lata, golosinas, cigarros, cervezas (a veces), etc.: "Nos vemos afuerita de la miscelánea".

(la) miss. La maestra de primaria, a veces de secundaria, y no necesariamente sólo de inglés: "Miss, ¿puedo ir al baño, plis?", "Yo en primaria estaba enamorado de la miss".

mito genial. Según un secretario de Hacienda, que con esa frase logró la fama, la miseria en México "es un mito genial"; no se refería a alguna obra de Juan Rulfo.

mitote. Argüende, chisme, alboroto, bulla: "Cómo te gusta armar mitote".

mitotero. Argüendero, chismoso, revoltoso: "¡No seas mitotero!"

moco. Sujeto despreciable, débil, sumiso: "Woody Allen ha hecho muchos papeles de moco".

moconete. Mozalbete, mocoso; pelagatos: "No tienes que preocuparte, para la próxima pelea te conseguimos a un moconete", "Mi hermano y sus cuates me tratan de moconete".

mocorito. Niño, chavito, cosita linda: "Tú mero eres mi mocorito, y nadie más", "Ta linda la mocorita con la que andas". (Es norteñismo.)

¡mocos!, ¡moconocos!, ¡mofles! Exclamación que, como isopes!, suele producirse como onomatopeya de un golpe físico o moral: "¡Mocos, qué gancho al hígado!", "¡Moconocos, ya me dejó, y ora qué hago?" (Véase "¡mecos!")

mocoso. Chavito, niño, escuintle: "Quédate con los mocosos, yo regreso en media hora", "Ando que me carga la guayaba, me enamoré de un mocoso amigo de mi hijo".

Mocotitlán. Lugar donde moran los mocos, los babosos, los pendejos; o los llorosos: "Mi casa está ahorita convertida en Mocotitlán, mejor ni vengas".

mochada. Tajada, porción: "Te tocó una mochada bien grande de pastel", "Le dieron una buena mochada del robo".

mocharse. Contribuir con dinero u otro bien material: "Móchese con una feria y lo dejo entrar a la disco", "Los millonetas mexicanos casi ni se mochan para las instituciones de caridad".

mochilón. Individuo hipercatólico. Viene de "mocho", que sabrá Dios de dónde viene: "Los panistas son básicamente mochilones, aunque unos lo ocultan menos que otros".

mocho. Católico, hipercatólico: "Los de Provida son súper mochos". También significa incompleto o imperfecto o desportillado: "Ese poema está como mocho", "Ese jarrón está mocho de arriba".

mois. Mariguana, *cannabis sativa*: "Al poeta José Juan Tablada le gustaba la mois".

mojar, mojar el pelo. Hacer el amor: "Tengo muchas ganitas de mojar".

mojar el pincel. Introducir el pene en la vagina: "Ya me urge mojar el pincel". Los presumidos dicen: "Mojar la brocha".

mojarras. Se les llama así a los carros articulados del Metrobús. (En el pasado los "camiones" o autobuses tuvieron otros nombres marinos: ballenas, delfines.)

Molca, Molcas. Zutano, tipo, una tercera persona: "Creo que el que sabe de esto es el buen Molcas"; el aquí presente: "Aquí Molcas nos puede contar lo que sucedió".

molcajete. Mortero de piedra donde se muelen los ingredientes de las salsas con el adminículo del mismo material llamado tejolote: "No sé si sea superstición o qué, pero a mí me sabe mejor lo que se hace en molcajete que lo que se hace en licuadora".

mole. Platillo tradicional mexicano: mole poblano, mole negro, mole amarillo, mole de olla, etc.; se usa también para designar la sangre: "Le pegaron a mi hermano y le sacaron harto mole".

moler. Molestar, fastidiar, chingar, joder, enchinchar, importunar: "Niños, ya dejen de moler", "Papá, ya no muelas".

molón. El latoso, molestoso, fastidioso, el que siempre está moliendo: "Te voy a querer tanto cuando dejes de ser molón", "No seas molón, ya te dije que no te puedo prestar un centavo".

momiza. Expresión sesentera que resurrecciona de tarde en tarde: "Lo quieras o no lo quieras, ¡vas a acabar en la momiza!" Los rucos, los viejos, los anticuados. La expresión se refiere a las momias; en Chile en la misma época les llamaban momios a los viejos y a los reaccionarios. En México, el antónimo era "chaviza".

mona. Antaño designaba la embriaguez de alcohol; ahora más bien designa la de cemento, *thinner*, activo.

monchis. Ganas irrefrenables de comer, que algunos también alegan que produce la mariguana: "Me entró el monchis, me desperté y el pinche refri estaba vacío". (Del inglés *The munchies*.)

mondongo. Sexo femenino.

monearse. Enmonarse, ponerse una mona.

moni. Lana, dinero, plata, marmaja: "No traigo nada de moni". (Del inglés *money*, obviamente.)

monito, mono. Sujeto, tipo: "Mira ese monito, es el que quiere con tu hermana", "Dile a ese mono que te ayude y le das una feria".

monstro, monstruo. Ayudante, chalán, achichincle capaz de hacer lo que se le ordene, sea esto lo que sea: "Dile a tu monstro que se encargue".

montón, montonal. Mucho(s), titipuchal, chingamadral: "Ya llegó un montón de gente al estadio", "Lo picó un montonal de hormigas, está todo hinchado".

moquetes. Golpes, puñetazos: "Las películas de Hollywood están llenas de falsos moquetes".

mora, morita. Mari, mariguana, mota, mois: "El doctor Mora no fuma mora, porque lo marea".

mordelón. Policía de tránsito; a pie, en patrulla o —primordialmente— en moto. La imaginación popular lo teme y detesta, con sus gafas oscuras y su sonrisa sádica, y supone que sólo le interesa obtener coimas, sobornos, mordidas, y no el ordenamiento vehicular: "Aguas en esta zona, está llena de mordelones".

mordida. Entre, coima, soborno, unto de México: "Si andas con esa carcacha contaminante, prepárate para andar repartiendo mordidas", "Aquí nadie cree que la ley se le aplica a ella o él, y en todo caso cree que lo arregla con una mordida".

morlaco. Peso, moneda, divisa: "Ese coche vale por lo menos 200 mil morlacos".

morra, morrita. Niña, chava, chavita, chica, muchacha, nena, mujer: "Vamos a ver a las morritas en la playa, ¿no?" Aunque menos, también se usa "morro": "Ese morro tiene un no sé qué". Originalmente es norteñismo.

morralla. Moneda suelta, suelto, calderilla: "Antes la morralla sí pesaba, no estas moneditas de ahora".

morrocotudo. Excelente, divertido, animado; en los años cincuenta se empezó a decir: "Una pachanga morrocotuda". (Tal vez provenga de la fama del cabaret neoyorquino El Morocco.)

mortificar(se). Entristecerse, preocuparse: "Me mortifica la enfermedad de tu papá"; fastidiar, molestar, atormentar, chingar: "Deja de mortificar a tu hermanito".

mosqueado. Asustado, impresionado, desconfiado: "Su visita a México desgraciadamente lo dejó bien mosqueado".

mosquearse. Asustarse, amedrentarse: "Me mosqueé cuando vi cuántos eran", "Te mosqueaste porque creíste que te había dejado, pero yo nunca dije eso, entiéndelo".

mota. Mora, morita, mois, mariguana: "Ese güey siempre anda en mota".

motherno. La *th* pronúnciase como en el inglés *mother*, vocablo del que no proviene. Dícese de la ropa, los autos, los aparatos, el fashion y las actitudes al grito de la moda o de la tecnología: "Samanthita es de las que representan lo más motherno", "Me compré una vajilla de lo más motherno". ("Desmóder" —que sí proviene de *mother*— significa desmadre, caos, barullo, y nunca se escribe con *th*...)

moto. Quien fuma mota: "No seas tan moto".

motorolo. El que anda en moto: "Los motorolos a veces toman el periférico en la noche para echar carreras"; el que fuma mota: "De chavo era motorolo, ahora ya casi no quemo".

mover el bigote. Besar: "Necesito alguien con quien mover el bigote".

mover el bote. Bailar, sacudir la cintura y el trasero: "Ya me urge mover el bote en alguna pachanga, ando muy tieso".

movida. Cualquier actividad un poco o un mucho fuera de lo normal o lo legal: "¿Ustedes también están en la movida?", "Sospecho que mi esposa trae movida con alguien de su oficina". Una persona "muy movida", sin embargo, es una persona muy diligente y emprendedora, meneada: "Te garantizo que es una abogada muy honesta y muy movida".

mucama. Argentinismo más o menos aceptado por sirvienta, criada, empleada (chilenismo), doméstica, gata: "Según mi tía, tu mucama es tan finolis que roza la insolencia".

mucha pechonalidad. Dícese de las mujeres con busto generoso: "Sophia Loren, entre otras virtudes, demostraba mucha pechonalidad".

muchos pedos. Muchos problemas, muchos conflictos, muchas broncas: "Traigo muchos pedos con la maldita autoridad".

muégano. Dulce compuesto de varios trozos de harina y miel agregados y muy pegajosos; individuo del que uno se desprende tan sólo con dificultad: "Traigo a mi primita de muégano desde que se vino a vivir con nosotros". Sobre todo y ante todo, la Familia Mexicana: "Los domingos se junta el muégano en casa de la abuela, y me va a costar mucho desprenderme para ir al cine a besarnos".

muerto de hambre. Individuo deleznable, bueno para nada, o de clase muy baja: "Tu tío es un muerto de hambre".

mugre. Injusto, vil: "Se llena la bocota con sus ideales, pero ¿vieras cómo es mugre con sus empleados?", "¿Tú crees que no sé que he sido medio mugre contigo?" Sin embargo, también significa amigo, mejor amigo: "No sé qué le pasa, y eso que soy su mugre" (de ser "uña y mugre").

muina. Tristeza, melancolía; agravio, enfado: "Traigo una muina contigo de la chingada", "No sé por qué a veces me entra esta muina profunda". (Del castellano *mohina*.)

mula. Persona necia, mala, aviesa o impositiva: "Porfirio Díaz era muy mula", "Su abuelito es de lo más mula que te puedas imaginar".

muñeco, muñequito. Tipo, sujeto, bato, mono, monito: "Este muñeco no puede entrar sin credencial"; también se usa para designar a los hombres apuestos o de clase alta: "Esa gabardina es del muñeco del BMW".

muñecos. Personas importantes: "En el concierto en Bellas Artes había muchos melómanos, algunos despistados y los muñecos de siempre".

música, _siempre fem_. Lo mismo que "mula": "Carlos es muy música".

música grupera. Cierto género musical norteño frecuentemente asociado al narcotráfico que encarna la tradición contemporánea del corrido; ha cobrado auge incluso en ciudades del centro y el sur de la República.

muy acá, muy ajax. Muy creído, muy presuntuoso: "Esas tipas se creen muy acá"; también significa muy elegante: "Para una ocasión así, hay que vestirse muy ajax".

muy aplaudido. Muy ruco, muy viejo, muy arrugado: "Redford ya se ve muy aplaudido".

muy cool. _Quite cool, very cool_, refiriéndose a ambientes, personas, situaciones: "Se cree muy _cool_, pero es una fresinaca".

muy gente. Muy buena persona, muy buena onda, muy amable, muy civilizado, muy tierno: "Tengo la impresión de que Ringo Starr es muy gente", "Tu hermano es realmente muy gente conmigo".

muy muy, muy–muy. Alguien que se cree mucho: "Tu padrino se creía el muy-muy"; "Tus parientes se creen los muy-muy", "Sus parientes se creen los muy-muy".

muy nalga. Muy picudo, muy chingón, muy-muy: "Te crees muy nalga, ¿verdad?"

muy openmáind. Persona de ideas liberales: "Para ser poblana, tu amiga es muy openmáind". (Del inglés _open mind, open minded_.)

muy riata. Casi es arcaísmo. Significa que alguien es muy reata. Reata significa lazo, mecate, cuerda; por extensión, el muy reata es generoso, leal, jalador: "A Pedro Infante siempre le daban papeles de muy riata".

muy salsa. Una más de las muchas expresiones de envidia o resentimiento: "Se cree muy salsa". Tal vez venga de la salsa picante sin la cual la comida puede ser insípida. Se puede usar cual elogio, como en "¡Eres bien (o muy) salsa!", si se quiere usar un jorgenegretismo, pero en general se utiliza de manera envidiosa.

muy trucha. Muy diestro, muy listo, muy hábil: "Es muy trucha para los negocios".

muy volado. Muy viajado, fumado, hongueado, extravagante, imaginativo, fantasioso, creativo: "Tu proyecto está muy volado, no sé si se pueda soñar con realizarlo".

nabo. Pito, pene, zanahoria, camote, plátano, etc.; "Me está yendo del nabo" significa que a uno le va de la verga, de la chingada, de la berch.

nacayote, nacayotl. Naco, vulgar, corriente, ñero, abusivo, chabacano: "No hay mexicano sin su lado nacayote".

naco (nacazo, nacorrón, naquiux). Probablemente la palabra más peliaguda —racista y/o clasista— de la lengua mexicana. Originalmente denotaba *grosso modo* al individuo de piel oscura, el mestizo, la gente del pueblo; por extensión se utiliza para designar la grosería, los malos modales, la chabacanería, la ordinariez, lo ñero, el mal gusto (antitéticamente, en la corriente Art Nacó). Hoy en día el uso es cada vez más flexible. Se dice de muchos burgueses que son "naquísimos", importando poco que sean de piel blanca y cabello rubio; asimismo, se puede compadecer a alguien por no ser "suficientemente naco" para entender ciertos conocimientos subterráneos mexicanos. Aunque sigue siendo una palabra ofensiva, cada vez más lo importante es el tono; se puede decir "No seas naco" con la misma liviandad o gravedad que "No seas pendejo" o "No seas pesado". "Todos somos mexinacos." Por definición, los indios y campesinos nunca son nacos y el naco casi por definición es de ciudad

191

grande. (Algunos coches circulan con la pegatina "Ser naco es chido".)

nacofresas. Nacos con pretensiones o conducta de fresas.

naconal. Lo que atañe a nosotros los nacos; lo nacional: "Hay veces que ya no soporto las costumbres naconales".

nacs, nacks, naks. Forma fresa y peyorativa de no llamar a los "nacos" por su nombre, sino con un falso anglicismo: "Watch out, here come the nacks".

nachas. Las nalgas, las náilon, las teleras: "Qué buena nacha tiene ese chavo". Se dice que alguien "dio las nachas" cuando esa persona le dio a algún hombre, mujer o institución lo que quería; humillarse, rendirse, venderse: "Ese güey ya dio las nachas, no tiene sentido seguir hablando con él". Sin embargo, "Me moría por darle las nachas y el muy pendejo no se daba cuenta" expresa un sincero y profundo deseo corporal.

nachos. Los gringos creen que es una botana muy mexicana, como también creen que los mexicanos bebemos margaritas de tequila.

nada en la azotea. Falta de ideas: "La mayor parte de esa gente no tiene nada en la azotea".

nadar de muertito. Hacerse tonto, no asumir responsabilidades, ser evasivo, hacerse güey: "Yo voy a nadar de muertito mientras se aclaran las cosas".

nadita. Nada en absoluto: "Ya no te quiero nadita".

nagual, nahual. Se dice que es el otro yo, animal, de las personas; también se dice de los brujos, chamanes, espíritus malignos: "Para creer en los naguales, hay que verlos... u olerlos", "Aquí, si no crees en nahuales, creen que estás pendejeándola".

(las) náilon. Las nalgas: "Nomás porque me dio la chamba quería que le diera las náilon, ¿tú crees?"

náis. Decente, fresa, cursi, modosito: "Fui a una boda de lo más náis, con pura gente náis", "Mi novio es de lo más náis"; también se dice "pipirisnáis": "Mi familia es pipirisnáis del añejo porfiriato". (Del inglés *nice.*)

nalga. Amante, ligue, novia o novio; torta, tortita. Se usa en femenino para ambos sexos: "Lucrecia trajo una nalga que era un verdadero hígado". Curiosamente, las mismas personas que avisan que "van a traer una nalga a la fiesta" pueden incurrir en la cursilería pudibunda mexicana y decir que —en el metro, por ejemplo— alguien les sobó "las pompis (o pompas o pompiux)".

nalgón, muy nalgón, nalgoncito. Pesadito, intolerabilito: "Qué nalgoncito te pones a veces"; ser la gran cosa: "Aquí el mero nalgón es el cacique sindical".

nalguera. Pacha, ánfora para llevar alcohol en el bolsillo trasero del pantalón: "Se te ve mucho la nalguera, Herrera".

nalguipronto. El o la que "da las nalgas" con supuesta o real facilidad; asimismo quien no es rejego a compartir su cuerpo; ciertas mujeres y ciertos homosexuales, conforme al código machista. Por otra parte, alude desde luego a aquellas personas que trocan —fácil o dificilmente— sus principios por privilegios, como los que se valen del "cuerpomático".

nanay, naranjas. No, nel, nelazo, niguas: "¡Yo ya nanay contigo, Lupe, naranjas!"

naquez. Dícese de la condición de los nacos: "Sé más discreto con tu naquez"; de la vulgaridad, el mal gusto: "Era una casa de Las Lomas, chulis, donde se respiraba la naquez hasta en el papel sanitario perfumado".

naquiza. La broza, el pópolo: "Lulú dice que le da miedo la naquiza en el estadio".

naranja. Nalga, nacha, telera, media luna: "Esa chava tiene unas naranjas preciosas".

naranjas, toronjas, melones, jarritos. Otros nombres de los senos femeninos, las chiches, etcétera.

nata. Aburrido, plasta, ectoplasmita: "Demetrio es una verdadera nata".

nauyaca. Víbora cuya picadura es mortal; mujer terrible: "Él es buena persona, la de susto es ella, una verdadera nauyaca".

nave. Carro, coche, auto, vehículo, lámina, bote: "No traigo nave, ¿me das un raite?"

navegar. Andar por áhi; irla llevando; viajar dentro de sí mismo, o sideralmente; surfear en internet: "No puedes navegar todos los días, entiéndelo".

neblumo. Cultismo por smog, esmog: "La ciudad amaneció cubierta de neblumo".

necear. Comportarse necia, porfiadamente: "Tú no necesitas beber para necear, ¿verdad?"

neceño. Oriundo de Neza —Ciudad Nezahualcóyotl— o radicado allí.

nefastear. Actuar desagradable, negativamente: "¿Ya vas a comenzar a nefastear otra vez?", "Mi jefa ya me tiene nefasteadísimo".

negativo. Respuesta que dan los policías a las preguntas de los ciudadanos; viene de *negative*, que los policías gringos utilizan en sus comunicaciones por radio: "¿No me puede perdonar la infracción? / Negativo".

¡negra(s) si no! Te cae, te chingas, te condenas, te maldices si no haces tal o cual cosa: "Me tienes que apoyar, cabrón, ¡negras si no!"

nejo. Individuo falto de luz en la piel, que es como grisosa, como ojos sin brillo: "Mi tío era como nejo, como opaco".

nel, nel pastel. Arcaísmo; fue neologismo en los años cincuenta (*cf.* Tin Tan) y popularísimo entre los jóvenes en los sesenta y setenta. Significa "No" tajante, o casi. El aumentativo *nelazo* ha desaparecido por completo. (Su contrario era "Is, barniz".)

(las) nenas abiertas de América Latina. Parodiando cierto libro de Eduardo Galeano, se decía de las refugiadas políticas de Sudamérica, a las que se les imputaba cierta facilidad para encamarse, en comparación con las mexicanas de entonces, más recataditas.

neta. Verdad, certeza: "La neta es que ya no me quieres, admítelo"; alguien auténtico, encantador: "Esa chava es la mera neta".

neta condensada. Verdad absoluta; tal vez "condensada" proviene de la leche del mismo nombre. También se dice "neta del planeta" para dar a entender que no hay verdad más grande: "Hermanos, les voy a revelar enseguida la neta del planeta".

netear. Decir la verdad: "Presume de que siempre, siempre netea".

netoso. El dado a decir la verdad: "Te recomiendo que hables con él, es bien netoso"; el tiranetas: "La izquierda es bien netosa, salvo en lo que le atañe".

neuras. Neurasténico, neurótico, enojón: "Cada vez estoy más neuras, me cai", "Nos dicen la familia neuras".

neutle. Nombre culto del pulque: "¿Gustan un neutle de durazno?"

Neza York. Mote de Ciudad Nezahualcóyotl, y también de Nueva York: "Esos cuates, por la pinta, son seguramente de Neza York".

ni madre, ni madres. Expresión que significa nada, en absoluto: "No me queda ni madre de lo que tenía el año pasado"; absolutamente no: "Digas lo que digas, la respuesta ya la sabes: ni madres", "¡Ni madres que te pago esos intereses de encaje!"

¡ni pex! Ni modo, ni pedo, qué se le va a hacer: "Si no me quieres, ni pex".

nieve. Cocaína.

nieves. Son los helados que se hacen con agua, no con leche; sorbetes: "¿Y de qué quieres tu nieve?" significa "¿Y qué otra cosa se le antoja a Su Majestad?"

ninis. Jóvenes que ni estudian ni trabajan: "La sociedad ha dado la espalda a los ninis".

niño aprovechado. Se dice del niño que se aprovecha de otros niños, el hostigador, el *bully*: "Se trata de una bandita de niños aprovechados que traen aterrorizados a los demás". (Antaño, el niño aprovechado era el que aprovechaba debidamente las lecciones de sus maestros y mayores, el que demostraba "aprovechamiento escolar".)

niñopa, niñopan. Niño Dios; muñeco vestido como tal; mayordomía de Xochimilco: "Mi tía es la encargada este año de vestir al niñopa y se está quedando sin un quinto".

no es enchílame otra. Significa que equis actividad o emoción no es tan fácil como parece o se puede suponer: "Correr automóviles no es enchílame otra", "Cambiar de pareja es todo menos enchílame otra". (Hacer enchiladas no es tan sencillo como sólo enchilar las tortillas.)

no fifa, no pifa. No funciona, no sirve: "Ya no me fifan las neuronas", "Mi coche ya no pifa ni tantito".

no fumar. No aguantar o soportar a alguien: "La verdad es que no puedo fumar a tu mamá".

no gano para berrinches (o **corajes**). Solía ser expresión de las mujeres, en especial las madres: "¡Contigo y tu irresponsabilidad, no gano para berrinches!"

no hay fijón. Ni quien se fije: "Haz como quieras, no hay fijón", "Págame cuando puedas, no hay fijón".

no hay pex. No hay pedo, no hay problema, no hay tos: "No hay pex, me devuelves el coche la semana entrante".

no hay purrún. No hay problema, no hay tos, no hay pedo, literalmente no hay cagada, que es lo que significa purrún: "Dile que puede regresar, que no hay purrún".

no hay que ser. No hay que ser mulas, cabrones, insensibles: "Préstale dinero a tu hermano, no hay que ser".

no hay tos (o tox). No hay problema, no hay pedo, no hay purrún: "Puedes hablar frente a ella, no hay tox".

no hay tu tía. Expresión enigmática que significa que no hay excusa ni disculpa: "No, jovencita, no hay tu tía: ¿dónde están las llaves de la casa?"

no inventes. No manches, no mames, no me digas, ¿a poco es cierto?: "¡No inventes, dime que no es posible!"

no la amueles. Manera más leve de decir no la jodas, no la chingues: "No la amueles, no trates así a la gente, ¿qué te crees?"

no le hace. No te preocupes, no hay fijón: "No le hace lo que digas, yo te apoyo"; no importa: "No le hace lo que creas, los hechos son como te dije".

no le probó, no le supo, no le caló. No le gustó, no le convino: "Dice que la perdonen, pero la ciudad no le probó", "¿Qué, no te supo nuestra gastronomía?", "No le caló la ropa que le quería comprar".

¡no ma! Se dice por ¡No mames!, ¡no manches!

no mames. No exageres, no mientas, no abuses, no manches, no te la jales, etc.: "No te creo una palabra, no mames", "¡No mames, no trates así a tu chava!"; también se usa para expresar incredulidad: "No mames, ¿Brasil perdió con Corea?"

no mameyes. Otra forma de no mames, no fastidies, no inventes, no chingues: "¿Sabes qué?, ya no mameyes tanto".

no manches. Forma más aceptable de "no mames": "No manches, yo te tenía absoluta confianza", "No manches, ésa no es forma de tratar a un cuate".

no me acaba de caer el veinte. No logro aceptar lo que ya entendí: "Ya sé que se murió, pero no me acaba de caer el veinte". (Véase "caer el veinte".)

no me cuadra. No me agrada, no me convence: "No me cuadra tu nuevo novio".

no me hallo. No me siento bien, no estoy a gusto; cuando se marchan, las sirvientas aducen que "no se hallaron".

no me nace. No se me antoja, no me late, no quiero: "No me nace salir con esa gente", "No me nace leer a Vasconcelos ahorita".

no me pobrees. No me compadezcas, no me bajonees.

no me supo. No me agradó, no me vino bien, no me probó, no me adapté; presumiblemente viene de expresiones como "La sopa no me supo", "No me supo tu tabaco".

¡no ñoñes! Expresión chantajista que usan las madres para incitar a sus hijos a llorar ("ñoñar"); también "¡No yoyes, mhijito!" (porque vas a estar sin verme una hora, etcétera).

no te columpies. No te la jales, no exageres; no abuses o chantajees: "Dile a tu amigocho que tiene razón, pero que no se columpie".

¿no te escuece el nijayote? Eso le pregunta una mujer a otra en una versión temprana de *Pedro Páramo*, de Juan Rulfo.

¡no te frunzas! No temas, no te asustes, no te achicopales. Viene de que "no se te frunza" (que no se te arrugue, achique o apriete) el culo debido al miedo.

no te la acabas, no te la vas a acabar. Algo sumamente suculento, divertido, agradable: "Con esa chava no te la vas a acabar". Por el contrario, también puede ser algo desagradable o incluso siniestro: "Si te encuentran los narcos, no te la vas a acabar".

no te la jales, no te la estires, no te la prolongues. No exageres o mientas; no abuses o chantajees; no salgas con jaladas o mamadas; no mames, no manches, no inventes, etcétera.

no te mides. Exageras, abusas, te excedes, nos cansas: "No te mides con ella, la humillas en público"; también puede ser elogio: "¡No te mides, qué golazo!"

¡no te mueras! No te vengas —no te chorrees, no te corras— antes que yo: "¡Papacito, no te mueras, espérame un poquito!"

no tener madre. Ser un fregón, un chingón, lo máximo: "Esa pirámide no tiene madre", "La pachanga no va a tener madre", "Sófocles no tiene madre". (Obsérvese la progresión de los elogios mexicanos: algo *1)* está padre; *2)* es muy padre; *3)* está padrísimo; *4)* está a toda madre; *5)* no tiene madre, que es *nec plus ultra*.

no tengo cara. Me avergüenzo, no me atrevo: "No tengo cara para decirte que no sé cuándo te podré pagar", "No tengo cara para reclamar nada, después de cómo me he portado".

no traigo cash. Respuesta inolvidable del entonces presidente Zedillo a un menesteroso que le pedía una ayudita inmediata.

nomeolvides. Sopapo, golpe, madrazo que se le propina a alguien para que guarde un recuerdo temeroso de nuestra persona: "El defensa le propinó un nomeolvides al delantero cuando la atención de todos estaba puesta en el medio campo".

(con) nopal. Los mexicanos estamos convencidos de que las pencas del nopal no sólo sirven para que se pare el águila, sino para curarnos de todo (sida, diabetes, hemorroides, etc.): "Eso se te quita con un jugo de nopal todas las mañanas", "¿Has probado el nopal? Es milagroso".

nopalada, nopalera. La mexicanada, los mexicanos en general; los que vivimos aquende lo que el pintor José Luis Cuevas llamó en los años sesenta "la Cortina de Nopal" (por analogía con la Cortina de Hierro o Telón de Acero que aislaba a los países comunistas): "Yo suspiro por largarme algún día de la nopalera", "Ya me cansé de Kansas, compadre, me voy a regresar con la nopalada".

no–palito. No significa nopal pequeño, sino abstención sexual: "Mi señora me trae en el no-palito desde hace dos semanas", "El no-palito es bueno para no agarrar el sida".

noquear. Impresionar, asombrar, impactar: "Te noqueó la noticia, ¿verdad?", "Francamente, me noquea tu cambio de actitud conmigo".

norteado. Individuo perdido, extraviado: "Andamos norteados, ¿no me dice cómo llegar al centro?"; también bobo, menso, pendejo: "Tu primo es más bien norteado".

nortearse. Por alguna razón extraña, esta palabra significa exactamente su contrario, es decir, desnortearse, perder el norte, extraviarse.

novela. Para el pueblo y la familia que lo acompaña, telenovela: "Mi abuelita nunca se pierde las novelas".

número, numerito. Escándalo, ridículo, papelón: "Me imagino que aprovecharás la cena para hacer uno de tus numeritos, ¿no?"

nunca planchó. Nunca hizo el amor: "Mi prima nunca planchó con ese tipo que me dices".

ñaca-ñaca. Miedo, pavor; desagrado: *"El exorcista* me da ñaca-ñaca. También la música de Stockhausen". No confundir con "chaca-chaca", que se dice que es el sonido de los sexos en su húmedo empeño.

ñango. Muy delgado, debilucho: "Sus hijos están muy ñangos, comadre".

ñáñaras. Consisten en una sensación de temor que no llega a miedo, o de desagrado que no llega a asco: "Cuando eres chavito, la mayor parte de los viejos te produce ñáñaras", "Las manos sudadas me dan ñáñaras, y también las películas de terror", "Mrs. Thatcher era como Mrs. Ñáñara".

ñañariento, ñañaroso. Dícese de quien infunde ñáñaras: "Esa señora no es una bruja total, pero sí una ñañarosa", "La gente muy ñoña es ñañarienta, ¿a poco no?" Por otra parte, también se aplica al susceptible de sufrir ñáñaras: "No sé qué soñé, pero me desperté de un ñañariento que no te cuento".

ñapa. Extra, pilón, yapa: "Quiero mi helado con ñapa".

ñero. Popular, naco, vulgar, vernáculo; bravo: "En Tepito son bien ñeros". Suele ser despectivo o condescendiente, pero también reivindicativo: "Me salió lo ñero y no me dejé", "Ese güey no sabe hablar ñero". (Proviene de "compañero".)

ñis. Diminutivo cariñoso de ñero; cuate, brody, mi otro yo, etc.; ya casi es arcaísmo: "De chicos éramos bien ñis, ¿te acuerdas?"

ñoñar. Llorar, en particular los niños: "¿Verdad que ya eres grandecito y no vas a ñoñar?"

ñoño. El 30 de abril se celebra el Día del Ñoño.

ñoños. Inanes, insípidos, sosos: "Los cantantes de ranchero de ahora son bien ñoños".

ñora. Diminutivo no despectivo de señora. Suele aplicarse a las empleadas domésticas, las marchantas del mercado o tianguis, las vendedoras de quesadillas o tamales de las esquinas: "Si me llamas y no me encuentras, déjame recado con la ñora". También se aplica a las esposas en los matrimonios convencionales: "Los maridos se morían por dejar a sus ñoras e irse a jugar dominó". El masculino, ñor, se usa menos.

O

o sea. Muletilla con la que los fresas y los náis avisan que son fresas y náis: "O sea, lo que quiero saber es si hay asientos numerados, o sea", "O sea, ¿esa gente quién es, quién la invitó?"

o ya no entiendo lo que pasa, o ya pasó lo que estaba entendiendo. Frase célebre de los años sesenta y setenta; probablemente se refiere a los lapsus de atención al fumar mariguana, pero se utilizaba sobre todo para referirse a asuntos privados, como las relaciones amorosas, y políticos, como los repetidos vuelcos de los acontecimientos.

obra. Sitio de construcción de una vivienda, edificio, etc.: "El arquitecto te espera en la obra a las siete".

obrar. Defecar, cagar: "Cuando haya obrado en la mañana, tome nota del color y la textura, y me llama y me dice".

oclayo. Ojo; lente; mirada: "Échale un oclayo a ese video, te va a gustar".

ofcórs, maijórs. Expresión angla que sólo utilizan los mexicans (se agrega *my horse* a *of course*); significa desde luego, sin duda, evidentemente, por supuesto: "Cuánto nos queremos, ¿no? / Ofcórs, maijórs".

ofrecida. Se dice de las mujeres que avanzan en su carrera mediante cuerpomático; también, en algunos sectores, las mujeres libres: "Las actrices son unas ofrecidas".

ofrecido. Solícito, adulón, lambiscón, lameculos: "Me revienta que andes de ofrecido con el patrón".

¡ohts! Exclamación amigable que significa que se niega una información: "¿Andas de novia con él? / ¡Ohts!"

ói. Se dice por "oye": "Ói, y a todo esto, ¿cómo estás tú?" (Se pronuncia como *hoy*.)

óilo. Óyelo; oye las sandeces que emite: "Nomás óilo, qué bestia".

óime. Óyeme: "Óime, ¿podemos vernos pronto?"

ojal. Culo, ojete, ojo: "Le entró por el ojal".

ojales, hojaldres. Ojetes, ojeis, maloras, abusivos: "Su mamá era bien ojales con él", "¡No sean hojaldres con los animales!"

ojéis. Ojete, abusivo, mala onda: "No seas ojéis con tu hermana".

ojete. Cabrón, abusivo, ojales: "No seas ojete, no me cobres ahora, te pago cuando me paguen en la oficina", "Esa chava es bien ojete con los hombres"; también es el ano humano.

ojo de gringa. Billetes de 50 pesos, ya inexistentes; eran de color azul, como los ojos mencionados. Todavía hay quien utiliza la expresión a veces: "Esto le va a costar un ojo de gringa, mi estimado".

ojo de pancha. Ojo de hormiga, perdedizo: "Primero andas muy gallo y luego te haces ojo de pancha".

olisco. Mal olor, olor a pasado o podrido: "Esas chuletas tienen un como olisco que no me gusta nada".

olvídate. No tiene importancia, no te fijes; no hay de qué: "Olvídate, en cualquier momento tú haces lo mismo por mí". También se utiliza como (paradójico) llamado a recordar algo: "Olvídate, lo que hizo Julio César fue nada menos que cambiar el mundo".

ómaigod. Chale, chin, uf, órale, diosmío; "Ómaigod, mira quién viene llegando". (Los gringos, que todo lo copian, de aquí derivaron *Oh, my god*, posiblemente. Todavía no copian el jocosito "Ómaidog".)

ombligo de la luna. Tenochtitlan, México, Distrito Federal.

ombliguistas. Las mujeres que enseñaban el ombligo y se contoneaban, también conocidas como "exóticas" por los nombres exóticos que adoptaban: "El téibol *(table-dance)* acabó con las viejas ombliguistas de velos y nombres árabes".

onda. Palabra imprescindible que se acuñó en México en los años sesenta y se contagió al español universal: "¿Qué onda?", quihúbole, hola, qué pasa, qué va a suceder; también es adjetivo frecuente: "Pinochet es súper mala onda", "Los Bitls eran la buena onda".

onda gruesa, onda gruexa. Ambiente pesado o incluso amenazante o peligroso: "Yo zafo, esos cuates traen una onda muy gruesa".

ondero. Palabra sesentera caída en desuso; se decía de quien "quemaba mota" y por ende andaba (o estaba) en onda, es decir, de quien sabía cuál era la vibra no sólo de los tiempos, sino del momento; el sintonizado: "La banda de mi colonia es bien ondera".

ondiux. Onda: "Qué ondiux, mi rey, ¿me vas a llevar al baile?"

ondón, ondononón. Buena onda, muy buena onda o ambiente: "Lástima que no fuiste, había un ondononón".

onque. Aunque: "Onque no sepa de lo que te digo, escúchame".

operación jarocha. Intervención quirúrgica para cambiar de sexo: "Se hizo la operación jarocha para triunfar en Brasil". (Veracruz, el célebre puerto jarocho, es famoso como ciudad guei.)

oquei, oquei-maguey. De acuerdo, está bien, ya vas, sale: "Por mí oquei, la que va a repelar es otra". (Del inglés *okay*.)

(de) oquis. Gratis, gratuito, de gorra: "Y el postre, por ser para usted, va de oquis".

ora sí que. Expresión harto común, por no decir que repetitiva; puede significar que el que habla emite la verdad, la neta: "Y al verla ora sí que me puse bien triste"; también se utiliza como énfasis: "Los aztecas eran ora sí que los chingones en 1520"; o como mero relleno: "Los aztecas ora sí que no sé ni qué querían lograr con tanto sacrificio humano como ora sí que nos dicen que llevaban a cabo". Es de uso imprescindible en los cantinflismos contemporáneos.

órale. Mexicanismo por excelencia. Significa vamos, ya vas, de acuerdo, sale, oquei, está bien, vale, zas; *allons-y, do it*: "Órale, tú nos dices dónde y cuándo y puedes contar con nosotros"; también es admirativo: "¡Órale, qué maravilla de cuadro!", o dubitativo: "Órale…, no sabía que me amaras"; asimismo quiere decir llégale, éntrale, dale: "Órale con los tacos, hermano, ¿pa' qué crees que matamos el cochinito?"

(de) órdago. Buenísimo, excelente: "Este vino está de órdago"; ya casí es arcaísmo.

ordeñar tarjetas. A las víctimas de los llamados "secuestros exprés" las llevan a "ordeñar" sus tarjetas de crédito en los cajeros automáticos; cuando "te falta liquidez", tú mismo las ordeñas.

orégano. Oro: "La viejita quería venderme unas monedas dizque de orégano de 18 quilates"; también significa mariguana: "Se fumaron todo el orégano los muy gandallas".

oreja. Soplón, chivato, delator, infiltrado: "A mí se me hace que tu amiguito es oreja, cuidado con lo que dices".

oreja de coliflor. La del boxeador.

orejeado. Un libro muy leído: "*El laberinto de la soledad* es un libro muy orejeado, como el tema mismo del mexicano". (Al leer el libro, se dobla la esquina —la oreja— de la página para señalar algún concepto importante o señalar la interrupción de la lectura.) También se puede aplicar a la gente: "Ese galán ya está muy orejeado".

orgasmearse. Obtener gran placer: "Te vas a orgasmear con esa película".

oríllese a la orilla. Eso dicen los patrulleros por el altavoz a los automovilistas que presumiblemente han cometido alguna infracción al reglamento de tránsito; por extensión, se utiliza como llamado de atención jocoso: "A ver, oríllate a la orilla, ¿qué quieres decir cuando dices que ya no somos cuates?"

otro boleto. Otra cosa, otra cuestión, otra historia: "Los mayas no tienen casi nada que ver con los aztecas, son otro boleto", "No malentiendas lo que estamos diciendo, esto es otro boleto"; también denota algo muy superior: "No, Rembrandt es completamente otro boleto".

ovarios. Como en el neologismo "¿Y tú qué te crees, que nomás estoy en mi casita rascándome los ovarios?", traslado transparente de estar de güevón —abusivo y/o flojo— rascándose los testículos o tompeates; aun si con los ovarios es en rigor imposible "estar jugando billar de bolsillo". Otro traslado machista al género de enfrente: "¿Y sabes por qué lo voy a hacer, pendejo? ¡Por mis cabrones ovarios!"

(el) ovoide. Se dice de la pelota de futbol americano: "¡Se le cayó el ovoide antes de entrar en la zona de anotación!"

P

¡pácatelas! Interjección usada cuando o alguien o algo se cae; también figurativamente: "Y pácatelas, que les cae la tira".

pacha, pachita. Lo mismo que ánfora, anforita y nalguera: un receptáculo pequeño para acarrear alcohol: "¡Me carga, olvidé la pachita!"

pachanga. Fiesta, reven, reventón, jolgorio; también desorden, negligencia: "A ver si llego a la pachanga de tu cumple, porque tengo que arreglar estos archivos, que son una verdadera pachanga".

pacheca. El estado de pachequez o intoxicación con mariguana: "Ese güey se la vive en la pacheca, no le podemos dar un puesto de tanta responsabilidad".

pacheco. Este vocablo designa tanto al aficionado como al que se encuentra bajo el influjo de la mariguana, al que se las truena, al que se fumiga, al que se pone hasta atrax, al que se ataca, al que le gusta la mostaza, la mora, la morita, la mois, la mota, la motiux, al moto, al motorolo, al pasado, pasadón, tuzo, frito, etc. Tal vez hubo un tal Pacheco famoso por su adicción a la yerba, a la verde; o tal vez el sustantivo deriva de la lengua dificultosa y pastosa del que quería decir "Me pasé", me pashé, me paché, me pachequeé.

pachequearse. Fumar mariguana: "No vayan a pachequearse antes de la boda, por favor".

pachequez. Intoxicación con mariguana: "Vive en un estado tal de pachequez que dudo que se acuerde de la fecha".

pachocha. El premio principal, el gordo, el tesoro: "Llevaba treinta años de comprar el mismo pinche número de lotería y por fin se sacó la pachocha"; lana, dinero: "¡Suelta la pachocha, cabrón!"

pachoncito. Cualquier cuerpo suave, mullido: "Los osos de peluche son pachoncitos por definición", "Mi chavo está bien pachoncito, vieras qué bien duermo".

pachorra. Lentitud, desmaño, negligencia: "Con tu pachorra, nunca vamos a acabar la mudanza".

pachorrudo. Dormilón, huevón, lento: "En el trópico te vuelves pachorrudo aunque no quieras".

pachotada. Torpezas sociales: "Te invito si no haces una de tus pachotadas".

pachuco. Se llamaba así a los que en los años cuarenta y cincuenta se vestían con amplio saco cruzado, cadena de reló y pantalones anchos, rayados (de ser posible) y con valenciana. La vestimenta se originó en las comunidades chicanas de California. El cantante y actor Tin Tan es el paradigma cabaretero y cinematográfico del estilacho pachuco. El pachuco es vulgar: "¿No le da pena vestirse como pachuco?" El pachuco es elegante: "Soy pachuco y traigo mi mero tacuche bien náis". Se afirmaba que el pachuco era el desdichado mexicano que había perdido su esencia agringándose.

pachucón. El pachuco; el que se viste vistosa y esmeradamente: "Está volviendo un poco el estilo pachucón, ¿a poco no?"

padre. Bueno, óptimo: "Está padre la película, pero tampoco es para tanto", "¡Qué padre que pueden venir a la playa con nosotros!"

padrísimo. Buenísimo, buenisísimo: "Película, exposición, performance u obra de teatro que *están* padrísimas". Nunca se aplica a las mujeres ni a las comidas, como en "Qué padrísima hembra o qué padrísimas tortillas". Sí se emplea en "Tus papis *son* padrísimos", "Tus chavitos *están* padrísimos". Equivale a veces a "A toda madre", pero la verdad es que esta última expresión denota mayor excelsitud, como corresponde a la madre en un matriarcado.

padrote. El macró, el tiburón, el hombre que domina, protege, golpea y administra a una o más putas. Por extensión, el que "padrotea" es el que finge, el que abusa. En la escala social, el patriarcado de los padrotes (en la calle) siempre está muy por debajo del matriarcado de las madrotas (en los burdeles).

padrotear. Lo que hacen los padrotes y los políticos; por extensión, el ejercicio del privilegio de los hombres. Conforme las mujeres adquieren poder y lo ejercen, también se dice que padrotean: "En esa región hay unas antropólogas que son las que padrotean todo", "Aquí el que padrotea no es el cacique, es el cura".

paganos (y paganini). Los afectados por actos ajenos: "Tú armaste el desmadre, te pelaste y los paganos fuimos nosotros".

paisaje. El sexo opuesto: "Aquí estamos viendo el paisaje, mana".

paja, pajuela. Chaqueta, manuela, masturbación masculina; también fantasía: "Ese güey siempre se está haciendo la paja con que se va a hacer rico".

pajarear. Andar distraído, disperso, en la luna: "Concéntrate y deja de pajarear".

pajarero. Extraño, loco, absurdo, fumado, viajado: "No sé si sus ideas son geniales o pajareras".

pajaritos. Variedad de hongo enteógeno de mucho cuidado.

pájaro. Pija, pito, chile, verga, indio, quitoy, etc.: "¡Se me salió el pájaro en la playa!"

palanca. Enchufe, influencia, conecte: "Dame una palanca y moveré la burocracia, como dijo Arquímedes", "Mi familia antes tenía palancas".

palear. Golpear, apalear, madrear, agarrar a palos: "Vi que lo estaban paleando y me metí a lo menso a defenderlo".

palero. Ayudante, comparsa, patiño o cómplice de otro personaje más lucidor, como los actores cómicos, los merolicos, los ladrones: "Haz lo que tú quieras, yo no voy a ser tu palero".

paliacate. Pañuelo colorido que utilizan los indios, los jipis, los camioneros. No proviene del hipotético náhuatl *paliacatl*, sino del topónimo Paliacate o Pulicat, en la India, de donde se exportan estos pañuelos.

(la) pálida. Malestar, desmayo, desvanecimiento, baja de presión: "De repente le entró la pálida y se derrumbó sobre la mesa y luego se fue corriendo a guacarear"; también: la calaca, la muerte: "Ayer pasó la pálida por él mientras dormía".

palito, palo. Coito: "¿No nos da tiempo de un palito antes de ir a la cena?"

palmito. Dícese de las personas, sobre todo mujeres, con un cuerpo admirable: "Tu prima es un verdadero palmito, guau".

palomazo. Improvisación musical; *jam session*, descarga (cubanismo): "Vente a la taquiza, cheleamos y luego nos echamos un palomazo".

palomilla. Banda, pandilla, grupo de muchachos: "Ya me voy con la palomilla, ma, regreso a las nueve". Las películas mexicanas juveniles de los años sesenta —con César Costa, Enrique Guzmán *et al.*— tenían como protagonista a la palomilla (sana) que debía distinguirse de la pandilla (mala).

pamba. Golpes nada severos aplicados a uno por varios; se aplica sobre todo entre niños: "¡Pamba al que no se eche a la alberca!"

pambazo. Cierto tipo de pan blanco y blando: "No se consigue pambazo donde sea"; golpe: "¡Qué pambazo!"

pambear. Golpear (o criticar) entre varios: "Se lo pambearon por meterse en donde nadie lo llama".

(el) pan. Dícese de alguien inocente, incompetente, inerme: "El pan es el lateral izquierdo, lo vas a driblar bien fácil", "De los veladores, el pan es el de la puerta 2". (Se asocia con la expresión *pan comido*.)

(un) pan. Persona excelente, noble, generosa: "Mi hermano es un pan, nomás dile que te ayude", "La madre superiora no es exactamente lo que uno llamaría un pan".

pan dulce, pan de dulce. Se dice generalmente del pan no salado y con azúcar: "Tráete diez piezas de pan dulce, las que se te antojen".

panbol. Futbol: "Fue un domingo panbolero. Primero jugamos en la liga local, luego fuimos al Azteca al clásico y después vimos el resumen de la jornada en la tele y el video de Pelé". (Alguien debería investigar de dónde viene el uso de *pan* por *fut*.)

pancha. Lo mismo que Chencha: "Que lo haga Pancha, ¿no?"

panchitos (o sex-panchitos). Legendarias pandillas juveniles de los años ochenta y principios de los noventa; se dice que fueron las primeras en salirse de su territorio y en incorporar mujeres a la banda. El barrio hiper motherno de Santa Fe se erige sobre los que eran sus feudos.

pancho. Hacer o armar un pancho significa hacerla de pedo, armarla de tox, hacer un espectáculo de sí mismo, hacer el ridículo, hacer un oso, ponerse en evidencia: "El pendejo de mi esposo se la pasa armando panchos por lo que sea, ya no sé cómo desafanarme".

pandearse. Doblarse, deformarse: "La lámina de metal se pandeó bajo el influjo del calor"; asustarse, acobardarse, sacarle, arrugarse: "Galos y aztecas se pandearon, por diversas razones, ante el invasor", "No se pandeen, ahora viene lo bueno".

pandroso. Mal vestido, desaliñado, fachoso, rascuache: "A los chavos les gusta ahora andar vestidos bien pandrosos".

panocha. Dulce; piloncillo de miel; sexo femenino.

panorámico. Los grandes anuncios en las calles; se les conoce más comúnmente como "espectaculares": "En Monterrey se cayeron varios panorámicos con el vendaval de marzo".

papa. La chuleta, el alimento, el sustento, el pipirín: "Hasta la realeza se tiene que ganar la papa hoy en día".

papa, la mera papa. La verdad, la neta: "Suelta la papa, cuéntanos todo", "¡Ya salió la papa!"

papalina. Borrachera, guarapeta, peda: "Aquel gran actor sólo interrumpía la papalina cuando salía a maravillarnos en el escenario".

papaloquelite. Yerba comestible —en tostadas, tacos— de sabor un poco amargo y color verde brillante: "Póngale bastante papaloquelite, marchanta".

¡papas! Se acabó, vámonos, *finita la commedia*; cuando uno se aburre, le pregunta a su pareja o secuaces: "¿Ya papas?" También puede entenderse como el llamado a emprender algo que se ha estado postergando: "Papas con el coche, lo empujamos entre todos".

papasal. Confusión, desmadre, cosa mal hecha: "Mi tesis es un verdadero papasal, ya me la rebotaron".

papear. Comer, degustar, tragar: "Vamos a papear rápido a la fonda", "¿Qué hay para papear, jefecita?"

papel. Dinero, billete, lana, etc.: "Se necesita un buen papel para producir esta película".

papelero. El vendedor ambulante o fijo de periódicos, el voceador: " 'Si no estudias, vas a acabar de papelero, hijo mío', le dijo el papá al escuintle en la película de Ismael Rodríguez".

papelito, papelón. Hacer el ridículo, hacer un oso: "Si vas a venir, por favor no nos salgas con uno de tus papelitos", "Anoche hice un verdadero papelón".

papotear. Conversar, platicar, chacharear: "Nos vemos al rato y papoteamos del asunto, ¿sale?" (Muy probablemente del francés *papoter*.)

paqueteros. Dícese de los que dejan caer un paquetito de dinero envuelto en plástico en la acera y convencen a quienes lo recogen de que entreguen lo que llevan consigo a cambio de quedarse con el paquete presuntamente caído de un bolsillo ajeno.

para variar. Se utiliza para decir "para no variar": "Para variar, llegaste tarde".

paracaidista. Invasor de terrenos, particularmente en áreas perimetrales de las ciudades: "Armó su fuerza política organizando y representando a los paracaidistas".

parchar. Fornicar: "A ése ya me lo parché".

pareja. Los policías preventivos y judiciales actúan en pares y llaman "pareja" e incluso "parejita" a su compañero de arma; los judiciales con frecuencia tienen un tercero, fuera de nómina, al que denominan, quién sabe por qué, "madrina".

parlar. Hablar, comentar: "Sí, ya me parlaron de eso". Es difícil saber si es galicismo del siglo XIX *(parler)*, importado con la intervención francesa, o italianismo *(parlare)* inmigrado en los años diez y veinte, o argentinismo de los setenta.

paro. Un favor, una ayuda: "Hazme un paro por lo que más quieras"; parar, aplazar: "Hazme el paro hasta que me paguen".

Parque Jurásico. La larga y brutal época de dinosaurios priistas en el siglo XX. (La inepta era panista aún no tiene nombre.)

partir la madre. Ponerle a alguien, o a varios, una golpiza, madriza, putiza: "Tus cuates le quieren partir la madre a mi hermano, hazme un paro", "Dizque los gringos le iban a partir toda la madre a los talibanes"; derrotar apabullantemente: "El Necaxa le partió la madre al América en semifinales". (Con frecuencia se abrevia: "Sigue jodiendo, y te la parto", "Se la partieron en el octavo round".

partirse la madre. Significa agarrarse a golpes (o balazos, o demandas en tribunales, o lo que sea) con alguien, o varios: también significa dar lo mejor de uno, o sacrificarse por alguien: "Me partí la madre para escribir mi tesis", "Me partí la madre por ella y luego me mandó a la chingada".

party. En algunos círculos significaba fiesta, reventón: "No tengo gran fe en la party de esta noche"; en otros, partido, grupúsculo, organismo político, como en *Communist Party*: "¿Cómo anda el party, creciendo?"

pasadena. Abstenerse. Pasar cuando rola un chubi de mota; pasar en el dominó o el pocarín *(poker);* en general, pasar de la opción que se nos presenta: "Ustedes lléguenle, yo pasadena".

pasado. Pacheco, fumado, ido, pastel, frito: "Tienes una cara de pasado que ni te cuento".

pasar. Gustar, agradar: "Te va a pasar esa chava, ya verás", "¿Tú crees que me pase esa película?", "No me pasan las actitudes de mi familia contigo, créeme".

pasar a torcer. Perjudicar, fregar, chingar, amolar, dañar, lastimar: "Tus mentiras pasaron a torcerme a mí y a toda la compañía".

pasar corriente. Fajar, franelear, sobarse, acariciarse, meterse mano: "Como la película estaba bien aburrida, mejor nos pusimos a pasar corriente".

pasarse. Sobrepasarse, para bien o para mal: "Se pasó y la esperó diez años"; esmerarse, sobresalir: "¡Te pasaste, qué regalo me trajiste!"; excederse en el consumo de fumables, bebestibles y tragables: "Por favor, chavos, no se pasen".

pasarse de cucharadas. Pasarse de tragos, de copas, de jarabe: "Se les pasaron las cucharadas y decidieron llevarle serenata a las gemelas".

pasarse de lanza, de rosca, de tueste. Exceder los límites, abusar, sobrepasarse: "Tus cuates se pasan, ya no los traigas por acá, va a acabar en bronca", "No te pases de rosca, Óscar".

pasársela capulina. Pasarla muy a su gusto, muy holgadamente: "Desde que heredé de mi abuelo, me la paso de lo más capulina".

pasmarse. Le sucede a las computadoras y a otros aparatos: "Se quedó pasmada cuando estaba escribiendo el final del informe".

pasón. Sobredosis de mariguana que acaece a veces por no decir "pasadena" en alguno de los tres o cuatro momentos adecuados. Se aplica a otros estimulantes, pero nunca al alcohol: "Me puse un pasón espantoso".

pasonearse. Efecto del pasón: "No quiero parecer moralista, pero el hecho es que a cada rato te pasoneas".

pastas. Pastillas de cualquier tipo: alucinógenas, ansiolíticas, de diseño, etc.: "Por todos lados te venden pastas", "Mi tía es adicta a unas pastas y mi prima a las opuestas".

pastel. Estar pacheco, fumado, hasta atrax: "Llegó bien pastel a la fiesta".

pata de elefante. Dícese de las botellas de licor grandes y con agarradera: "Tráiganse, mínimo, una pata de elefante".

patas de hule. Coche, carro, vehículo, nave, lámina, lata, poderoso, ferrari: "Acéptalo, eras popular nomás por tu bonito patas de hule".

patín. Patada: "Le dio un patín en la jeta"; a pie: "Me voy a

patín, no te preocupes"; onda, como en "¿Qué patín con ustedes?", "Agarra tu patín, no andes de pegoste".

patinar el coco. Desvariar, enloquecer, perder la cabeza:
"A Nietzsche acabó patinándole el coco".

patinarse. Fallar, fracasar: "Si crees que me vas a timar, conmigo te patinas".

patinetos. Los que andan en patinetas *(skateboards):* "Mi hijo
es campeón patineto del barrio"; aquellos a quienes *les patina
el coco:* "Voy a hacer mi trabajo social en una clínica para
patinetos".

patiño. El payaso serio, triste, no ocurrente: el Flaco para el
Gordo (Laurel para Hardy), Marcelo para Tin Tan, Schillin-
sky para Manolín y acaso el más genial de todos: Margaret
Dumont para los Hermanos Marx.

patito. Suele designar los productos que son de mala calidad y/o
no son de marca famosa: "Yo siempre compro mis tenis marca
patito, no tengo ganas de gastar fortunas", "Su certificado es
de Academias Patito, así que ya te imaginarás el nivel". (El
origen de la expresión es desconocido.)

patrulla. Igual que "marca patito"; institución (generalmente
educativa) de pésima calidad: "Olegario se graduó del Instituto Patrulla"; también significa pie: "Te apestan las patrullas,
ya date masaje con jabón". (El origen de esta expresión es tan
ignoto como el de la anterior.)

payaso. Persona poco seria, farsante, embaucador: "Dice que
es maestro zen, pero es un payaso", "Es un payaso, no le creas
una palabra"; individuo fatuo, presumido: "No te hagas el
payaso, dime qué se acordó en la junta".

payola banquetera. Lo que tienen que apoquinar —al ayunta-
miento o a la delegación, a los policías extorsionistas y/o a las

minimafias— aquellos que quieren mendigar o vender en las banquetas (aceras) urbanas: "Los que controlan la payola en esa esquina son unos chavitos de quince años". (Derivado de la *payola* de la radio y los espectáculos.)

pecerdos. Mote peyorativo para los peseros (transporte colectivo privado) y choferes que los conducen: "Se me cerró grueso un pecerdo al salir del Peri".

pechonalidad. Se dice de las mujeres de busto grande: "Tu tía tiene una gran pechonalidad".

peda. Borrachera: "¿Ya andan otra vez en la peda?" La *Escala de la Peda* es, según algunos, la siguiente: *1)* ponerse *incróspido*; *2)* sentirse *meco* o *a medios chiles*; *3)* estar ya *calamaco*.

pedal, pedales. Se refiere a una persona que ya está muy peda: "Estás bien pedal, carnal"; o al borrachín consuetudinario: "Pepe era bien pedales".

pedero. Aquel que la hace de pedo por esto o por lo otro, que provoca conflictos: "Mi chavo es pederísimo, lo mismo con los chavos que con las chavas"; o aquel que chantajea: "Mi mamá es bien pedera"; también se aplica a los remilgosos: "¡Deja de ser tan pedero con la comida!" (Las dos primeras acepciones pueden amalgamarse con "azotado".)

pedir chiche (o chichi). Pedir alimento, pedir dinero, pedir compasión: "Según los ricos, los pobres siempre le están pidiendo chiche al gobierno", "Mi hermano le encanta a las mensas como tú con su cara de pedir chichi".

pedo. Borracho, briago, etc.: "Tus cuates son unos pedos inaguantables"; también significa dificultades, conflictos: "Traigo unos pedos con mi chavo que ni te cuento".

(cara de) pedo atravesado. Expresión de pocos amigos, de misántropo, de pedero: "Hitler tenía cara de pedo atravesado".

pedo premiado. Emisión humana de gas acompañada de líquido: "Se me salió un pedo premiado en el baile, olvídate".

pedorrear. Regañar, disciplinar, cagotear a alguien: "En su casa lo pedorrean por cualquier cosa".

pedorro. Desaliñado, sucio, apestoso, repugnante: "Es un viejo pedorro que a veces se para en la esquina".

Pedrito. Pedro Infante. Nadie más. "Ayer estuvimos oyendo discos de Pedrito hasta bien tarde".

pegadora. Cualquier bebida o sustancia que pega fuerte: "Aquel cantinero servía unas cubas muy pegadoras".

pegar tu chicle. Conseguir algo; aprovechar una oportunidad: "Vente a la cena, va a estar ella y a lo mejor pegas tu chicle", "Falstaff dejó de pegar su chicle cuando al príncipe Hal lo hicieron rey".

pegarle. Llegarle, entrarle, atizarle: "Pégale al mezcal, que está de lujo, luego no se te olvide atizarle al mole, y al final llégale al café de olla".

(tener) pegue. Tener encanto: "Mi hermano tiene un pegue bruto con las chavas".

peinar. Criticar, disciplinar, regañar: "Me peinaron por no llenar debidamente los formularios".

peinarla. Pelarla (verga): "Tú a mí me la peinas, güey".

peladaje. El lumpen, el pobrerío: "Tendremos que cruzar unas zonas de mucho peladaje, darling".

pelado. Los pobres, indigentes: "Su papá era un pobre peladito, imagínate"; los que hablan vulgarmente: "¡No hables como pelado, sabes que no me gusta!"

pelar. Hacerle caso a alguien: "Ahí viene el idiota ese, no lo peles", "¿Por qué no me pelas?, yo siempre te he estimado mucho".

pelar el diente. Sonreírse: "Señorita, ¡qué bonito pela usted el diente!"; morirse: "Qué pena, peló el diente anoche, y estaba solo".

pelarse. Escapar, escaparse: "Se les peló el ladrón, son bien bueyes", "Se nos peló la victoria por un pelito".

pelársela, pellizcársela. Fracasar en algo: "Quería enriquecerse con el puesto, pero se la peló". Proviene de pelar el prepucio: "Los de ese equipo a nosotros nos la pellizcan", "Tú a mí siempre me la pelarás, güey".

pelas. "Estar pelas" significa que alguien ya se peló, ya se murió, ya se fue con la pelona: "Ya ni le pienses, tu rey está pelas en cuatro movimientos"; también denota cansancio, derrota, melancolía, etc.: "Me siento completamente pelas, ahí nos vemos mañana".

peli. Este españolismo por "película" es cada vez más aceptado: "Hay pocas buenas pelis en la cartelera".

película palomera. Película dominguera, apenas buena para acompañar la ingesta de palomitas *(popcorn):* "En verano casi todas las películas son palomeras".

pélix. Película, filme: "¿Qué, vamos a ver una pélix?"

pelo. Tamaño, altura: "Es más o menos de tu pelo", "Un edificiote del pelo de dos Torres Latinoamericanas".

pelo chino. Pelo rizado: "Me vuelven loco las chavas de pelo chino".

pelón. Difícil, complicado, arduo: "Está pelón que consigas la chamba", "Esta relación está de lo más pelona".

(la) pelona. La muerte: "Se lo llevó la pelona"; la verga: "Se puso pedo y se sacó la pelona en la fiesta".

pelotero. Jugador de pelota, es decir, beisbolero: "Cubanos, puertorriqueños y dominicanos son grandes peloteros".

peluqueada. Corte de pelo: "¿A cómo la peluqueada, maestro?"; por extensión, recorte de textos, películas, etc.: "Tu manuscrito necesita una buena peluqueada".

peluquear, peluquearse. Cortar, cortarse el cabello: "A ver si ya te peluqueas, greñudín".

pelusa. La gente que no es fina: "Su familia me trata como pelusa".

pellízcatela. Aguántate, chíngate, jódete: "Las cosas son como son y te la vas a tener que pellizcar" (es decir, la verga, la desa).

pendejear, pendejearla. Andar en la pendeja, ser distraído: "No pensaba en lo que estaba pasando, andaba pendejeando"; comportarse cual imbécil: "Espero que algún día dejes de pendejearla". También significa insultar, sobajar, humillar, engañar: "¡A mí ya no me vuelves a pendejear, pendejo!"

pendejo. Idiota, imbécil, cretino, tarado: "Cuando no son los cabrones, son los pendejos los que gobiernan".

péndulo. Pendejo: "Teófilo es bien péndulo".

pensarle. Pensarlo: "Piénsale, piénsale, a ver si te acuerdas", "Piénsale y nos contestas mañana".

pentonto. Forma cursi de llamar a los pendejos: "Eres medio pentonta, mana, te tengo que andar explicando las cosas".

peña. Café donde en los años sesenta y setenta se bebía café de olla o agua de horchata o de jamaica mientras se escuchaban canciones sudamericanas de protesta: "El Cóndor Pasa era su peña favorita". (El término se importó de Chile.)

pepenar. Obtener, conseguir: "Voy a la feria, a ver si me pepeno unos premios y una noviecita".

pepenadores. El que separa y selecciona la basura en los tiraderos: "Báñate, niño, pareces pepenador".

pepita. Clítoris.

peques. Diminutivo de pequeños, recientemente importado de España: "Échale un ojo a los peques, porfa".

perder con. Acostarse con: "¿Ya perdiste con alguien desde que estás en Acapulco?" (Muy probablemente venga de perder "el quinto" o la virginidad.)

perdulario. Individuo pobre, desharrapado y además vulgar: "Tus amigos hablan como perdularios". (Véase "verdulera". Ambas palabras subsisten, pero van para arcaísmos.)

performanceros. Los artistas que ejecutan *performance, happening,* etc.: "Pues ahora ando de performancero, bróder, ¿cómo vex?"

perfumar. Mejorar, aderezar algo: "Me puse a perfumar mi currículum".

periodicazo. Artículo favorable o desfavorable de índole ya sea veraz o mendaz: "La campaña anterior la ganamos a periodicazos, aguas que no la perdamos a periodicazos esta vez".

perióquido. Periódico, diario: "¡Pícale por los perióquidos!"

(la) perrada. Los perros, los cuates, los nacos, los cabrones, la banda, los bróders; generalmente hombres, pero también mujeres: "Ven, va a estar toda la perrada".

perreos. Fiestas que se realizan sin autorización en la vía pública; se vende alcohol, acuden menores y mayores de edad, y a veces terminan en grescas: "Unos vecinos son los que organizan el perreo aquí a la vuelta".

perro, muy perro, perrísimo, perrón. Palabra ambigua que denota intensidad; algo estuvo o va a estar muy bueno, o muy malo; muy rico, o muy duro; muy cabrón o muy gruexo; nefasto o formidable: "¿Saben qué, perros?, la cosa está perrísima con esta perrada de por acá", "Este disco está bien perrón, no te lo pierdas".

persa. Pacheco, pasado, fumado: "Esos cuates se la pasan bien persas todo el día".

perseguir el bolillo. Ganarse el pan, la torta, la papa, la chuleta, el bisté: "Ando persiguiendo el bolillo como idiota".

(el) personal. La gente, los cuates, el público: "Mira nomás qué personal vino", "No nos falles, va a estar todo el personal".

pescuezona. Órgano sexual masculino: "Con este slip se me asoma la pescuezona".

pesera, pesero. Transporte colectivo más pequeño que un autobús; la combi; el micro ("la micro" en Sudamérica). Solía costar un peso, de ahí el nombre: "Agarras una pesera hasta la estación del metro y ahí te espero vestido de canario".

peseta. Veinticinco (o veinticinco mil) pesos. (Antaño valía 25 centavos.)

pestaña. Sueñito, coyote, siesta: "Me voy a echar una pestaña, me despiertas cuando lleguemos".

petacas. Nalgas, náilon, pompis: "María Félix también tenía divinas petacas". (Ya es anacronismo.)

petatearse. Morirse, fallecer, colgar los tenis, estirar la pata, mudarse al panteón: "Te petateas y te envuelven en un petate y te entierran".

(de) petatiux. De imitación, de mala calidad: "Esos tenis son Nike de petatiux".

pex, a veces pez. Pedo, problema: "¿Qué pex traes conmigo?"; asunto, tema: "¿Qué pez con los salarios?"

(ni) pex. Ni modo, qué se le va a hacer: "Perdimos el partido, ya ni pex".

picadero. Dícese de los lugares donde se consigue droga; en particular aquellos donde el adicto mete el brazo por un orificio en una puerta o una pared para que lo "piquen" con la jeringa.

picado. Entusiasmado, embebido, enamorado: "No voy a ir, estoy bien picado con el partido", "Este libro me trae bien picado", "Estoy picadísimo con mi chava".

pícale. Apúrate, apresúrate, córrele: "Pícale por las chelas a la esquina, ya casi están los tacos".

picar. Chismear, malhablar: "Están picando re fuerte a tu familia".

picarla. Llevarse, simpatizar: "La pico bien con la familia de mi chavo".

picarle. Apurarse, apresurarse: "Hay que picarle, porque se hace tarde", "Píquenle con el examen, se va a acabar el tiempo", "Le voy a picar y estaré en tus brazos antes de que puedas decir 'Te extraño'".

picarse. Engolosinarse, entusiasmarse, enamorarse, metejonearse: "Ay, manita, me estoy picando con ese chavo". También, y sobre todo, significa no poder dejar algo, como el amor, el alcohol, el juego: "Yo me pico mucho con el póquer". (Tal vez provenga del francés *se piquer*, picarse el orgullo.) Por lo demás, también significa arponearse, inyectarse, drogarse: "¿Ya volviste a picarte, güey?"

picársela. Hacer el amor, coger, etc.: "Se me hace que esos dos andan picándosela".

picudo. Notable, experto, chingón, sobresaliente, brillante: "María Moliner hizo solita un diccionario picudísimo", "Es mejor que te lleves bien con los picudos del equipo".

picha, pija. Pene, pito: "Se me pescó y pellizcó la pija con el zíper".

pichada. Cada uno de los lanzamientos del pícher o lanzador de béisbol: "Tírame unas pichadas para que calientes el brazo"; las circunstancias de la vida: "Y ahora estoy esperando a ver cuál es su próxima pichada". (Del inglés *To pitch* y *pitcher*.)

pichicatear. Escatimar, poquitear, ocultar: "Si te vas a poner de pinche pichicatero con la lana, no le entro al biznes", "Ella me pichicateaba su amor".

pichonear, comer pichón. En juegos de mesa o en deportes, jugar con "pichones", es decir, con jóvenes, inexpertos, novatos: "Yo no pichoneo en el billar, juego en serio", "Se creen muy nalgoncitos, necesitan que los pichoneen".

pidos. Esta palabra deriva de la expresión infantil "pido", como en "¡Pido tiempo!" Se pueden aumentr "pidos" como indulgencias: "¡No me puedes pegar la roña, tengo tres pidos!"

pido esquina. Querer salirse de un aprieto, un desmadre: "Yo ya pido esquina de esta pinche relación que tenemos". (Antaño, los camiones —autobuses— y peseros —colectivos— no tenían paradas fijas, sino que uno los abordaba al azar de los cruces de calles y la voluntad del chofer y se apeaba "pidiendo esquina".)

piel chinita. Carne de gallina: "Ay, mana, nomás lo veo y se me pone la piel bien chinita".

(ser) pilas. Ser inteligente, astuto, vivo: "Ese chavo es bien pilas en casi todas las materias"; ser dinámico, enérgico, eficaz: "Encárgale la cosa a esa compañía, son muy pilas".

píldora. Anticonceptivo: "Hay gente que aún no sabe de la existencia de la píldora, ¿tú crees?"

pildorita. Hija o hijo querido, pequeñito, mirruñita: "Ahí viene mi pildorita, mira nomás qué linda es".

pilón. Extra, ñapa, yapa: "Quiero un kilo y su pilón, marchantita".

pimponear. Intercambios rápidos y agudos de palabras: "Estaban pimponeando bien chingón sobre música"; asimismo significa prometer y no cumplir, traer a alguien para arriba y para abajo: "Nada más nos pimponean: que vuélvamos en una semana, que en quince días van a estar listos los papeles, que nada más falta un sello, que en un mes nos resuelven en definitiva". (Del juego de *ping-pong* o *pimpón*.)

pinacate. Niño, chamaco, chavo: "Me llevo a los pinacates al zoológico"; individuo desagradable: "Los políticos son una bola de pinacates".

pinche. Malo, abusivo: "No seas pinche con tu hermano"; de mala calidad, chafa: "Está muy pinche tu coche"; desagradable: "Pasamos unas pinches vacaciones que ni te cuento".

pinchísimo, pinchurriento. Peor que pinche: "Te portaste pinchí-simo con ella"; de muy baja calidad, de pobre estofa: "Es una de las películas más pinchurrientas que hemos visto en años".

pingo. El diablo: "Si no te portas bien, va a venir el Pingo para llevarte"; travieso: "Estos niños son unos verdaderos pingos".

pintaba bien (pero se le acabó la brocha). Tenía talento, pero no tanto (o lo desperdició).

(estar) pintado. Ser invisible, carecer de importancia: "Ustedes se besan como si yo estuviera pintado".

pintar mi raya (o línea). Establecer los límites que deseo: "Yo pinto mi raya, no voy más allá", "Pinta tu raya con esa chava, o te va a devorar". Los merolicos, payasos, mimos y otros marchantes y artistas callejeros suelen pintar con gis (tiza) en el piso su territorio.

pintar violines. Mandar a la chingada o mentarle la madre a alguien: "Con tal de pintarle violines al PRI, tuvimos que votar por Fox".

pintarse (y pintarse de colores). Marcharse, irse, largarse, apartarse. "Ya me voy a pintar, estoy bien aburrido", "¡Píntate de colores si no te gusta!" (Atención: faltar a la escuela es "irse de pinta".)

piñata. Encarnación de la alegría infantil mexicana que ha traspasado la Cortina de Nopal hacia otros países. Sin embargo, parecería que proviene de Venecia, *pignatta*, adonde se dice que la llevó, de la China, Marco Polo. Por su parte, María Moliner, en su *Diccionario de uso del español*, informa que en España es "una olla u otro recipiente lleno de dulces que, en el baile del primer domingo de cuaresma, llamado por esto de piñata, es costumbre colgar, para jugar a romperla con un palo llevando los ojos cerrados".

piñata sandinista. Robo, fraude, despojo, saqueo, abuso y rebatiña que una casta "revolucionaria" comete con las propiedades privadas y públicas. (Es nicaragüismo.)

pipí fuera de la bacinica. Equivocarse garrafalmente, no entender lo que sucede: "Yo me creía muy salsa, pero me estaba haciendo pipí fuera de la bacinica".

pipirín. Papa, comida, alimentos, almuerzo: "Déjame echarme mi pipirín y te alcanzo".

pípiris, pipirisnáis. Se dice de quien es náis, pero muy náis, incluso súper náis; muy fresa, muy burguesito: "Es una discoteca para puro pipirisnáis, ni te acerques". (Véase "náis".)

pirado, pírex. Individuo distraído, ido, absorto, ausente: "Te noto muy pirado últimamente, mi estimado Hamlet", "Recuérdaselo, ya ves que es de lo más pírex".

pirarse. Fugarse, mentalmente, de una circunstancia: "Cada vez me piro más de lo que pasa en la casa con la family"; imaginar, fantasear: "A veces me piro y pienso cosas que creo que nadie ha pensado"; escaparse, darse a la fuga: "Se piraron antes de que llegara la tira".

pirata, piñata. Se dice de lo que es chafa, de mala calidad: "Esa camiseta es pirata, manito", "¡Ya no compres tenis piñata!"

pirinola. En México se dice así la palabra perinola. Sirve para aludir a los niños ("Yo paso por las pirinolas a la escuela") y al baile ("Bailé como pirinola").

pirrurris. Fresas, cursis; burguesitos: "Dale bola a tus zapatos para ir a ver a tus primos los pirrurris".

piruja. Hetaira, puta, triste mujer de la vida alegre: "Las calles de la colonia Cuauhtémoc se llenaban de pirujas".

pisa y corre. Pasar con prisa: "Voy a tu casa, pero sólo de pisa y corre". (Es expresión beisbolera.)

písale. Acelera, mete el acelerador: "Písale, si no, no llegamos".

pistear. Tomar copas, tragos, pistos: "No está el señor, salió a pistear con su compadre".

pisto. Trago, drink, chupe: "¿Qué les parece si nos vamos a echar unos pistos hasta amanecernos?"; también significa siesta, sueñito, pestañazo, coyote: "Me voy a echar un pisto, despiértame media hora antes de salir".

pito, pitirrín. El nombre más común (y afectuoso) del órgano sexual masculino: "¡Me arde el pitirrín!"

pitorrearse. Burlarse, mofarse, humillar: "Se pitorrearon de él hasta cansarse", "Todos se pitorrean de mi equipo".

pitorreo. Mofa, befa, burla, sorna, humillación: "Los mexicanos agarran todo a pitorreo"; pachanga, desmadre: "Acabamos a las carcajadas, en el pitorreo".

placear. Recorrer —como turista o político en campaña— las plazas de ciudades y pueblos: "Vamos a placear y ver qué artesanías compramos", "El candidato anda placeando con más ánimo que fortuna".

planchar. Tirar una plancha a un jugador rival, en el futbol; derrotar a un rival político: "Nos plancharon feo en las elecciones"; hacer el amor: "Esa chava me dejó bien planchadito"; también significa arreglar, solucionar: "No te apures, tu licencia ya está planchada".

planchar ajeno. Antaño, ciertas mujeres se empleaban "por fuera" para planchar (y/o lavar) la ropa de casas ajenas. También se decía de las "malas mujeres" que "robaban maridos" en los años treinta a cincuenta: "Ten cuidado con ésa, plancha ajeno".

planchar oreja, Dormir: "Me retiro a planchar oreja, buenas noches a todos".

plátano. Pene (en México así se le dice a la banana): "Ya no sé qué hacer con mi platanito, está muy solo".

platicar. Mexicanismo característico que significa conversar: "¿De qué están platicando ahora los jóvenes?", "Tú y yo tenemos que platicar antes de que se nos arme el desmadre".

plebe, plebito. Niño pequeño: "Tu abue era muy plebe cuando vino la bola y mató a su papá". (Norteñismo.)

plis. Por favor; del inglés *please*: "Pásame los clínex y deja de hacerme llorar, plis".

plomazo. Balazo: "Los narcos se dieron de plomazos en el pueblo de aquí arriba".

plomear. Balear, balacear: "A esos batos les gusta andar plomeando".

plomo. Persona tediosa: "No sé qué le ve a su novio, es un verdadero plomo".

pobretear. Andar de pobre; conmiserar a alguien: "Está bien que últimamente ando pobreteando, pero tampoco me pobretees, por favor, sólo te cuento mis desgracias".

pobreza lacerante. La de la mitad de la población, que a políticos y periodistas lacera.

pocas tuercas. Poca madre, padrísimo, inmejorable, óptimo: "La pachanga estuvo de pocas tuercas".

poco hombre. Se dice de los varones irresponsables, de los machos negligentes y abusivos: "Eres un hijo de la chingada y un poco hombre".

pocho, pochismo. Expresión de los años cuarenta en adelante. El habla de los pochos es aquella que mezcla el habla mexicana —sobre todo la del norte— con el inglés de los gringos. Aunque desdeñada y hasta despreciada por los mexicanos —de todas las clases— que no han tenido que irse a trabajar a los Iuesei, es una fuente constante e inagotable de modismos y neologismos, de los cuales Tin Tan fue el primer icono: "Mi primo habla con un chingo de pochismos desde que se fue a los Esteits".

polaca. Política, grilla, intriga: "La Iglesia católica mexicana empezó a meterse abiertamente en la polaca mexicana en el papado de Karol Wojtila, el papa polaco".

poláit. Amable, cortés, decente: "Mi yerno siempre fue de lo más poláit conmigo". (Del inglés *polite*.)

pollear. Los polleros llevan a los migrantes indocumentados como pollos: los *pollean* y ellos *son polleados*.

pollero. El que lleva a los migrantes sin papeles a Estados Unidos cual pollos: "A los polleros antes los llamaban más bien coyotes, ¿te acuerdas?"

pomingo. Domingo con pomo, chupe, trago: "Este sabadito alegre tira para pomingo".

pomo. Botella o tella de trago, licor, guaro, aguardiente, vino: "Mañana tenemos cena, tráete un pomo".

ponchado. Mamado, fortachón: "Ese luchador está ponchadísimo". (Presumiblemente deriva de los boxeadores con *punch*.) Empero, una "llanta ponchada" es un neumático pinchado. Y un bateador ponchado es, en béisbol, el que ha recibido tres estraics.

ponchar. Forjar un cigarrillo de mariguana.

poncharse. Recibir tres strikes, estraics o estrais como bateador en el béisbol: "¡Poncharon a Barry Bonds!"; fracasar: "Me poncharon en el examen, bróder".

ponchinbag. Dícese del costal de cuero, largo y pesado y relleno, que cuelga del techo y que los boxeadores golpean para endurecer los puños; por extensión, se dice del individuo que otro u otros culpan y humillan y utilizan o "agarran de su pendejo": "Me voy, agárrate a otro de tu ponchinbag, ya me tienes hasta la madre". (Del inglés *punching bag*.)

Poncho. Dícesele a los Alfonso, Ildefonso y demás.

ponedor. Sabroso, efectivo, embriagador, delicioso: "Este vino está muy ponedor"; también significa cogelón, sensual, sexual: "Con todos sus defectos, tengo que decir que mi ex era bien ponedor".

poner. Delatar, informar, chivatear: "A ese jefe de policía, para que se lo echaran, alguien tuvo que ponerlo".

poner como dado. Cuadradito por los seis lados a punta de golpes o, más frecuentemente, de regaños o insultos o críticas: "Me pusieron como dado por criticar a los zapatistas".

poner inyección. Penetrar: "Tu tía se muere de ganas de que le pongan una inyección".

poner parejo, poner cuadrado. Poner como dado, regañar ásperamente; disciplinar a golpes: "Me lo puse parejo en trigonometría", "Lo pusieron cuadrado los de la pandilla".

poner un cuatro. Tender una celada o trampa: "Los rusos quemaron Moscú y le pusieron un cuatro a Napoleón".

ponerle (y ponerle al parche). Hacer el amor: "Le estuvimos poniendo desde que llegamos a las cabañas", "¿No quieren ponerle al parche?"

ponerse. Pagar, contribuir: "Póngase con una lana para que no lo arréstemos".

ponerse azteca. Ponerse abusivo, pesado, cabrón, grueso, gruexo: "Hay que disciplinar a los niños, pero sin ponernos aztecas", "Te lo vuelvo a decir: eres adorable, pero en cuanto bebes, te pones azteca en serio".

ponerse buzo. Ponerse listo, alerta, al alba. Es de suponerse que la aparición de los buzos (*buceadores* en otros países) con sus escafandras y zapatotes instigó en México la idea de que esos personajes debían *ponerse más alerta* que nadie. (Nunca hay que olvidar los calamares gigantes.)

ponerse chinito. "Enchinarse" la piel; ponerse la piel (o "la carne") de gallina: "Nomás la volví a ver, y me puse todo chinito".

ponerse de pechito. Propiciar que se mofen o se aprovechen de uno: "Me puse de pechito cuando le conté de mi amor por su prima Eufemia", "Se puso de pechito ante sus críticos cuando alardeó de su amistad con el tarado de su jefe".

ponerse guapo. Ser amable y generoso: "Ponte guapa e invítanos a todos a cenar".

ponerse impermeabilizante. Hacer una concha, protegerse, capear el temporal: "Con los desmadres de mi familia, lo que yo hago es ponerme impermeabilizante para no ahorcarlos a todos".

ponerse las pilas. Aplicarse a lograr algo, esforzarse, pensar las cosas, echarle los kilos: "Hay que ponerse las pilas y derrotar al imperialismo", "Pónganse las pilas para resolver sus problemas". (Originalmente es centro o sudamericanismo.)

ponk, ponketo, punk. Forma conscientemente fea y/o agresiva de comportarse y ataviarse; su origen es londinense. "Vestirse como ponk", "Todavía quedan ponketas, no creas que no".

ponte la cachucha, la gorra, el sombrero. Ponte el condón: "Si van a ponerle, ponte la cachucha"; también significa: ponte a pensar: "Ponte la cachucha antes de hacer lo primero que se te ocurre, güey".

popis. Popoff, elegante, distinguido: "Desde que se sacaron la lotería, además de riquillos se sienten popis", "Mi pobre madre cree que su familia era muy popis".

popoff. Elegante, refinado: "Yo sólo veo a gente popoff, no a pránganas como tu hermano" (diálogo de película de los años cincuenta).

poquísima. Poquísima madre, poquísima vergüenza, poquísima dignidad: "Licenciado, usted tiene poquísima".

(de) poquísima. Significa de "poca madre", es decir, excelente, a toda madre, padrísimo: "La vista de la bahía está (o es) de poquísima, no te la pierdas".

poquitero. Mezquino, pichicatero con el afecto o con el dinero: "Yo le demuestro que la quiero el resto, pero no le puedo quitar lo poquitera", "No seas poquitero, apechuga con más lana".

por detroit. Por detrás; es alusión sexual.

por si las fláis. Por si las moscas, por si acaso: "Tú lleva condones, por si las fláis". (Del inglés *flies*, moscas.)

por su pollo. Desde luego, por supuesto: "Por su pollo que sí".

porno, pornó. Porque no: "Es simplemente pornó, por eso", "Al maridito ya lo tiene al puro trato porno".

porra. Barra o grupo de animadores o hinchas o forofos o fanáticos que ensalzan y azuzan a un equipo de futbol sóccer o futbol americano o basquetbol o volibol (pero nunca de béisbol): "Las porras convertidas en barras sudamericanas están echando a perder el futbol con sus borracheras y su violencia organizada y desorganizada".

(echar) porras. Animar a un equipo, a un individuo: "Yo le voy a echar porras a tu hermano, gane o no gane".

porril. La condición del porro (gangstercillo universitario, montonero, pandillero).

porrista. Individuo, generalmente de sexo femenino, que se viste con los colores de su equipo y hace piruetas y cabriolas y alardea de sus pectorales y piernas y condición física, junto con otros de su condición, para animar —echar porras— a los partidarios en general de un equipo. (En gringospeak, *cheerleaders*.)

porro. Estudiante de universidad pública gratuita que tal vez originalmente sólo servía como destacado miembro de la porra; "fósil" que no avanza en sus estudios ni deja la universidad y que sirve a "intereses oscuros" que remuneran su violencia contra otros estudiantes o contra maestros. Originalmente los porros usaban sus porras (en el sentido peninsular) contra los alumnos y docentes de izquierda, pero el mundo cambia y la izquierda también se lumpeniza: "Los que tomaron el auditorio, ¿son izquierdistas iluminados o porros drogados?"

porsi. Por si acaso, por si las moscas: "Te lo digo no más porsi; no es que ande de paranoico, de veras".

posudo. El que hace poses en público: "Mi novio es de un posudo que no te cuento, ya lo voy a cortar".

prángana. Pobre, pobretón o miserable: "Ando bien prángana, invítame tú esta vez", "Su familia es bien prángana, entiéndelo".

precioso líquido. No se refiere a los líquidos del cuerpo, sino al agua; es periodiquismo: "El precioso líquido escasea en la comarca".

(el) preciso. Presidente (de la República): "En el quinto o incluso cuarto año del sexenio, los precisos se vuelven cada vez más imprecisos y empiezan a delirar".

prendido. Andar con ánima animada; excitado, sea de cuerpo o espíritu; iluminado o iluminadón, con las pilas bien puestas: "Mick Jagger sigue igual de prendido que hace cuarenta años, pero creo que ahora es por el dinero"; enamorado: "Me trae bien prendido".

prexta. En condiciones normales sólo significa presta tu coche, tu chamarra, tu dinero, etc. Si un chavo le dice a una chava "Órale, ya prexta", significa que le pide que por fin se acueste con él.

prolongársela. Jalársela, mentir, exagerar: "No te la prolongues, ya tira la neta".

prostiputas, prostis. Putas, hetairas, mesalinas, etc.: "Antaño, la iniciación sexual de los varones era con prostis, preferiblemente de confianza".

púas. Cabellera de doma difícil; pelos de ciertos indios. Uno de los mayores boxeadores mexicanos se hacía llamar Rubén *el Púas* Olivares: "¡Ese mi Púas, todavía lo admiramos!"

pucha, puchita. Sexo femenino.

puchar. Fornicar: "Tan puchando, déjalos"; empujar: "Pucha el mueble para acá". (Véase "pushear".)

pueblear. Salir en coche por el campo: "Estoy hasta la madre del Distrito Federal, ¿por qué no salimos a pueblear?"

pueblo bicicletero. Población donde casi no hay vehículos con motores de combustión interna; aldea irrisoria: "Mi abuela venía de un pueblo bicicletero en Durango".

pueblo globero. Pequeña población ingenua que se entusiasma desde que se cuelgan los globos en las calles, en las casas; comunidad festiva, curiosa, candorosa: "A los mexicanos no se nos quita que somos un pueblo globero"; gente ignorante, dejada: "Aquí no cambia nada, el cacique y el cura hacen lo que quieren con este pueblo globero".

(me, te, le, nos, les) puede. Me duele, te lastima, le arde, nos hiere, los conmueve: "Le pudo mucho la muerte de su hermana", "Me puede, claro que me puede. Me puede mucho".

pueque. Puede ser, puede ser que: "Pueque vaya a Orizaba la semana entrante".

(estar) puesto. Estar o andar en viaje de ácido, pacheco, etc.: "Mejor ni le hables, está bien puesto".

puesto como un calcetín. Se dice de quien está listo, presto, dispuesto con gusto a cumplir los deseos, ajenos o propios: "Tú nomás me dices. Ya sabes que estoy puesto como un calcetín".

pulcata. Pulquería, expendio de curados: "Hace años que cerraron la última pulcata del barrio".

pulirse. Esmerarse: "Me voy a pulir con este trabajo, a ver si me suben el sueldo". También dícese del que actúa de mala gana o de mala fe: "Tu primito realmente se pule, ayer dejó el candado abierto".

pulmón. Pulque, neutle: "Vamos a echarnos un pulmón".

pulque. Bebida fermentada de maguey que "se cura" —de ahí "los curados"— con todo tipo de frutas frescas y secas: fresa, guayaba, tuna, guanábana, piña ("para la niña"), durazno ("para los asnos"), manzana, nuez ("otra vez"). A finales del siglo XIX se introdujo la cerveza como bebida alternativa o "de moderación" para que el pueblo ya no se empedara tanto. En el Distrito Federal ya casi no hay pulquerías, salvo en las barriadas más o menos cercanas al campo; por su parte, la alta burguesía ha conservado el pulque para la confección de la *haute cuisine* nacional.

punta. Cuchillos, navajas, filos: "Aguas con ese güey, trae una punta escondida".

puntacho, puntada. Ocurrencia verbal, ingenio: "Tin Tan tenía muy buenos puntachos", "Cuando está de vena, se suelta unas puntadas geniales"; detalle afectuoso: "Tuvo la puntada de regalarle lo que ella más quería".

punzar. Molestar, fastidiar, fregar, chingar: "Me punza que les cuentes mis problemas a mis hermanas".

puñal. Hombre homosexual, gay, guei: "Salvador Novo era bien puñal", "Esos machines le tienen un miedo enfermo a que los crean puñales".

puro blof. Se dice de la gente que finge ser más próspera, poderosa o influyente de lo que es: "Ese cuate es puro blof, no sé ni cómo paga las letras del coche que trae". (Del *bluff* del póquer.)

purrún. Problema, bronca, pedo; excremento: "No hay purrún con el purrún de tu perro, no te preocupes, nomás límpialo".

pushear. Empujar, impulsar: "Ayúdame a pushear la troca". (Es fronterismo. Del inglés *To push*. Véase "puchar".)

putamadral. Mucho, un chingo, un chingamadral: "Hay un putamadral de gente, no se puede ni entrar".

putazo. Golpe o guamazo o madrazo fuerte: "Lo agarraron a putazos unos pinches policías".

putiza. Golpiza, tranquiza, madriza: "Si sigues metiéndote donde no debes, van a acabar dándote una putiza".

Q

qué bruto. Qué bueno, qué interesante, qué sabroso, qué magnífico: "¡Qué bruto, qué pelicunonones eran los de la Bergman!" (Sería interesante saber por qué un adjetivo derogatorio como bruto se instaló en el habla como elogio.)

¿qué bsó? ¿Qué pasó?, ¿qué onda?, ¿cómo te sientes?, ¿qué hay?

¿qué fumaste? Se le dice a quien dice o hace algo extraño.

¿qué jáis? Qué quieres, qué me buscas.

que me registren. Que me esculquen, que me cateen: soy inocente.

que ni qué. Indudablemente: "Tú eres la mejor, que ni qué".

¿qué pachó?, ¿qué pachotes? Significa, como es obvio, qué pasó, qué bsó, qué sucede, qué onda: "¿Qué pachó contigo, pues, dónde te has metido?" Suele ser íntimo y hasta tierno: "¿Qué pachotes, chaparrita?"

¡qué pastel! Qué ridículo, qué cosa grotesca; por otro lado, también quiere decir "¡Qué buena mota!"

¿qué pastel? Qué onda, qué hacemos, 'ónde vamos.

¿qué patín? Originalmente, la versión fresa de ¿qué onda?, ¿qué sucede?, ¿qué pastel?, ¿qué hacemos?: "¿Qué patín contigo, Fermín, vienes o no?"

¿qué pedo? Pregunta existencial, filosófica o agresiva. Equivale a "qué onda" o "qué pasa" pero con mayor énfasis (como en "qué chingados"). "¿Qué pedo con nuestra pareja?", "¿Qué pedo con la religión?", "¿Qué pedo con esos pendejos, qué nos están viendo?" (La relación constante y sonante con la palabra pedo y sus derivadas merece que la analicen lingüistas, psicólogos y antropólogos.) (No, mejor no. Qué pedo armarían.)

qué pex (o qué pez). Qué pasa, qué onda, qué pedo: "¿Qué pex, nos vemos en la noche?", "¿Qué pex con las elecciones?"

¿qué pinche bicho te picó? Significa que uno le pregunta al otro por qué se pone así; equivale a ¿Por qué te alebrestas, yo qué te hice?

qué poca madre. Qué desfachatez, qué vergüenza, qué cinismo: "Qué poca madre la de estos ex presidentes, primero nos chingan y luego nos sermonean", "Qué poca madre, dejaste a los niños tirados en la escuela".

¿qué tan? Se dice en México por "¿cuán?": "¿Qué tan alta es esta pirámide?", "¿qué tan listo es tu amigo?"

¿qué tanto? Se dice por "¿cuánto?": "¿Qué tanto me quieres, Romeo?", "¿Qué tanto pagarían por mis servicios?".

¿qué tanto es tantito? Se dice que empezó como pregunta sexual femenina, a la que el macho respondía dulcemente: "Nomás tantito, mi reina, nomás tantito". Ahora se aplica más generalmente.

¿qué te traes? ¿Me buscas pleito?

quecas. Quesadillas: "Me acabo de chutar unas quecas de flor de calabaza y hongos que no tenían madre".

quechitos, las del quechito. Dícese de las lesbianas.

quedar paleta. Quedar chupado, exhausto: "Los futbolistas quedaron paletas antes de que acabara el juego en Bolivia".

quedarse de a siete. Quedarse atónito, sin respuesta. (Por cierto, ¿siete qué?)

quedarse en el viaje. Se quedaron en el viaje aquellos que se dañaron con el exceso de algún alucinógeno (enteógeno): "Ése, para que veas, sí se quedó en el viaje. Ahorita debe estar en el desierto"; también los que se quedaron en (el alucine de) el pasado sesentero y setentero: "Es una Viuda del 68, se quedó en el viaje".

quedito. Despacito: "Me encanta coger quedito"; bajito: "Habla quedito, están dormidos".

quemacocos. El vidrio situado en el techo de algunos coches: "Mi coche es una carcacha, pero tiene quemacocos, muchachas".

quemado. El desprestigiado, el apestado: "No lo invites a la cena, está muy quemado y te vas a quemar tú mismo".

quemados. Juego infantil en el que quien tiene la pelota se la arroja a otros para "quemarlos" y así irlos eliminando: "Estaban jugando quemados en la playa, el pobre se escapó hacia el mar y el tiburón le arrancó un pie".

quemar. Fumar mariguana: "¿Tú quemas?"; copiar cidís: "Quémame el disco, ¿no?"

quemarse. Manchar la propia reputación, tatemarse, caer en descrédito o vergüenza, ponerse en poco o mucho ridículo: "Me temo que me quemé con tu family, ¿no?", "Las democracias dan el gusto de ver cómo se queman los políticos", "Cállate, cállate, ¡no te quemes!"

(darse un) quemón. Aprende lo que es bueno, aprende lo que es malo: "Tal vez no vas a aprender hasta que no te des un quemón", "Nomás pa' que se den un quemón, el hermano de mi papá conoció personalmente a Pedro Infante".

querer conmigo (contigo, con él, con ella, con ellos). Desear sexual o sentimentalmente: "Él quiere conmigo, y me gusta, pero…"

quesque. Dizque: "Quesque no ha pagado los impuestos de tres años y ahora tiene que apechugar una multotototota", "Quesque se cansó de esperarme y se casó con su novia de la secu".

quetibadecir. Muletilla, frecuentemente sin sentido: "Quetiba-decir, mana, este, ¿qué onda, qué jáis?"

quién quita. Tal vez, quizá: "Quién quita y deja de llover"; ojalá: "Quién quita y sí te ama".

quién sabe. Respuesta muy frecuente.

quihubo, quihubas, quihúbole, quihúboles. Qué hubo, cómo es-tás, cómo están; el primer vocablo es común en todo México y partes de Centroamérica y Colombia: "Quihubo, cabrón, qué onda contigo", "¡Quihubo, hermano, qué vaina!"; los otros son más específicamente mexicanos: "Quihubas, raza", "Quihúbole, ¿qué te trais, por qué me hablas golpeado?", "¡Quihúboles, ya volví!"

quintito, quinto. Inexperto, virgen sexual (ambos sexos); muy antigua moneda de cinco centavos que quizás tenía el mismo diámetro (imaginario) de una panochita.

quitar los calcetines. Esta expresión admite versiones divergen-tes, como en "¿No me quitas los calcetines, guapo?" y "Yo no estoy aquí para lavarte y ni siquiera quitarte los calcetines".

R

rai, ráid, raite. Aventón, autostop, "dejada" en vehículo ajeno: "Vámonos de ráid a Acapulco, no seas sacón". (Del inglés *ride*.)

rajado. El que se rajó, el que tuvo miedo: "No acepté el papel, querían que saliera de rajado".

rajarse. Temer, asustarse, acobardarse: "No es de mexicanos rajarse, pero si las cosas se ponen muy cabronas…"

ramalazo. Batacazo, chingadazo, costalazo: "Me caí del árbol y me di tremendo ramalazo"; enamorarse: "Nomás vi a esa chava y me dio el ramalazo, ¿tú crees?"

rapidín. Dícese del coito que se efectúa con premura, ya sea a causa del poco tiempo o de la premura exigida por la infidelidad: "Nos echamos un rapidín en la despensa". (Las clases media y alta también dicen "cuiqui", del inglés *quickie*.)

rascuache, rascuachón. De pobre calidad; chafa, chafón, chafitas; mediocre: "La clase política mundial es cada vez más rascuache, pero la nacional se esmera particularmente".

rata. Abusivo: "No seas rata, la mitad es de ellos"; ladrón: "Los de esa tienda son bien ratas".

ratear. Hurtar, robar: "Se rateó el *Diccionario* de la RAE, que está carísimo".

rayar. Grafitear, pintar muros: "Los hicieron pintar de gris encima de lo que habían rayado".

rayarse. Beneficiarse, tener mucha suerte, cagarse: "Te rayaste con esa novia, no te la mereces"; también, paradójicamente, significa hacer algo indebido, cagarla: "Te rayaste, no sé cómo vas a arreglar esta pendejada"; en el colmo de la contradicción, también significa lucirse, pulirse, esmerarse: "¡Ráyate con la chamba y a lo mejor te suben el sueldo!"

rayársela. Mentarle la madre y/o desafiar a alguien: "Voy a rayársela a ese cabrón, no te puede tratar así".

rayo de esperanza. Así se autonombró el político Andrés Manuel López Obrador en un discurso, de ahí que se le moteje "Rayito".

raza. El pueblo, el común de la gente, la nación: "Había mucha raza en la playa, apenas se podía caminar"; y la banda, los amigos: "Dile a la raza que nos vemos a las cuatro donde ya sabes".

raza de bronce. Los mexicanos.

re. Significa muy, muy-muy o incluso "mucho muy". "Ese tipo es re pendejo", "Mi hermano es re chiviado".

rebanar. Criticar, recortar, tijeretear, mofarse: "Ya supe que me estuvieron rebanando el otro día"; también significa echar rebane o relajo: "Empezamos hablando en serio, pero acabamos rebanando".

rebane. Crítica: "Aguas con esos cuates, son rápidos para el rebane"; relajo, desmadre: "Hoy tengo mucha chamba, váyanse a otra parte con el rebane".

recetar. Asestar, propinar: "Le recetó un recto de derecha que lo tumbó cuan largo es en el ring salpicado de sangre y sudor"; acto sexual: "Francamente, lo que necesitas es que te receten".

recortar. Tijeretear, rebanar, criticar, censurar, condenar: "Te pasas la vida recortando a los demás, ¿no te aburres?"

refinar. Comer, jamar, tragar: "¿No quieres refinar con nosotros?"

refine. Se refiere al consumo y disfrute de los alimentos. "Me refiné unos tacos de poca", "¿Nos vemos mañana para el refine del recalentado?"

refrescársela. Mentarle la madre a alguien: "Ve y refréscasela, no te quedes apocado".

refrito. *Remake*, nueva versión; plagio: "Una parte de Hollywood se dedica a hacer refritos de películas legendarias".

refundir. Hundir, sepultar, condenar: "Lo refundieron en la tercera división"; golpear: "Le refundió un gancho al hígado asesino".

regada, regadota. Equivocación, metida de pata, pendejada: "Acabo de hacer una regadota que mejor ni te cuento"

regadera. Ducha: "No dejar abierta la llave de la regadera".

regaderazo. Darse una ducha: "¿Nos damos el regaderazo antes o después?"

regar la polilla. Lo que hacen los viejos cuando corren o bailan: "Vamos a regar la polilla, viejo. / Vamos, vieja".

regarla, regar el tepache. Forma menos escatológica de "cagarla" o "dejar la cagada" o "regar la mierda": "¡No la riegues, así no se trata a los niños!"

réiv, rave. Fiesta juvenil, generalmente multitudinaria, donde se suele consumir éxtasis: "Se conocieron en un réiv y se separaron en otro".

relajear. Echar relajo, armar boruca o desmadre, divertirse: "¡Vámonos a relajear un poco!", "¡No relajeen en clase!"

relajiento. El que gusta de armar o echar relajo: "Mi hijo mayor es de lo más relajiento".

remar. Andar, caminar: "Si no reman rápido, no vamos a llegar nunca".

remitir. Enviar a la delegación de policía a un presunto culpable: "Remitieron a tu primo por asalto a una vinatería, córrele".

repatear. Disgustar, desagradar: "Me repatea su novia", "Me repatean los políticos".

repelar. Discutir, argumentar, rebelarse: "¡Y no me repele, condenado escuintle!"

repelona. Persona respondona, peleonera, rebelde: "Ya estás grande para andar de repelona, ¿no?"; también, mariguana áspera: "Está muy repelona esta yerbita".

requete. Aumentativo del aumentativo *re*: "Ese chavo es requete menso, pero es re bueno".

reséntido. El que está muy séntido, es decir, muy sentido, muy dolido, muy agraviado: "Los mexicanos tendemos a ser muy reséntidos".

resetearse. Como las máquinas se resetean *(reset)*, se dice que también las mentes y los organismos humanos: "Tienes que resetearte, sigues haciendo las mismas taradeces", "Tenga paciencia, el cuerpo se resetea después de la operación".

(el) Respetable. El público: "Aquí se hace lo que ordene el Respetable".

(el, un) resto. Mucho, un chingo, buti, harto: "La abuela les dejó el resto de lana", "Tú sabes que te quiero un resto, no te hagas".

retachar, retacharse, retacharski. Regresarse, retornar, devolverse, adevolverse: "Voy en chinga a ver a mi jefa y de inmediato me retacho para acá", "Voy unos meses a Praga, pero me voy a retacharski a Mexiquito en cuanto pueda"; reembolsar, restituir, regresar, devolver: "Te voy a retachar tus cartas, tus besos y tus promesas, esto ya se acabó".

retache. Regreso, retorno: "Paso a verte de retache de la comida, ¿sale?"

retadora. Se dice del equipo que generalmente se improvisa para retar al ganador en una contienda deportiva informal, o de juego de salón como dominó o canasta uruguaya: "Si quieres jugar, arma tu retadora".

retratar. Golpear en la cara: "El balonazo lo retrató y cayó noqueado".

retrátate conmigo. Acostémonos.

reven. Deriva de "reventón", palabra que se puso en boca de la gente en los años sesenta, pero que seguramente es más antigua. Significa fiesta, pachanga, jolgorio en que la gente "se revienta", significando esto que se divierte mucho, se lleva a alguien a la cama, o luego no se acuerda mucho de lo que le pasó: "¿Ustedes saben si hay reven esta noche?"

reventado. El que se la pasa muchísimo en el reven o reventón, la pachanga, la juerga: "Felicia es una chava súper reventada".

revolcón. Como tantas y tantas expresiones, puede expresar fea violencia o bella sexualidad. "Se dieron un revolcón" significa que a golpes acabaron en el polvo, o que a besos acabaron echándose un polvo.

rifado. Interesante, divertido, de variedad: "El reven estuvo bien rifado".

rifador. Bueno, excelente: "Este mezcal está muy rifador", "María Félix se sentía muy rifadora", "Soy muy rifador para las matemáticas".

rifar. Funcionar, ejercer, triunfar: "Nadie, pero nadie, ha rifado aquí como Pedro Infante, que en paz descanse".

rifarla. Contar, importar, tener preponderancia: "Aquí los que la rifan son los que se la rifaron desde el comienzo"; competir, contender: "Voy a rifarla contra ellos, yo creo que gano".

rifársela. Arriesgar el físico, el fisco, la vida, la fortuna, la moral, en aras de algo; ser héroe o heroína: "Yo me la rifo por los cuates", "Se la rifó por la causa"; jugar a la ruleta u otros juegos de fortuna: "Me la rifé a lo pendejo en Las Vegas".

rilax. Un descanso: "Vamos a echarnos un rilax antes de seguir manejando".

rinconero. El que arrincona y hostiga a las mujeres: "Mi jefe es un rinconero bien culero"; el peleonero, el rijoso, el tramposo: "Es un político muy rinconero".

robolucionarios. Numerosísimos miembros del Partido Revolucionario Institucional.

rocanrol. Como en "Estar en el rocanrol": estar precisamente donde y cuando suceden las cosas; pachanga, onda, reventón, historia: "Yo ya me salí del rocanrol, que otros le sigan".

rocola. Lo mismo que sinfonola: aparato que tocaba discos a cambio de monedas. (Del inglés *rock-ola*.)

rodada. Se usa para designar la estatura física o intelectual de las personas: "Échale los canes a esa chava, es de tu rodada", "Lo siento, pero tu maestro no me parece de la rodada del mío". (Originalmente, medida de la rueda de las bicicletas: 18", 24", etcétera.)

rola. Canción, tonada: "Ésta es una de las mejores rolas de Los Panchos"; onda, circunstancia: "¿En qué rola anda esa chava?", "Cada quien su rola, ¿no?"

rolar. Vivir, andar por ahí, existir, andarla rolando: "La ando rolando bien, sin alucines", "Y tú, ¿de qué la rolas?"; pretender a alguien: "Ando viendo si me rolo a tu hermano".

rolarla. Andar rolando, vivir, viendo qué onda: "Creo que voy a rolarla antes de tomar una decisión"; manufacturar un cigarrillo de mariguana: "Rólala, ¿no?"

rollero. El que se expresa larga y aburridamente: el que tira rollos (o rollísimos, o chorísimos, o chorizos, o choros). "No seas tan rollero".

rollo. Choro, chorizo, fárrago, regaño, monólogo: "Párale a tu pinche rollo, bróder"; también hipótesis, teoría: "Ese profe tiene un rollo bien interesante sobre este asunto".

roncarle. Ser muy ducho, muy efec: "Yo le ronco a la bailada", "Él sí le ronca a las matemáticas, para que veas".

roñoso. Pobre, miserable, prángana: "Es un roñoso que no tiene dónde caerse muerto"; gruñón: "Qué carácter tan roñoso tienes".

roperazo. Dícese del acto de sacar del ropero algún regalo indeseado para obsequiarlo a un tercero: "Vieras qué pinche roperazo me obsequió mi prima".

ropero, roperón. Individuo grandote, de sexo masculino en general, tipo ropero, armario o clóset: "Los jugadores de futbol americano son verdaderos roperones".

roquear. Bailar rock, divertirse, pachanguear: "Estuvimos roqueando hasta las cinco"; arrojar piedras ("rocas"): "Los lugareños roquearon el autobús lueguito del accidente".

roqueseñal. Señal obscena que indica que se han chingado a alguien; se le llama así desde que cierto diputado de apellido Roque la efectuó, en el Congreso y ante las cámaras, para celebrar la aprobación del IVA: "El entrenador hizo la roqueseñal cuando su equipo metió el penalti".

rorra. Nena, muchacha, chava apetecible: "En esa disco si algo sobra son las rorras". (También se usa para los varones: "Tu hermano es un rorro".) Viene de bebé, rorro, y de la canción de cuna: "A la ro-ro, nene, a la ro-ro ya, duérmase mi niño, duérmaseme ya".

(doña) Rosita. La Mujer Dormida, la volcana Iztaccíhuatl ("mujer blanca"), novia o esposa de don Gregorio, don Goyo, el también volcán Popocatépetl: "Se veía divina doña Rosita en la madrugada".

rucailo. Ruco, viejo, anciano, vejestorio: "Mi coche ya está bien rucailo".

rucanrol. Rock viejito, rock de los viejos: Beatles, Stones, Who, Doors, Joplin, Hendrix y otros que ya no recuerdo bien, pero que José Agustín en su momento llamó "la nueva música clásica": "Mi jefe sólo escucha un poco de jazz, algunos boleros y bastante rucanrol".

ruco. Viejo, anciano, cebollín, rucailo, persona mayor: "Todos los rucos son bitlemaniacos", "Mi coche es ruco pero bueno"; también significa padre, madre: "Mis rucos son bien buena onda".

rugen. Apestan, hieden, jieden: "Te rugen las patas y las axilas, güey, ya báñate".

ruletero. Taxista sin base fija —es decir, sin "sitio"— que ronda las calles en busca de pasaje, al azar; en cierta forma, como en una ruleta. La expresión es casi arcaica, pero perdura entre los mayores de 50 años y, desde luego, en cierta rola inmortal de Pérez Prado.

rumbo. Barrio: "Yo soy del rumbo de Santa Julia".

rupa. Rupestre, bohemio, pobretón: "Mis cuates más jóvenes son bien rupas".

S

sablazo. Préstamo: "Cobré la quincena en la mañana, pero mi hermana me dio un sablazo".

sablear. Procura un préstamo: "Te veo cara de que me quieres sablear, cabrón.

sabrosear. Presumir, ostentar, jactarse: "No me vengas a sabrosear con tus dizque éxitos en la política".

sabroso. Picudo, salsa, chingón, muy-muy, efectivo, efec: "Te crees muy sabroso, pero eres un pobre güey", "La mera sabrosa era entonces *La Bandida*".

saca tu ficha. No me interrumpas, estoy ocupado.

sacar cohete. Desenfundar o esgrimir un arma: "Gary Cooper, en los westerns, siempre se esperaba hasta el mero final antes de sacar cohete".

sacar de onda. Sorprender, asombrar, azorar: "Lo que me saca de onda es que me lo reclames tú, no el inútil de tu papá", "Anda sacadísimo de onda desde que se enteró de las nuevas reglas"; herir, ofender: "Que te acostaras con él precisamente ese día es lo que más me saca de onda".

sacar la mierda. Derrotar: "Estados Unidos le quiere sacar la mierda a los terroristas"; apalear, golpear brutalmente: "Lo torturaron y le sacaron la mierda".

sacarle, sacatearle, zacatearle. Temer, tener miedo, fruncírsele a uno, acobardarse, culearse: "No le saques, aviéntate lo que prometiste", "Ahora no me salgas con que le zacateas".

sacarle al parche. Sacarle, zacatearle, tener miedo: "Echaron bravata y media y luego le sacaron al parche".

sacarle la sopa (o sopear). Significa lograr que alguien admita algo, por la buena o por la mala: "La confesión era la reina de las pruebas antaño, por eso te agarraban a madrazos para que sacaras la sopa, aunque fueras inocente".

sacarle punta al pizarrín. Producirle gran placer la vagina al pene.

sacársela. Hacer algo sobresaliente: "¡Se la sacaron con esa puesta en escena!" Tal vez provenga de "sacar buenas calificaciones".

sácate, sáquense. Salte de aquí, aléjate, lárgate: "¡Sácate, güey, no estés chingando!", "¡Sáquense, ya no hay plazas!"

sacatón, sacón. Miedoso, cobarde, culero: "No seas sacón, Ramón", "No te preocupes, esos cuates tienen fama de sacatones".

salchicha. Los presuntuosos llaman así a su pito o pene: "Me anda ardiendo la salchicha".

sale. De acuerdo, ya vas, está bien, vale, oquei: "Lo que se acuerde aquí queda estrictamente entre nosotros, ¿sale?", "Y a cambio de estos terrenos, ustedes nos pagan la suma convenida en el contrato, ¿sale? / Sale".

saliendito. Apenas a la salida: "Saliendito de casa, se soltó la terrible tempestad".

Salomé. En México es nombre masculino; *cf.* la famosa canción de los años setenta "La blusa azul": "Oye, Salomé, perdónala, perdónala, perdónala".

salsa. Picudo, chingón, efectivo, sabroso, muy-muy: "Pedro Infante era muy salsa con la cantada y con las viejas", "Te crees muy salsa, pero vales madre".

saltar en los sillones. Hacer algo indebido, echar relajo, armar desmadre, liberarse: "Nomás te distraes un poco y esa gente se pone a saltar en los sillones".

salúdeme aquí discretamente. Únteme la mano, páseme la mordida, embárreme el soborno. (Suelen utilizarla los policías de tránsito, aunque no sólo ellos. En círculos más altos, desde luego, las expresiones son más finolis.)

San Juanico. Catástrofe producida por el hombre; alude a la trágica explosión de depósitos de gas en la localidad de San Juanico, en la zona conurbada del Distrito Federal: "Cualquier día nos amanecemos con otro San Juanico".

San Pancho. San Francisco, California. En los sesenta y setenta algunos jóvenes mexicanos, que se creían y sentían hippies (o jipis, o jipitecas por analogía con los zapotecas y mixtecas), soñaban con viajar a San Pancho y allí agarrar un súper viaje *(trip)*.

sanforizada. Decíase de la ropa sometida a cierto proceso para que no se encogiera a la primera lavada; todavía se dice de los chaparritos: "Mi chavo es simpático y guapo, pero no sanforizado".

sangrón. Pesado, pedante, presumido, antipático, chocante: "Los mexicanos son muy desconfiados de los sangrones, a los que creen descubrir por todas partes"; díscolo: "No seas sangrón, regrésame mis discos".

sapo. Eructo: "Iba a la mitad de su discurso, cuando se le saltó un sapo".

saque de onda. Susto, azoro, trauma: "Para mucha gente, el terremoto fue un total saque de onda".

sato. Tonto, estúpido, pendejo: "¡Perro sato!"

se chingó la Francia. Se jodió todo, ya no hay esperanza. Origen desconocido, pero sería *charmant* pensar que tales fueron las últimas palabras de Maximiliano de Habsburgo a sus colaboradores.

¡se la mama! Prefiero no ofrecer ninguna interpretación. Equivale a decir "¡Es un chingón!", como en "¡Ese actor se la mama, qué actuación!"

se le acabó el caset. Ya no tiene nada que decir: "A los marxistas hace años que se les acabó el caset".

se le chorrearon las quesadillas. Se enfureció, se le pasó la mano: "A ti se te chorrean bien fácil las quesadillas, la verdad".

se le pegó el acelerador. Se dice de alguien que no encuentra la calma.

se le quedó pegado el flotador. Los tinacos y los depósitos de los escusados contienen un flotador de cuyo funcionamiento eficiente depende que no se pierda el agua: "La verdad, creo que ya se me quedó pegado el flotador".

se los dije. Celos: "Ya se los dije, lo que le pasa a tu prima".

se me borró el caset. Se me olvidó, se me pasó, se me fue el avión: "Cada día se me borra más y más el caset. ¿Cuál es tu apodo?"

se me cebó. Se me echó a perder algo, como se ceba la pólvora: "Según aquí tu servilleta, tenía todo preparado, pero en el último momento se me cebó". (Véase "se me sebó".)

se me chispó el monito. Se explica o exclama cuando se cae una figura de porcelana; también se utiliza en otros casos en que algo falla, como eyaculaciones indeseadas, etc.: "Quedó embarazada porque al menso de su novio se le chispó el monito".

se me despertó el indio. Alude a la erección: "Ya no me estés besuqueando, ya se me despertó el indio".

se me están quemando las tortillas. Ya me voy, tengo muchísima prisa.

se me fue el avión. Se me olvidó, se me pasó: "Se me fue el avión de lo que te quería decir", "Cada vez se le va más el avión a tu prima"; también se dice sólo "se me fue": "Se me fue por completo tu cumple, ojalá sepas perdonarme".

se me hace. Me parece, tengo la impresión: "Se me hace que me quieres ver la cara de pendejo", "Se me hace que estoy dejando de quererte".

se me imaginó. Me imaginé, me figuré: "Se me imaginó que te vi en el público de la obra de teatro".

se me quemó el termostato. No se me paró la desta: "Y justo cuando pensábamos que estábamos en el paraíso, se me quemó el termostato..."

se me sebó. Se me escapó algo, como si el sebo (del palo de sebo, por ejemplo) me hubiera impedido sujetarlo. (Véase "se me cebó".)

secuestro exprés. Secuestro, generalmente por unas horas, con el objetivo de robar el auto y el dinero y utilizar las tarjetas de crédito del plagiado: "El licenciado fue víctima de un secuestro exprés, pero ya está a salvo".

seguirla. Seguir en la euforia amistosa, amorosa, lúdica o alcohólica: "Vamos a seguirla hasta la madrugada, al fin mañana es domingo".

segurolas. De seguro, por supuesto, desde luego; expresión ya casi caída en desuso, antaño muy representativa del "habla popular": "Yo te voy a apoyar, segurolas".

semblantear. Juzgar el semblante de alguien, o los visos de una situación: "Ve a semblantear a esas chavas, a ver si les interesamos", "Hay una gran escena en que el cherife entra en la cantina y todos lo semblantean de reojo", "Hay que semblantear las circunstancias antes de tomar una decisión".

(tenerla) sentenciada. Haber decidido un escarmiento o venganza: "A esa cabrona se la tengo sentenciada, manta".

séntido. Dícese de quien está sentido, *id est*, adolorido por la conducta de alguna persona querida: "María José está muy séntida por lo que le hizo el cabrón de su marido", "Eres muy séntido, cualquier cosa te duele".

sentirse. Ofenderse o dolerse de la conducta de otros: "Se sintió mucho porque lo invitaron a última hora", "Se va a sentir si no vas a su boda".

sentirse soñado. Creerse lo máximo, la mamá de Tarzán o el papá de los changuitos: "Se siente soñado desde que le dijeron que tiene las cejas de Brad Pitt".

ser barrio. Ser de los cuates; ser banda, ser broza, ser raza, ser pueblo: "Mi primo es bien barrio, a veces demasiado".

ser carita. Ser guapo de cara bonita. Hasta hace poco se utilizaba exclusivamente a propósito de varones blancos: "James Dean era muy carita, pero Brad Pitt lo es más", "Denzell Washington es carita".

ser muy fijado. Quien presta demasiada atención a los actos ajenos: "Es un curita muy fijado".

ser su botana. Ser el objeto de la burla o el desprecio de otros: "No estoy dispuesto a que tus amiguitos me agarren de su botana". (Véase "botanear".)

(ir de) serenata. Antaño, salir a beber con los cuates y acabar cantando (con o sin trío o mariachi) ante la casa de una muchachona: "No fui a clases porque anoche nos fuimos de serenata".

serrucharse. Cogerse a alguien: "A ésa yo me la serrucho, dijo Chucho".

(estar) servido. Estar bebido, haber chupado: "Ya está servido, no le des otra copa".

(tu) servilleta. Tu servidor: "No te preocupes, de comprar los boletos se encarga tu servilleta".

sesera. Cabeza, cerebro, mollera, mente: "La sesera ya no le da para mucho y de repente se le apelotonan todos los recuerdos".

sexoservidoras(es). Prostitutas; prostiputos; la fauna que presta servicios sexuales por dinero en las calles: "Las sexoservidoras de La Merced exigen guarderías para sus chavitos".

shoqueante. Escandaloso, espeluznante, horroroso: "La prensa saca unas fotos muy shoqueantes del incendio". No confundir con *muy shoquing*, expresión de clase alta que denota algo escandaloso para la buena sociedad. (Ambas del inglés *shocking*, que proviene de *shock*, del que se derivan también locuciones como "Me llevé un shock al verla de nuevo" y "Chocó y sigue en estado de shock, el pobre".)

sí, chucha, sí, chuchín. Sí, claro, sí, cómo no; se utiliza irónicamente: "Soy el mero mero de aquí. / Sí, chucha".

si la leche es poca, al niño le toca. Consigna que una mañana apareció pintada en bardas de todo el país y que a los mexicanos les recuerda la imbecilidad y la demagogia del sexenio de Luis Echeverría.

¡sí se puede! Uno de los más profundos gritos nacionales de años recientes, usualmente expresado en contiendas deportivas (y generalmente en vano).

sicario. Asesino a (miserable) sueldo; fue cultismo y colombianismo: "Tres sicarios del Cártel del Golfo acribillaron al periodista que señaló la ubicación de sus residencias".

siempre, siempre sí, siempre no. A fin de cuentas, por fin: "¿Siempre te vas a ir de viaje?", "Siempre sí me voy a Tlaxcala", "O sea que siempre no me quieres, tal como yo pensaba".

¿siempre qué? A final de cuentas, ¿qué?: "¿Siempre qué, Lupita, te divorcias o no?"

simón, simondor. Sí: "¿Vienes con nosotros? / Simondor".

sincronizadas. Las quesadillas de queso con jamón: "Te vas a reír, pero nadie hacía las sincronizadas como ella".

sinfonola. Rocola, máquina que tocaba discos a cambio de monedas: "Ponte algo cachondón en la sinfonola, ¿no?"

sipilíhuitl. Sí, en falso náhuatl: "¿Me quieres y me adoras? / Sipilíhuitl".

siútico. Cursi, sentimental: "Le gustan las canciones más siúticas que puedas imaginarte". (Chilenismo, de uso reducido.)

soba. Golpiza, madriza, putiza: "Les dieron una soba cabrona, hasta que lograron lo que querían"; trabajo, labor; cansancio, agotamiento: "Estas sobas me las pongo para mantenerlos, pinches zánganos".

sobaquear. Cargar un libro de aquí para allá: "Cuando la conocí, yo sobaqueaba a Martín Luis Guzmán y calzaba huaraches que hacían tla, tla".

sobarse. Romperse el lomo, trabajar mucho: "Mientras yo me sobo el lomo todo el día para que comas, tú estás aquí leyéndote el ombligo". (No se entiende por qué el agradable verbo sobarse significa chingarse.)

sobre. La cama: "Estoy agotado, me voy a meter al sobre".

sobres (siempre plural). "Estar sobres", estar presto, dispuesto, preparado. "En esta chamba tienes que estar siempre bien sobres", "Cuando ustedes quieran, yo estoy sobres", "Mariana anda súper sobres con él".

sobrinas. Las sobras de la mesa, o de lo que sea: "Para desayunar sólo hay sobrinas de ayer", "Se van a querer robar las sobrinas del presupuesto, ten cuidado".

solano. Solo, solitario: "Yo prefiero vivir solano, la pareja es francamente mucha chamba", "Decía que más valía ser solano para ser filósofo".

solo como frijol en milpa. El borracho abandonado en la cantina; el político resentido; el poeta sin mujer y sin amigos; el abandonado: "Hay veces que me siento más solo que frijol en milpa, nomás falta sentirme como perro en el periférico". (Con frecuencia el frijol se siembra entre los surcos de maíz y desde luego las matas son bastante más pequeñas.)

soltar la guanábana. Desnudarse y lo demás: "Me muero por que esta noche me suelte la guanábana".

soltar la sopa (la papa). Narrar: "Suelta la sopa, me muero de ganas de saber lo que pasó"; confesar, admitir: "Solté la papa y le dije que no había dejado de quererla".

soltarse. Tener chorrillo, diarrea: "Ya se me soltó, mejor corro al baño".

sombrerudos. La gente de campo de sexo masculino; los revolucionarios de 1910: "Y ora, tú, ¿qué hace tanto sombrerudo en la ciudad, es alguna manifestación?"

sonarse a alguien. Golpear, tundir, madrear a alguien: "Se lo sonaron cabrón por querer agarrar a fuerzas a Guadalupe".

sonideros. Los que arman el sonido de las fiestas (particulares, barriales o públicas) con música previamente grabada: "Mi pariente dice que conoce a unos sonideros bien chingones de Correo Mayor".

sonrisa de la iguana. "Ahora ya sabes de qué lado sonríe (o masca) la iguana": expresión falsamente enigmática, de origen campirano, que significa que por fin entendiste algo.

(darse una) sopa, una sopita. Liarse a golpes, a cates, a madrazos: "Si quieres salimos y nos damos (o echamos) una sopita".

sopa de letras. Sopa (líquida) de pasta compuesta de letras del alfabeto; máximo grado de *literacy* de millones de mexicanos.

sopa seca. La que no es líquida, como sí lo son las otras sopas; el arrocito rojo, el arrocito blanco, el arroz verde, los fideos, los coditos, el espagueti, etc.: "En las fondas, la carta siempre ofrece sopa seca".

sopapear. Propinar sopapos, golpes: "¿Se van a sopapear o nomás se van a seguir dando empujones?"

sopapo. Golpe, zape, bofetada, coscorrón, bofetada, cachetada: "En esa época tu periódico siempre me andaba dando sopapos".

¡sopas! (o ¡sopes!). Lo mismo que "¡bolas!" Exclamación que se usa cuando alguien se propina, o le propinan, un golpe, sea real o metafórico.

sopear. Antes de meterlo en la boca, introducir pan, galleta o tortilla en la sopa u otro alimento líquido, como el chocolate o el café: "No se bebe el chocolate, lo sopea durante horas, de ser posible"; también significa balconear, delatar, soltar la sopa: "Y cuidado vayas a sopear, porque te carga lachi".

sopetón. Golpe brusco, sopapo: "Le dio un sopetón que le rompió la nariz".

(de) sopetón. De súbito, de pronto, de repente: "Le anunció de sopetón que lo dejaba por otro".

soplar. Fornicar, follar, coger: "Si ya no sopla mi compadre, te recomiendo el viagra, comadre"; susurrar las respuestas en un examen: "¿Me soplas, porfis?"

sopletear. Usar soplete de gas; masturbar oralmente.

soquete. Moquete, golpe, coscorrón: "Lo agarraron a soquetes por zoquete". (Quizá venga del inglés *sock it*.)

sorrajar. Asestar, propinar: "Le sorrajaron un soplamocos por impertinente".

sospechosismo. Neologismo acuñado por un secretario de Gobernación; quiso decir suspicacia: "El sospechosismo de los políticos entre sí es uno de nuestros males actuales".

sotaco, zotaco. Individuo bajito, chaparrón: "Napoleón y Madero eran bien sotacos".

su santidad el Popo. Popocatépetl, don Gregorio, Goyo; volcán por excelencia.

suave. Esta palabra tiene por lo menos tres sentidos; bueno, chido, excelente: "Está muy suave esa novela, no te la pierdas"; de acuerdo, oquei, órale, ya vas: "Me encantaría besarte. / Suave"; ya basta, intolerable, inaguantable: "Ya estuvo suave de tanta corrupción y mediocridad, señor diputado".

subir la espuma. Encresparse, enfurecerse, encabronarse: "Ya no puedo hablar contigo sin que se me suba la espuma".

sudacas. Los sudamericanos; es peninsularismo: "Estuve en una comida muy divertida con casi puros sudacas".

sudar el cuero (el pellejo), sudar la sopa. Echar el bofe, esforzarse, esmerarse, hacer la lucha: "Aquí se viene a sudar el pellejo, no a cuidarse las uñas de las manos".

(estar) suelto. Padecer chorrillo o diarrea: "Ya estoy suelto, no voy a poder ir al baile".

sufrida, sufridita. Frida Kahlo.

sulfurarse. Enfurecerse, encresparse, estallar: "No te sulfures, no vayas a hacer alguna pendejada".

(el) sup. Dícese del Subcomandante Marcos, del EZLN.

surfear. Hacer tabla en las olas marinas: "En el Golfo no se surfea"; navegar en internet: "Ya me aburre surfear en la red". (Del inglés *To surf*; a su vez de *To surface*.)

surtirse. Golpear o madrear o torturar a alguien. "Al pobre se lo surtió la tira", "Se lo surtieron en bola al güey".

susto. Enfermedad del alma producida por un accidente, un embrujo, una desgracia, etc.: "Yo conozco a un señor muy bueno para curar del susto".

T

tacama. Cabeza, maceta, cholla, choya, chrimoya, testa: "Los yucatecos tienen amplia la tacama", "Le duele mucho la tacama, no va a ir a la cena".

(echarse un) taco. Se dice por comer, llantar, jamar: "Vamos a echarnos un taco antes de que se mueran de hambre los niños".

taco de ojo. No se trata de los tradicionales ojos de res envueltos en tortilla y enrollados con chile y verdurita para formar un taco, sino del placer o agasajo visual brindado por el cuerpo humano: "Vamos a tumbarnos a la playa para echarnos un taco de ojo mientras cheleamos y discutimos de biznes".

tacos de humo. Cigarrillos, pero también puros y puritos: "El cardiólogo me prohibió terminantemente los tacos de humo".

tacuche. Un traje elegante de hombre: "Voy a estrenar mi tacuche italiano para tu boda, carnal".

tachas. Dícese del MDMA, éxtasis, equis: "Los chavos cada vez se meten más tachas más chavitos, es un problema de la chingada".

taguarniz. Licores o aguardientes de ínfima calidad: "Tú te bebes cualquier taguarniz, ¿verdad?"

talacha. Cualquier trabajo manual, generalmente no calificado; a veces en las calles se encuentran letreros que pregonan: "Se hacen talachas". Por extensión, hacer una talacha significa hacer una labor cualquiera, incluso intelectual: "Ya casi terminé el libro, pero me falta toda la talacha de las notas y los índices".

talachear. Trabajar, laborar: "Si estás dispuesto a talachear, te doy chance".

talega. El paquete, los testículos y el pene: "Se le inflamó bien feo la talega"; también significa dinero, pues las talegas eran costales donde se guardaban las monedas: "Vámonos a comer, yo traigo talega".

taleguear. Maicear, comprar a la gente que protesta y se opone; proviene de las talegas de plata u oro: "Querían taleguearme, ¿tú crees?"

talibán. Individuo machista, intolerante; ultraderechista; ultraizquierdista: "Esos cuates son más talibanes que el cardenal".

taloneado. Deteriorado, envejecido: "Tu jefe se ve muy taloneado", "Era un cuero esa chava, pero de un tiempo acá se nota taloneadísima".

talonear. Ejercer la prostitución callejera (las putas son "las del talón"): "Esa chava que usted dice ya no talonea aquí"; trabajar, chambear, esforzarse, empeñarse: "Le estoy taloneando fuerte a la micobiología".

tallarse. Esforzarse, partirse la madre, rifársela: "Si quiere el puesto, que se la talle", "Me la tengo que tallar para que me quiera".

tamal. Vianda de masa de maíz consumida desde Perú hasta México: "Vamos a desayunarnos unos tamalitos bien picositos"; también se dice del falo: "Con ese traje de baño se te ve mucho el tamal"; asimismo se utiliza para describir cierta forma humana: "Tiene cuerpo de tamal". (En el Gabacho, a las mujeres sensuales las llaman *hot tamale*.)

tamarindo. Policía de tránsito (de tráfico). Así se les decía por el color del uniforme: "Los tamarindos en moto son, por definición, mala onda"; también se les decía "tecolotes".

tambache. Paquete, bulto, fardo de tamaño considerable: "Vamos a necesitar dos o tres gentes para que se lleven esos tambaches", "No creo poder ir, tengo un tambache de chamba acumulada".

también en Amecameca hace aire. Esto sucede aquí y en todas partes.

tambo. Cárcel, prisión, bote: "Te prometo que saliendo del tambo nos casamos por la Iglesia con tu tío el curita; mientras tanto, lleva a bautizar al niño".

tamos, tas, toy. Estamos, estás, estoy: "¿Cómo tas? / Toy bien", "¿Tamos en lo que quedamos? / Tamos".

tanates. Tompeates, tompiates, tejocotes, testículos, huevos: "¡Qué tanates los tuyos de volver a presentarte por aquí!"

tanearse. Asolearse en la playa u otro sitio, quitarse el color rosita o blanco burócrata: "Nos invitan a tanearnos y reventarnos en Aca". (Del inglés *Get a tan*.)

tanque. Cárcel, tambo, chirona, etc.: "Hay que arrejuntar feria para sacarlo del tanque". (También en Estados Unidos *tank* es cárcel.) Significa también dar un toque o jalón de yerba o tabaco: "Dame un tanque".

tantito. Un poco: "¿No me quieres ni tantito?", "Espérame tantito, ya voy"; no tanto: "Déjame besarte tantito nomás".

tapanco. Segundo piso, general pero no necesariamente de madera, dentro de una habitación: "Ponle un tapanco para el escritorio y con la cama abajo se va a ver bien chido".

taquiza. Comida, generalmente para un buen número de gente, en que el plato principal son los tacos: "Le entré a la taquiza" o "Me metí una taquiza" significa que comí muchos tacos, o comí mucho.

tarado. Menso, idiota, pendejo: "No seas tarado, nunca te metas con la vecina".

taravisión. La tele es la caja idiota que te tara, tarado: "Los mexicanos no se educan en la escuela, sino con la taravisión".

tarjetero. Los individuos que distribuyen en la calle las tarjetas que pregonan la virtud —o falta de la misma— de centros nocturnos, bares, antros, *table dances*, etc. También se les llama, quién sabe por qué, *güigüis*.

tarola, tarolas. Tarado, idiota, menso, pendejo: "No seas tarolas, sigue bien el instructivo"; también designa la batería musical, y a quien la interpreta.

tarugo. Menso, memo, lelo, bruto, tarado: "No seas tarugo, no te está coqueteando sino siendo amable".

¡tate! "¡Estate quieto!", "¡Ya estate sosiego!"

tatema. Cerebro, mente: "Usa la tatema antes de actuar, güey".

tatemar (o tostar) las patas al chamuco. Fumar *cannabis*.

tatemar. Quemar, calcinar: "No pongas las mano ahí, porque te tatemas".

tatemarse. Equivocarse, hacer el ridículo, quemarse, mancharse: "Me sentí el muy picudo, me eché el discurso y me tatemé frente a todo el mundo".

té. Mota.

¿te cai? ¿Te cae (de madre que es cierto)?, ¿lo juras?, ¿estás seguro?

te lo voy a deber. Con esta fórmula se acepta el trago, la comida, el café que se nos convida.

te me vas yendo. Vete, lárgate, auséntate, ya no te soporto: "¿Sabes qué?, te me vas yendo a la chingada ahorita mismo".

Teca, Tecamachalski. Tecamachalco: "Es una vieja bien burguesota de Teca".

teclas. Pechos, senos, chiches, chichis: "¿Me dejas tocarte las teclas, para inspirarme?"

tecolines. Pesos, morlacos, varos: "Me debes mil tecolines".

tecolote. Búho, lechuza. Antaño, cuando los policías de tránsito, es decir de tráfico, vestían de color café, es decir marrón, se les llamaba tamarindos o tecolotes: "¡Ya te cachó el tecolote, y tú que no has sacado la licencia!"

tehuacanazo. Tormento con agua mineral aplicada por las narices: "La Judicial te convence de que eres culpable a punta de tehuacanazos".

téibol. *Table dance*: "De los teibols dicen que son producto del comunismo, porque las bailarinas son rusas, polacas, yugoslavas, etcétera".

(tómatelo con) teikirisi. Tómatelo con calma, no te encrespes. (Del inglés *Take it easy.*)

tejocote. Fruto pequeño y amargo, testículo: "Le dieron un patadón en los tejocotes".

telele. Malestar, achuchón, crisis: "Me dio un telele después del choque que todavía no se me quita", "Ver las fotos de Pinochet, Videla y demás asesinos todavía me da telele".

telera. Pieza de pan con que tradicionalmente se hacen las tortas: "En esta panadería hacen unas teleras sublimes"; nacha, nalga, náilon: "En el metro no dejaban de agarrarme las teleras, mana"; también se dice de la tele: "No tengo chamba ni chava, nomás veo la telera como pendejo".

televicia. Así se designa a la empresa Televisa en particular y a la tele comercial en general.

tella. Botella de licor, pomo: "Tráete una tella para la cena".

tendido. A toda velocidad, con premura, en chinga: "Vete tendido al hospital, está en urgencias".

tener palancas. Gozar de amistades, influencias o agentes en algún gobierno, empresa u organización: "Ese cardenal tiene muchas palancas en la curia".

tenerle ley. Tenerle lealtad, amistad, confianza, afecto a alguien: "Yo le tengo mucha ley a mi ex".

Tenochtitlan–Teotihuacan. Ombligo del mundo. (Hay dos. El otro está en algún lugar del Tíbet.)

tepache. Bebida fermentada de piña u otras frutas: "Se dice 'regar el tepache' para no decir 'regar la mierda'".

Tepis. Apócope cariñoso del (infaustamente) célebre Barrio Bravo de la ciudad de México, Tepito, mismo donde se supone que se origina gran cantidad de las palabras y expresiones contenidas en este libro: "Me compré tres kilos de devedés en Tepis".

teporingo. Conejo que habita cerca de los volcanes del Valle de México: "Supongo que también los teporingos están en peligro de extinción".

teporocho. Vago, borrachín, *clochard*: "Algunos poetas acaban de teporochos".

testerearse. Menearse sin caer: "Venía testereando por en medio de la calle, borracho o herido, no sé".

tetez. Infancia: "Te voy a enseñar unas fotos bien simpáticas de mi tetez"; inmadurez: "¡Estoy harto de tu estúpida tetez!"

teto. Bebé, niñito, chavito, jovencito: "Estás muy teto para ver esta película". (De *teta*.)

Texas. En México nunca se escribe con jota pero siempre se pronuncia *tejas*. Tal vez para justificar, ante los demás hispanohablantes, que México se pronuncie, pero no se escriba, con jota.

The Big Enchilada. El mero-mero, el jefazo, el uyuyuy, el efec. Es gringuismo (¿texanismo?): "Mr. Bush was the Big Enchilada around these parts", y más probablemente cultismo que pochismo: "Mi director de área se siente la Big Enchilada".

tía de las muchachas. La chingada, la fregada: "Me está llevando de a tiro la tía de las muchachas".

tianguis. Mercado popular no albergado por un edificio: "En ese tianguis hay unos tlacoyos sublimes"; mercado especializado: "tianguis de autos los fines de semana"; mercado popular itinerante, también nombrado "mercado sobre ruedas"; mercado de trueque.

tíbiri. Lugar de baile popular: "Lo vi por primera vez en el tíbiri". (Proviene de la canción "El tibiritábara" que cantaba Daniel Santos.)

tiburonear. Acosar, agredir, robar: "Su familia cree que tengo dinero y me andan tiburoneando".

tícher. Originalmente, la maestra de inglés: "Tuve una tícher de inglés fregonsísima en primaria"; también significa maestro, maese, gurú, guía, *maître à penser*: "Foucault fue su tícher y dicen que su amante, yo no sé".

tijeretear. Criticar, rebanar, recortar: "Hay veces que se te pasa la mano al tijeretear a los cuates", "Si te vas, te tijereteamos".

tilico. Individuo sumamente delgado: "No soy anoréxica, soy tilica".

tiliches. Objetos o pertenencias o triques personales de tipo misceláneo, generalmente pequeños: "¿Ya buscaste en el cuarto de los tiliches a ver si está?", "Agarra tus tiliches y lárgate, ¡ya no te trago!"

Tin Tan. Semidiós vernáculo mexicano, nacido con el nombre de Germán Valdés; actor y cantante: "Como todos sabemos, Tin Tan rescató la figura del pocho o pachuco fronterizo".

tipo. Manera de, tamaño de: "Es tipo cabrón, pero en realidad es un tierno", "Consíguete una viga tipo grandota".

tipo jámer. Individuo insistente, necio, porfiado: "Dile que no desde el principio, porque es del tipo jámer". (Presumiblemente de *hammer*, martillo en inglés.)

tiquismiquis. No, no es mexicanismo, ni latinoamericanismo, aunque lo parezca. Según María Moliner, "alteración, a través de 'tibi michi' y 'tichi michi', del latín 'tibi mihi'; se empleó primeramente con referencia a las discusiones teológicas monacales". Melindroso; muy exigente o irritable; como en "Tu mamá da la impresión de ser muy tiquismiquis".

tira, tiranía. Policía, chota, azules, cuicos: "Los agarró la tira desvalijando coches robados".

tirada. Lo que sigue, el decurso, la onda: "¿Y ahora cuál sería la tirada?"; también intenciones: "¿Cuál es tu tirada, cabrón? Más vale hablar a calzón quitao".

tiranetas. Aquel que en el púlpito, en la cátedra, la cantina, la sala, el teléfono o el internet profesa verdades (o pendejadas) sin cesar: "Mi hermano y Fidel Castro son casos patológicos de tiranetas".

tirantes. El árbitro de la lucha libre; la antigua etiqueta prescribía que debían lucir tirantes, camisa blanca y corbata de moño: "¡Pinche tirantes vendido!"

tirar (echar) la aburridora. Chorear, monsergar, apostrofar, sermonear, echar la moralina: "Ya no me tires la aburridora sobre mis relaciones con él", "Hay que echarles la aburridora a los chavos, se están pasando de rosca".

tirar (echar) la onda. Coquetear: "Es de esos batos que les tiran onda a todas las chavas"; también significa aconsejar, orientar: "Échales la onda a esos chavos, andan muy pendejos".

tirar la toalla. Rendirse, darse por derrotado, desistir: "El examen es en tres días y no he estudiado nada, mejor tiro la toalla". (Los *séconds* y entrenadores de los boxeadores tiran literalmente la toalla al cuadrilátero cuando su púgil —o "pupilo"— está siendo destrozado por su adversario.)

tirar (o bajar) línea. En las organizaciones políticas o mercantiles, la consigna que emana del grupo en el poder: "En cuanto nos tiren línea, te avisamos qué hacer".

tirar los calzones (los chones). Cusquear, coquetear, flirtear: "Es tan guapo que las chavas le andan tirando los calzones todo el tiempo". (A veces, con ciertas estrellas musicales, los calzones se arrojan realmente.)

tirar neta(s). Decir verdades, decir las cosas como son: "Ya va siendo hora de que alguien le tire la neta a este pendejo que nos tocó de administrador".

tirar rol. Charlar, platicar, conversar: "Estuvimos tirando rol hasta bien tarde".

tirarle. Se utiliza sobre todo en la pregunta: "¿A qué le tiras?", generalmente en el entendido de que el interrogado ya no puede tirarle a nada: porque la rancherita se casó con otro, porque Proust publicó el mejor libro, etcétera.

tiroteo. Sesión de gran ingesta de alcohol: "Anoche estuvo duro el tiroteo".

titipuchal. Lo mismo que chingamadral, montonal, un chorro, un resto, gran cantidad: "Había un titipuchal de babosos esperando que los dejaran entrar", "Tengo un titipuchal de motivos para ya no verte".

tlaconete. Especie de babosa que vive en sitios húmedos; en ciertos lugares, salamandra; también significa achichincle, mensajero: "Yo era como tlaconete del licenciado entonces".

tlachar, clachar. Sorprender, descubrir: "Ya te claché que te gusta mi hermana", "Lo clacharon con el reloj robado", "No dejes que te tlachen".

tocada. Concierto, recital, palomazo, toquín: "¿Vas a venir a la tocada?"

(estar) tocadiscos. Estar tocado, estar loquito: "Tu amigo está medio tocadiscos, ¿no te has dado cuenta?"

tocar bas(e). Viene seguramente de tocar o llegar a la primera, segunda o tercera bases en béisbol y softbol; se aplica en general a los juegos en que uno o varios niños persiguen a otros para "quemarlos" o "sacarlos" o "encantarlos" cuando están fuera de "la bas(e)" o "la casa"; también se dice en el sentido de alivio: "Lo que yo ya quiero es nomás tocar base".

tocar pelo. Los toreros, sacar oreja(s), rabo; los púberes y adolescentes, tocar púbico.

tocayo. Los que tienen el mismo nombre: "Mi tocayo fue muerto por Aquiles en la *Ilíada*"; a veces también se habla de tocayos de apellido.

tochito. Diminutivo de *touch football*. Se juega (mucho menos que hogaño) en las calles, los parques, los estacionamientos, las escuelas. No se golpea a los integrantes del equipo enemigo ni se derriba al contrincante que lleva la bola; con sólo tocarlo debajo de la cintura, debe detenerse y se pasa al siguiente "dáun" *(down)*.

tocho, tocho morocho, (de) todano. Todo, de todo: "Se acabó tocho entre nosotros", "Se me antoja de tocho morocho en esta panadería", "Contigo yo quiero de todano"; también significa trozo, trusco, pedazo: "Dame un tocho de tu pastel".

tomar café. Morirse: "No, mi abuelito no votó, él ya tomó café hace tiempo".

tompeates, tompiates. Testículos, tanates, tejocotes, güevos: "El balonazo le dio directo en los tompiates".

tongo. Fingimiento, comedia, trampa, timo, trinquete: "Hasta hace poco, creíamos que sólo los priistas andaban en el tongo".

tono golpeado. Hablar con voz enfadada o despectiva: "Y no me contestes con tu tonito golpeado".

tons. Apócope muy común de la palabra "entonces": "Tons qué, mi reina, ¿me deja acompañarla al pan?", "Tons, ¿estás contra nosotros?"

tóper. Recipiente de plástico para guardar alimentos en el refrigerador: "Pásame un tóper grande para los elotes". (Originalmente eran de la marca Tupperware.)

toque. Una fumada o fumadita de mariguana: "¡Rolen el toque, desgraciados!" (¿Qué fue primero, el *toke* gringo o el toque mexica?)

toque y rol. Etiqueta para fumar *cannabis*: se da uno el toque y rola (pasa) el chubi a la siguiente persona.

toquín. Diminutivo de "tocada". Concierto, recital, etc.: "Fue un toquín de un bueno que no te la creías".

torcer. Forjar, ponchar un chubi.

torcerse. Doblarse, claudicar: "No te tuerzas, tu familia te necesita".

toreado. Enojado, picado, encabronado: "¿Qué te pasó, que llegas tan toreadito?" (Deriva de los chiles toreados, es decir, levemente tostados en el comal para que piquen más.)

torear. Eludir, evadir: "Ando toreando las deudas y los reproches como puedo".

torero. Vendedor ambulante sin permiso que "torea" a los inspectores que pretenden decomisar su mercancía (cedés, videos, devedés, libros, ropa, juguetes, mochilas, etcétera).

torilear. Encauzar, conducir: "Te agradezco que me hayas torileado a ese galán, lástima que tenía halitosis"; engañar, fintar: "A mí me dices la verdad y no me torileas". (De los toriles por donde conducen a los toros en las plazas.)

toronja. Seno femenino; si es más pequeño, se le llama "naranja", si es más grande, "melón".

torta. Emparedado suculento hecho con telera (principalmente), bolillo, baguette, etc.; también significa novia, novio o ligue: "Voy a ir con mi torta (o tortita)".

tortear. Meterle mano a alguien, manosearlo con o sin permiso, moverle el chile y el aguacate, batirle la crema, sentirle el migajón, menearle el tepache, columpiarle las manzanas, etc.: "Vengo enchiladísima porque me tortearon gruexo en el metro, mana" ("torteada"); también significa golpear, madrear, vapulear: "La policía lo torteó para que confesara" ("tortiza").

tortuga. Torta, es decir, emparedado del pan blanco llamado telera que se corta longitudinalmente en dos y que se rellena, por ejemplo, con todo lo que uno encuentre en el refri, pero preferiblemente con un hemisferio embarrado de frijol refrito y rajas de aguacate.

(hacerla de) tos o tox. Armarla de pedo, hacer un pancho, hacerla difícil, como en "Por favor no la hagas de tox porque no te saludó", "A mi ex le encanta hacerla de tos por lo que sea".

toser. Intimidar: "A mí no me toses"; derrotar: "Les tosieron en su propio terreno".

tostárselas. Tronárselas, quemar, pachequearse, fumar mariguana: "Se las están tostando en la escalera". (Las semillas —o "cocos"— se tuestan y crepitan con el fuego.)

tostón. Cincuenta centavos, cincuenta pesos, cincuenta mil pesos: "Esto le va a costar un tostón, mi estimado".

tovía. Significa aún, todavía: "Tovía tengo que ir al trabajo".

trabajan. Se refiere a que se pone en marcha la orden del comensal: "Trabajan dos tortas de milanesa con frijoles, lechuga romana, aguacate, crema y chipotle".

trabajo, trabajito. Embrujo, hechizo: "Voy a hacer que te hagan un trabajito, cabrón".

trabajólico. El que trabaja compulsivamente; traducción de *workaholic*: "Ahora está muy bien visto ser trabajólico, ¿a dónde va el mundo?"

trácala, tracalero. El que hace trácalas, chanchullos, enjuagues, transas: "Ese contador es bien trácala". (¿Apócope de atracar?)

traer de bajada. Traer en chinga, de encargo, de puerquito: "Me has traído de bajada porque te he dejado, pero sanseacabó".

traer de encargo. Usar a alguien como víctima consuetudinaria, traerlo de tu puerquito o tu pendejo: "Me traen de encargo desde que entré en esa pinche chamba".

traer finto. Engañar a alguien, sumirlo en la perplejidad: "Los ladrones traían finta a la policía". Proviene de las fintas del box, como en "irse con la finta".

traer prendido. "Esa chava me trae prendido" como mariposa con alfiler; también como foco, bombilla: "Me traes bien prendida, ¿qué quieres que hagamos?"

tragar. Aguantar, soportar: "No trago las películas de Clavillazo", "No sé cómo pueden tragar a Maradona"; comer: "¡Cómo tragas, gordo!"

tragar camote. Estar distraído, demasiado ocupado en la masticación del camote (boniato): "Ya deja de tragar camote, nos metieron gol por tu culpa"; someterse, dejarse: "El régimen nos tenía a todos tragando camote y tomando atole con el dedo".

(el) trágico. El tráfico, el tránsito: "El trágico está de miedo, no sé a qué hora llegue a la casa".

traje. A las fiestas formales se acude de traje (de terno, vestido formal). A las otras, de "traje esta botellita, traje el pastel o la ensalada".

traje de rana. Desnudo, en cueros: "Me agarraron en traje de rana".

trancazo. Golpe, porrazo, madrazo, chingadazo: "Los chavitos se agarraron a trancazos"; éxito: "Su segundo disco fue un trancazo".

tranquis. Tranquilo; tranquilízate: "Tranquis, no pasa nada".

tranquiza. Golpiza, madriza, tunda: "Les pusieron una tranquiza a la salida del estadio".

transa, tranza. Engaño, fraude, timo, trácala, trinquete: "El chiste es que la transa parezca un negocio legítimo"; persona no confiable: "Rolando es y será siempre un transa", "Los priistas son bien transas". La expresión "¿Qué transa?" puede significar qué asunto, qué pedo, qué bronca, qué onda, cómo están, qué se te antoja: "¿Qué transa, amiga, salimos o nos quedamos?"

transar. Engañar, defraudar: "Esos cabrones se van a transar las elecciones", "Me transaron con el precio de estos zapatos", "Si no te atrasan, te transan"; comprometer sus ideales, darse por vencido, venderse: "Esos cuates ya transaron con el gobierno".

tránsito. Tráfico urbano de vehículos: "Cada vez está peor el tránsito en esta zona".

trapeador. Trapo que se utiliza para trapear (limpiar) los muebles: "Si tú crees que me casé para ser tu trapeador, te equivocas".

trapear. Limpiar con un trapeador o jerga (bayeta) los muebles o el piso: "Nomás termino de trapear un poco y nos vamos".

tratar como jerga (o trapeador). Maltratar, usar como bayeta o trapo de piso: "A mí ya no me vas a tratar como tu jerga, imbécil".

tribus urbanas. Se dice de los diversos grupos juveniles de las grandes ciudades, como darketos, ponketos, emos, metaleros, góticos, skatos, indies, rocabilis, etc. Es interesante señalar que todas estas *tribus*, y sus atuendos, se inspiran en movimientos usamericanos e ingleses.

trinche. Versión poláit, amable, de pinche: "Es un cochecito más bien trinche, pero funciona", "Y tu trinche hermano, ¿viene o no?"

trinquete. Timo, trampa, transa, estafa, engaño, cochupo, etc.: "A mí no me metas en tus trinquetes".

trip (de la palabra inglesa del mismo nombre). Significa "viaje", tanto en el original sentido lisérgico ("Agarraron buen viaje cerca de Huautla") como en el figurado: "Esa chava trae muy mal viaje, no te metas con ella", "Este matrimonio ha sido un pésimo viaje casi desde el principio".

trique. Tiliche, chingaderita, cosa: "Yo tengo cinco triques, me puedo mudar cuando sea".

(el) Tristito. El Distrito Federal: "Aquí no me tratan bien, yo ya me regreso pal Tristito".

troca. Camión de carga o pick-up: "Me traje una troca desde Minnesotta hasta Mi Nezota". (Del inglés *truck*.)

trole. Borracho, mariguano, drogado, drogo: "Burroughs escribió ese libro bien trole y sus cuates recogieron y ordenaron el manuscrito totalmente disperso". (Presumiblemente deriva de los troles que conectan a los trolebuses con la corriente eléctrica.)

trompadas. Puñetazos, golpes, cates: "¡Los chavitos se están arreglando a trompadas, agárrenlos!"

trompo. Dícese del individuo que dirime sus conflictos a trompadas, es decir, a golpes: "De chico mi hermano era bien trompo, luego se hizo pacífico".

trompudo. Boconcito: "Tin Tan era y es el trompudo nacional", "Como dijo Pedro Infante, véngase p'acá, mi trompudita".

tronar. Fracasar, romper con la pareja o con algún amigo: "Lupe y Pepe andan tronando desde hace meses"; reprobar un examen: "Volví a tronar matemáticas"; matar a alguien: "Lo tronaron los villistas en Parral".

tronar como chinampina (o como ejote). Fallar, desfallecer, reventar, fundirse bajo presión: "Troné como chinampina cuando me dejó"; La "chinampina" es un cohete buscapiés; el "ejote" es la judía verde de los españoles.

tronárselas. Tostárselas, fumar mariguana: "Se las truenan en el baño de la escuela".

tronco. Persona físicamente torpe: "Ese defensa es un tronco, lo vas a driblar fácil", "No se puede bailar con esta gente, son como troncos".

trucha. Ágil, listo, avispado: "Ponte bien trucha, porque los peces son bien mañosos en este río", "Dicen que eres bien trucha para los negocios, ¿es cierto?"; se dice también del pene: "Se me saltó la trucha".

(ponerse) trucha. Ponerse listo como trucha.

truene. Separación de los amantes: "Lupe y Pepe ya están en el puritito truene". Asimismo, los efectos subsiguientes: "Ando en el truene desde que ya no andamos juntos", "Desde que murió su hermano, anda en el truene".

trulla. Apócope de la patrulla policiaca. Los que la ocupan son "trulleros".

trusco. Pedazo, trozo, fragmento, cacho: "Pásame un trusco de turrón", "Se cayó un truscote del acantilado".

tu servilleta. Tu servidor: "Cualquier cosa que necesites, nomás te comunicas con tu servilleta".

tú trais algo. Algo te pica, te molesta, te excita: "Oye, tú trais algo, ¿no?, ¿por qué no sueltas la papa?"

tupirle. Entrarle con ganas al sexo, a la comida; al trabajo tam- bién: "Le estuvimos tupiendo hasta la madrugada", "Túpele al pozole", "Hay que tupirle al proyecto"; también significa criticar, denostar, escarnecer: "Le tupieron con ganas los críticos"; asimismo golpear, madrear: "Le tupieron con todo por meterse con ellos".

turulato. Atontado, apendejado: "Después del nocaut, todavía quedó dos días turulato".

tuzo. Drogado, drogo, pacheco, etc.: "Esos chavos andan bien tuzos".

U

ubicatex. Supuesto medicamento para la desubicación, la dispersión, la agresividad: "Necesitas tomarte un ubicatex, te estás poniendo imposible".

ueuis (wewis, güegüis). Abuela, abuelita: "Tu ueuis es de un encanto increíble".

uf, uff, uuufff. Onomatopeyas mariguánicas. "Mi hermano no se baja del uf"; también indica cansancio, agobio: "Estoy en el puritito uff".

¡újule! Exclamación admirativa o sardónica: "Me van a hacer gerente. / ¡Újule!"

ulero. Suele decirse ¡uleero! Grito en los estadios futboleros que pretende intimidar al adversario o al árbitro, o a la celebridad o político que se apersona. Viene de "culero", vocablo que quiere decir cobarde o sacón: "Esa banda es bien ulera, el otro día se echaron a correr"; pero también significa mendaz, trapacero, hipócrita, ojete: "Cuidado con el capataz, es bien ulero".

ultimadamente. A fin de cuentas: "Ultimadamente, a mí qué me importa que me deje, yo ya ni la quería".

un buen (o un bonche, o un resto). Un chingo; bastante, numeroso, mucho: "Se llevó un buen de aplausos de un público difícil", "Tráete un buen de ropa, la vamos a poder vender", "Tú sabes que aquí te queremos un buen, mi buen".

un entre. Riña, preferiblemente a mano limpia, entre dos individuos: "Se dieron un entre por pendejadas de borrachos".

un fon, un fonazo. Un telefonema o telefonazo: "Échame un fon para avisarme", "Dame un fonazo y yo te confirmo los datos".

un rayo. Un rato: "Regreso en un rayo, tú no te preocupes".

una feria. Una corta, una cantidad de dinero, una luz: "Dales una feria pa que dejen de fastidiar".

una luz. Feria, lana, una corta, algún dinero: "¿Tienes una luz que me prestes?"; también se pide una luz para encender un cigarro: "Pásame la luz, porfa".

¡uñas! Rata, ladrón, carterista: "Ahora vemos que no sólo los priistas son bien uñas".

urbanero. Camión (autobús) urbano y suburbano: "El urbanero quiso ganarle la carrera al tren, como siempre".

usamericano. Gringo, norteamericano, americano, estadounidense, gabacho. Este útil neologismo lo acuñó el escritor Adolfo Castañón: "Los ciudadanos usamericanos fueron retenidos en el aeropuerto de Río por carecer de visa".

usos y costumbres. Reivindicación indígena de sus maneras colectivas: "Aquí los delitos no los castigan conforme al Código Penal, sino a sus usos y costumbres".

¡uta!, uuuta. Expresión admirativa. "¡Uta, qué cuero de chavo!", "¡Uuuta, qué güevotes tan azules tiene ese cabrón, no se mide!" La onomatopeya proviene de los admirativos "¡Puta!" y "¡Puta madre!", que siguen vigentes y nada tienen que ver con las prostitutas, o las madres, o las madres prostitutas.

uyuyuy. Alguien admirable, deseable, formidable, simpático, *nec plus ultra*. "¡Ya les llegó su uyuyuy, muchachas!", proclamaba Jorge Negrete con su voz y su sonrisa. También significa jefe, líder, cacique, chingón, nalgón: "Panchita es la uyuyuy de esa generación".

V

va. Sale, vale, de acuerdo: "Esto queda entre tú y yo, ¿va? / Va", "¿Nos vemos en el metro Balderas? / Va".

va de nuez, de nuex. Va de nuevo; empecemos otra vez; te lo vuelvo a explicar: "Va de nuez, Andrés: ni tú eres capaz de cambiar, ni yo de aguantarte".

vacas. Vacaciones: "Regresan de vacas en una semana".

vaciado, vaciadísimo. Simpático, gracioso, divertido: "Cantinflas a veces era muy vaciado", "Qué vaciado eres", "Mi chava es vaciadísima".

vaciarse. Decir algo cómico, voluntaria o involuntariamente: "Te vaciaste cuando mencionaste la ropa del padrino".

vaciladas. Mentiras, tonterías, fruslerías, engaño: "Son vaciladas, no hagas caso"; también significa desmadre amable, diversión, payasadas, relajo: "Con aquella banda siempre andábamos haciendo vaciladas".

vacilar. Echar relajo, divertirse: "Vámonos a vacilar a Acapulco"; también significa engañar: "Me lo vacilé, le dije que la morenaza quería con él".

vacile, vacilón. Relajo, juerga, desmadre: "Te la pasas en el vacile y no terminas tu tesis sobre el desmadre mexicano".

vagonero. Comerciantes ambulantes en los vagones del metro:

"Los vagoneros son de una persistencia que a veces raya en lo increíble".

vale gorro. Vale madres, no vale una chingada: "¡No me digas que la vida te vale gorro, compadre, lo que pasa es que estás muy trole!", "¡Me valen gorro tus opiniones!"

valedor, vale. Amigo, cuate, bróder, socio: "¿Qué pasó, vale, en qué quedamos, sí o no?", "Juan es muy mi valedor".

valemadrismo. Indiferencia, negligencia, irresponsabilidad, ahí-se-va: "Tu valemadrismo ya me vale absolutamente madres, güey".

valer madre(s). Valer verga, valer una chingada, valer gorro: "La vida vale madre", "Me vale madres todo lo que digas", "Este partido ya valió madres". De ahí deriva la expresión "valió" o "ya valió" en el sentido de que algo ya no sirve (como un aparato) o no tiene esperanza (como una situación).

valona (balona). Favor, ayuda: "Hazme la valona y diles que salimos hace veinte minutos para allá".

vámonos tendidos (téndidos). No titubeemos, no dudemos, vámonos ya: "Vámonos tendidos, luego vemos lo que resulta".

vamos a chingar a su madre. Esta frase se puede decir con violencia, con resignación, con sabiduría. Suele usarse cuando uno sale de la cantina, o de la pareja, o de alguna circunstancia difícil: "Mira, por hoy vamos a chingar a su madre".

vamos de gane. Llevamos ventaja, no podemos perder: "Si metemos a esos dos en el equipo, vamos de gane".

vampirazo. Deslumbramiento al salir de un recinto oscuro (como un cine) a la luz del día: "A mí los vampirazos me llegan a dar jaquecas, ¿tú crees?"

vaquetón, baquetón. Calmudo, güevón, vago, flojo, inútil: "Tus amigos son unos vaquetones, ni sueñes que les voy a dar chamba". (Originalmente es norteñismo.)

varo, baro. Un peso, dinero: "Préstame un varo" significa préstame un peso y "¿Traes varo?" es pregunta por dinero. "Cuesta un varo" significa que algo cuesta mucho: "Un cuadro de Remedios Varo hoy en día cuesta un varo".

vasasermíaunquenoquieras. Frase de las películas mexicanas en blanco y negro.

vato, bato. Tipo: "Cuidado con ese bato"; también amigo, cuate: "¡Qué pasó, vato, qué gusto verte!" (Es norteñismo.)

venadear. Se dice de la caza con rifle del venado; por extensión, de cualquier emboscada a un ser humano, real o figurada: "Ustedes venadéenlo en la prensa y esperamos a que se ponga nervioso y cometa un error".

venimos. Se dice, incorrectamente, por *vinimos*: "Ayer venimos a buscarte, pero no estabas".

ventanear. Delatar, acusar, balconear, sacar los trapitos al sol: "Últimamente andan ventaneando a los políticos con los videos".

ver la cara. Significa que a uno le ven la cara de pendejo; engañar, timar, embaucar: "Le vieron la cara y le vendieron una tele dizque de plasma", "A mí no me vas a ver la cara, yo sé lo que te traes".

verch, berch. Verga, en el sentido despectivo: "Esto ya se lo llevó la verch", "Ya valió berch".

¡verde! ¡Verga!, como en "¡Verde!, qué chavo más guapo".

verdes. Los dólares, los *greenbacks*: "Dame dos mil verdes y quedamos a mano".

verdurita. Cilantro y cebolla para los tacos, el consomé, etc.: "No se le olvide traerme la verdurita, seño".

verga. Como tantas expresiones populares, flota en la ambigüedad y chapotea en las anfibologías. "¿Te crees muy verga?" significa "¿Te crees muy salsa, muy chingón, muy vergudo,

muy verch, muy a toda madre?" Empero, "¡Ya valiste verga!"
equivale a "Ya te chingaste, ya valiste madre, ya valiste verch",
"Einstein era muy verga en física, pero los nazis querían en-
viarlo a la verga".

(la) verga. El mero-mero, el más chingón: "¿Cómo te atreves
a negar que Shakespeare es la verga, cabrón?"

vergudo. Poderoso, influyente; abusivo, gandalla: "Se cree muy
vergudo el güey". (Nótese su menos frecuente equivalente
femenino: "Se cree muy chichoncita la cabrona".)

¡verguísima! Exclamación de admiración o espanto como la que
puede suscitar un fenómeno de la naturaleza (un tsunami, una
erupción, Sophia Loren, etcétera).

versada. Versos, décimas de son jarocho, son huasteco y son
veracruano: "Es histórica la versada de Arcadio Hidalgo".

vestida. Travesti, u hombre al que le gusta vestirse de mujer:
"Almodóvar ha hecho películas con vestidas".

vestuario. Neologismo, importado de España, para designar
el vestidor de un equipo de futbol, etc.: "Tras la derrota, los
jugadores se agarraron a golpes en el vestuario".

vetarro. Viejo, anciano: "Mi abuelo ya está muy vetarro", "Son
edificios muy vetarros, de principios del xix".

viajado. Extraño, fumado, original, extravagante: "Tiene unas
ideas muy viajadas". (Se entiende que proviene de "viaje psi-
cotrópico".)

viajar. Ingerir enteógenos, psicotrópicos, tripear: "¿Estás via-
jando, o qué te pasa?"

viaje. Traducción del inglés *trip*. "Con esos honguiux agarré
un buen viaje".

vialidad. Calle, avenida, calzada, bulevar, "eje vial": "En esta
zona todas las vialidades están muy saturadas y se recomienda
tomar rutas alternas".

viborear. Chismear, propalar infundios; criticar: "¿Por qué siempre tienes que andar viboreando?"

vibra. Onda, actitud, talante, actitud, carácter, como en "Ese cuate tiene muy mala vibra". (Del gabacho sesentero *vibrations* y su derivado *vibes*.)

vibrar. Percibir, sentir: "¿Cómo vibrar a esa chava?".

vicentear. Verse, encontrarse: "Áhi nos vicenteamos el sábado, en la cena".

videogate. Dícese de los actos de corrupción videograbados y luego exhibidos a la luz pública de diversos políticos mexicanos: "El videogate hundió a tu partido ante la gente". (El sufijo *gate* se utiliza como sinónimo de escándalo en México, como en otros países, desde el Watergate gringo.)

vieja. Mujer, hembra: "En Nayarit hay viejas muy guapas"; esposa: "Ya no aguanto a mi vieja, mano".

viejerío. Las viejas, es decir, las mujeres: "Fuimos a Aca a quitarnos el color blanco burócrata y ver al viejerío en bikini".

viejo. Esposo: "Viejo, dejaste la dentadura en la tapa del excusado".

viejononón. Mujer suma pero sumamente guapa: "Tu ex era un viejononón".

viene–viene. Persona que (preferiblemente con un trapo de franela roja en la mano) ejerce la función de cuidacoches, huacalero o franelero; es decir, que obtiene y retiene un espacio vacío en la calle y luego cuida que un auto se estacione en ese sitio, auxiliando al conductor con el "Viene… viene… viene, ¡ya!" característico con que dirige la maniobra.

¡vientos! Muy bien, felicitaciones, enhorabuena: "¡Vientos huracanados, chavos, ya vamos de gane en este partido!"

viernes social, sábado sexual, domingo familiar. Se dice que así son los tres últimos días de la semana del macho mexicano.

vinagre. Bronca, resentimiento, problema: "No te preocupes, no hay vinagre".

vinata. Vinatería, expendio de licores legítimo o clandestino: "Quisieron asaltar una vinata, pero iban tan pedos que se quedaron dormidos en el coche enfrentito".

virolo. Bizco; tuerto: "Sartre era virolo".

vírula (bírula). Bici, bicicleta: "Agárrate la bírula y nos vamos a la carretera a echarnos unos buenos kilómetros".

visionar. Ver, mirar, percibir, observar: "Sí, desde que lo visionamos al principio nos dimos cuenta de qué onda traía". (Norteñismo y centroamericanismo.)

visiones. Puntadas, ocurrencias, extravagancias: "¡Qué visiones haces a veces!"

vitamina T. Los mexicanos están barrigones porque consumen mucha vitamina T: tacos, tortas, fritangas.

vitrinear. Ir a mirar las vitrinas o escaparates de los comercios: "Son de esas chavas que se pasan horas vitrineando".

viudas del 68. Dícese de quienes aún experimentan gran añoranza por 1968, en particular por el trágico 68 mexicano: "Necesitamos más y más sesentaiochos, luchas libertarias contra el maldito poder".

voceador. Gritón, papelero, vendedor ambulante de periódicos: "Ya casi no hay voceadores, y los que hay no gritan '¡Extra, la extra!'"

vochito. Diminutivo de "vocho", curiosa palabra derivada de Volkswagen y la expresión francesa "boche", que designa a los alemanes; se trata del sedán dos puertas que solía pulular en el Distrito Federal como transporte particular y como taxi.

volada. Tamaño, estatura: "Quiero una novia simpática y así como de mi volada", "¿Y de qué volada es el ropero que hay que transportar?" (No confundir con "de volada".)

volar. Robar, hurtar, apañar: "¡Me volaron toda la lana en el estadio!", "De chico a veces me volaba el cambio para comprarme unos caramelos".

volován. Chichi, seno, pecho, bubi: "A Alejandra se le salió el volován en pleno escenario"; también peso (unidad monetaria): "Esto le va a costar quinientos volovanes, por ser para usted".

volteado. Expresión casi caída en desuso; significa invertido (también desusada), gay, homosexual, etcétera.

volteo, camión de volteo, camión de carga. Los camiones que descargan (tierra, grava, cascajo, etc.) alzando ("volteando") la parte anterior de la caja de carga. Estos vehículos también recibían el sublime mote de *materialistas*, porque transportaban material de construcción. (Para las sectas marxistas que creían en el "materialismo dialéctico", estos camiones eran motivo de regocijo profundo.)

vomitivo. Se dice de alguien que nos desagrada profundamente: "La mayoría de los presidentes han sido verdaderos vomitivos".

voy a mi arbolito. Voy a mear, a miar, a mingir, a echar una firma.

voy mano. Voy primero; expresión infantil frecuente: "¿Quién quiere ir mano para brincar?", "¡Yo voy mano para la piñata!"

vuelto. El dinero que se recibe al pagar de más: "Espéreme que le doy su vuelto cuando el señor me haya pagado con moneda".

vuélvamos. Se dice en lugar de *volvamos*: "¿Y a poco quiere usted que ahora nos vuélvamos al pueblo?"

vulcanizadora. Changarrito donde se parchan llantas (establecimiento miserable donde se reparan neumáticos): "Disculpe, ¿en este pueblo hay vulcanizadora?"

Vulgarcito. Se dice de ciertos niños y aun adultos por analogía con Pulgarcito: "Aguas con mi cuate, lo llaman Vulgarcito".

W*

¡wacha! (guacha). Mira; ojo, ¡aguas!, ten cuidado: "Wacha con esa gente, no seas tan confiado". (Chicanismo: de *watch* y *watch out*.)

wacho, uacho. El reló, reloc, reloj: "¡Me volaron el wacho en el Metrobús!". (Del inglés *watch*.)

wáwara, uáuara. Plática, conversación: "Nos echamos una rica uáuara"; conversador, platicador, hablador: "Don Artemio es bien wáwara".

wewis (ueuis, güegüis). Abuela, abuelita: "Mi wewis estuvo bailando hasta las cuatro".

we. Apócope de wey: "¡We, ya se nos hizo tarde!"

wey, weyes. Neografismo —muy usado en internet— de güey, güeyes: "¿Qué, weyes, le entran o no?"

---

* *En México a esta letra se le llama* **doble u.**

X

xochimilca. Habitante de Xochimilco: "Toda su familia es xochimilca por ambas partes"; personaje pugnaz, peleonero, atravesado, azteca, comanche, apache: "Yo quería que nos entendiéramos, pero se me puso bien xochimilca".

xuchi. Su chingada (madre): "Es un hijo de xuchi".

Y

¡y no me retobes! Así se debe decir a los chavitos cuando tienen el descaro y la osadía de responderle a un adulto.

y shalalá, y tralalá. Y demás; etcétera: "Conocimos el amor, el tedio, el odio y shalalá", "Nos contó todas sus desgracias, nos detalló todas sus deudas, y tralalá".

ya bailó, ya bailamos. Ya se jodió la cosa, ya valió (madres), ya mamó: "Este pinche bisnes ya bailó", "Pues ya estuvo que ya bailamos, ni modo".

ya caminó. Ya falleció, ya se petateó, ya colgó los tenis: "Carlos Castaneda ya caminó".

ya chale (antiguamente **ya chole).** Ya basta, ya déjame en paz, ya deja de estar chingando: "Ya chale con tus pinches promesas"; o ya no esperemos más, en cualquiera de los sentidos del verbo esperar: "Ya chale con tus cuates, vámonos".

ya estufas. Ya estuvo, ya quedó, ya está listo: "En cuanto a lo que me pediste, ya estufas".

ya estuvo. Dícese de situaciones que se suponen definitivas: "Ya estuvo que se acabó esta pinche relación", "Ya estuvo que me cargó el payaso".

ya estuvo, ¿no? Ya basta, ya chale, ya chole, ya no chingues: "Ya estuvo con tus chistecitos machistas, ¿no?"

ya estuvo suave. Esta bonita expresión en realidad significa, como la anterior, ¡ya estoy harto!: "Ya estuvo suave de que me veas la cara de pendeja".

ya fue. Ya valió, ya mamó, ya no sirve: "La idea de vivir juntos ya fue", "El tipo de cambio de la semana pasada ya fue".

ya ladraste, ya rugiste. Ya dijiste lo que piensas o deseas: "Ya ladraste, carnal, lo hacemos como dices".

ya le bajaron el switch. Ya lo mataron, ya se murió.

¡ya llegó el bombero (o el lechero), mamá! Ya llegó el que querías.

¡ya lloró! Dícese cuando el enemigo está a punto de sucumbir y encima se le quiere humillar de palabra.

ya llovió. Ha pasado mucho tiempo: "Desde que nos separamos, ya llovió".

ya mamó. Esta expresión no tiene nada que ver con "mamado", ni tampoco con "¡No mames!" Significa que algo "ya valió (madre)", es decir, ya no funciona (en el caso de "Esta tele ya mamó"), o ya no es deseable ("Esta fiesta ya mamó"); equivale también a "Está fiambre", "Estiró la pata", "Se fue del otro lado", "Colgó los tenis", "Pasó a retirarse" y otras expresiones que denotan la muerte: "Mi abuelito ya mamó, hermano, ¡y yo que lo quería tanto!"

ya me anda. Ya no aguanto las ganas (de mear, de hacer el amor, de ver a alguien): "Ya me anda de que aterrice su avión".

ya mero, ya merito, ya meritito. Ya casi: "Ya mero llego, estoy saliendo ahorita para allá", "Ya merito está su reloj, venga mañana en la tarde"; a punto de: "Ya meritito ganábamos, pero nos metieron dos goles en el último minuto". Algunas personas afirman que la idiosincrasia del mexicano se encarna y sintetiza en esta expresión.

ya no le caben más veintes. Se dice cuando alguien ya no entiende; los teléfonos públicos de antaño funcionaban con monedas de veinte centavos y tarde o temprano se llenaban.

¿ya nos llevamos así? Pregunta que los mexicanos se hacen unos a otros con cierta frecuencia. Alude a los excesos de franqueza o euforia.

ya petatiux. Ya murió, ya palmó, ya estiró la pata: "No, mi wewis hace mucho que ya petatiux".

ya sácate las maracas (de la cabeza). Tranquilízate, serénate, no te pongas así.

¡ya salió el peine! Expresión de origen hermético; se utiliza cuando se descubren los motivos de la conducta de alguien.

¿ya se te quitó? ¿Has recobrado la calma?

ya valió queso. Ya valió madre; ya se acabó; ya no sirve; ya vámonos: "¿No tienes a veces la impresión de que este país ya valió queso?"

ya vas. Se dice para expresar su acuerdo formal con lo que el otro propone: "¿Cuates hasta la muerte? / Ya vas".

ya viene formateado. Ya viene predispuesto, o manipulado, para encajar en una situación o institución: "Mi hermano ya venía formateado para tecnócrata".

yerba. Mariguana.

yo respeto. Frase con la que Bora Milutinovic, entrenador serbio de la Selección Mexicana de futbol en otros tiempos, siempre iniciaba sus declaraciones. Se ha adoptado —en chunga— para avisar que se discrepará de opiniones ajenas: "Yo respeto, pero tu amigo es un verdadero imbécil".

yoyar. Ñoñar, llorar, en particular los niños: "Mi angelito no va a yoyar, ¿verdad?"

Z

zacatecas, sacatón. Aquel que "le saca", que no quiere ser parte, que se exime, que huye; cobarde, culero: "¡Váyanse a Zacatecas!", "¡Son unos sacatones!"

zacatuche. Teporingo, conejo de los volcanes: "El zacatuche es una especie en peligro de extinción, como se imaginarán".

zafado, zafas, zafas-nafas. Loco, demente, alguien a quien se le botó la cuiria (o canica); también puede indicar algo o alguien original: "Trae un proyecto bien zafas que te puede interesar".

¡zafo! Se exclama cuando uno no quiere ver a alguien o participar en alguna actividad; es sobre todo expresión infantil: "¿Por qué no vamos a patinar sobre hielo? / ¡Zafo!"

zape. Descontón, golpe, madrazo, guamazo; más generalmente, golpe no muy severo, coscorrón: "Dale un zape al perro para que deje de ladrar", "Los chavitos se dieron de zapes por el balón".

¡zape! Fuera, lárgate, salte, esfúmate, desaparécete: "Si te hace la vida tan imposible, ya dile zape".

zapear. Con el control o mando o remoto de la tele, pasar de un canal a otro: "Anoche andaba yo zapeando cuando me encontré con tu entrevista, felicidades".

zarazo. Ebrio, borracho, pacheco: "No te acuerdas, porque andabas bien zarazo".

zarigüeya, zari–zari. Comadre chismosa, víbora, comadreja: "Tus primas son unas verdaderas zari-zaris".

zedillato. Sexenio mortecino en que los mexicanos mudaron su mediocre y viperina piel priista. (Vista *a posteriori*, gran época de transición a la democracia efectuada sin caudillos redentores ni violencia revolucionaria o reaccionaria.)

zopilote. Ave carroñera; personaje siniestro: "Al candidato de tu partido le dicen El Zopilote, ¿sabías?"

zorrajar (o sorrajar). Golpear violentamente: "Le zorrajó un recto a la mandíbula que lo dejó noqueado".

zorreros. Los que sabían robar sigilosamente las casas mientras dormía la familia: "Ya no hay zorreros, hay ineptos y asesinos".

zotaco (o sotaco). Persona de muy baja estatura: "Mi novia es más bien zotaquita".

zurrar. Obrar, defecar, cagar: "Pobrecito, del susto se zurró en sus pantalones de casimir inglés".

Bibliografía

Antonio Alatorre, *Los 1,001 años de la lengua española*.
Asociación de Academias de la Lengua Española, *Diccionario panhispánico de dudas*.
Julio Casares, *Diccionario ideológico de la lengua española*.
Camilo José Cela, *Diccionario secreto*.
El Colegio de México, *Diccionario del español usual en México*.
Jesús Flores y Escalante, *Morralla del caló mexicano*.
Ángel María Garibay, *En torno al español hablado en México*.
Guido Gómez de Silva, *Diccionario breve de mexicanismos*.
Armando Jiménez, *Picardía mexicana*.
———, *Nueva picardía mexicana*.
Éktor Enrique Martínez, *Breve diccionario de tijuanismos*.
María Moliner, *Diccionario de uso del español*.
José G. Moreno de Alba, *Minucias del lenguaje*.
———, *Nuevas minucias del lenguaje*.
———, *El español en América*.
Punto de lectura, *Diccionario de dificultades de la lengua española*.
Francisco J. Santamaría, *Diccionario de mejicanismos*.

*Útil y muy ameno vocabulario para
entender a los mexicanos*, de Hector Manjarrez
se terminó de imprimir en febrero de 2011 en
Worldcolor Querétaro, S.A. de C.V.
Fracc. Agro Industrial La Cruz
El Marqués, Querétaro
México